ENZYKLOPÄDIE
DEUTSCHER
GESCHICHTE
BAND 27

ENZYKLOPÄDIE
DEUTSCHER
GESCHICHTE
BAND 27

HERAUSGEGEBEN VON
LOTHAR GALL

IN VERBINDUNG MIT
PETER BLICKLE
ELISABETH FEHRENBACH
JOHANNES FRIED
KLAUS HILDEBRAND
KARL HEINRICH KAUFHOLD
HORST MÖLLER
OTTO GERHARD OEXLE
KLAUS TENFELDE

KÖNIGTUM UND KÖNIGS-HERRSCHAFT IM 10. UND 11. JAHRHUNDERT

VON

EGON BOSHOF

3., aktualisierte und um einen Nachtrag
erweiterte Auflage

R. OLDENBOURG VERLAG
MÜNCHEN 2010

Bibliografische Information der Deutschen Nationalbibliothek

Die Deutsche Nationalbibliothek verzeichnet diese Publikation in der Deutschen Nationalbibliografie; detaillierte bibliografische Daten sind im Internet über <http://dnb.d-nb.de> abrufbar.

© 2010 Oldenbourg Wissenschaftsverlag GmbH, München
Rosenheimer Straße 145, D-81671 München
Internet: oldenbourg.de

Das Werk einschließlich aller Abbildungen ist urheberrechtlich geschützt. Jede Verwertung außerhalb der Grenzen des Urheberrechtsgesetzes ist ohne Zustimmung des Verlages unzulässig und strafbar. Dies gilt insbesondere für Vervielfältigungen, Übersetzungen, Mikroverfilmungen und die Einspeicherung und Bearbeitung in elektronischen Systemen.

Umschlagentwurf: Dieter Vollendorf
Umschlagabbildung: Evangeliar Reichenau, vor 1000 (Liutharcodex; Widmungsblatt, fol 16r). © Domkapitel Aachen, Foto: Pit Siebigs
Gedruckt auf säurefreiem, alterungsbeständigem Papier (chlorfrei gebleicht).
Satz: le-tex publishing services, Leipzig
Druck: Grafik + Druck, München
Bindung: Buchbinderei Kolibri, Schwabmünchen

ISBN 978-3-486-59237-5

Vorwort

Die „Enzyklopädie deutscher Geschichte" soll für die Benutzer – Fachhistoriker, Studenten, Geschichtslehrer, Vertreter benachbarter Disziplinen und interessierte Laien – ein Arbeitsinstrument sein, mit dessen Hilfe sie sich rasch und zuverlässig über den gegenwärtigen Stand unserer Kenntnisse und der Forschung in den verschiedenen Bereichen der deutschen Geschichte informieren können.

Geschichte wird dabei in einem umfassenden Sinne verstanden: Der Geschichte der Gesellschaft, der Wirtschaft, des Staates in seinen inneren und äußeren Verhältnissen wird ebenso ein großes Gewicht beigemessen wie der Geschichte der Religion und der Kirche, der Kultur, der Lebenswelten und der Mentalitäten.

Dieses umfassende Verständnis von Geschichte muss immer wieder Prozesse und Tendenzen einbeziehen, die säkularer Natur sind, nationale und einzelstaatliche Grenzen übergreifen. Ihm entspricht eine eher pragmatische Bestimmung des Begriffs „deutsche Geschichte". Sie orientiert sich sehr bewusst an der jeweiligen zeitgenössischen Auffassung und Definition des Begriffs und sucht ihn von daher zugleich von programmatischen Rückprojektionen zu entlasten, die seine Verwendung in den letzten anderthalb Jahrhunderten immer wieder begleiteten. Was damit an Unschärfen und Problemen, vor allem hinsichtlich des diachronen Vergleichs, verbunden ist, steht in keinem Verhältnis zu den Schwierigkeiten, die sich bei dem Versuch einer zeitübergreifenden Festlegung ergäben, die stets nur mehr oder weniger willkürlicher Art sein könnte. Das heißt freilich nicht, dass der Begriff „deutsche Geschichte" unreflektiert gebraucht werden kann. Eine der Aufgaben der einzelnen Bände ist es vielmehr, den Bereich der Darstellung auch geographisch jeweils genau zu bestimmen.

Das Gesamtwerk wird am Ende rund hundert Bände umfassen. Sie folgen alle einem gleichen Gliederungsschema und sind mit Blick auf die Konzeption der Reihe und die Bedürfnisse des Benutzers in ihrem Umfang jeweils streng begrenzt. Das zwingt vor allem im darstellenden Teil, der den heutigen Stand unserer Kenntnisse auf knappstem Raum zusammenfasst – ihm schließen sich die Darlegung und Erörterung der Forschungssituation und eine entsprechend gegliederte Auswahlbibliographie an –, zu starker Konzentration und zur Beschränkung auf die zentralen Vorgänge und Entwicklungen. Besonderes Gewicht ist daneben, unter Betonung des systematischen Zusammenhangs, auf die Abstimmung der einzelnen Bände untereinander, in sachlicher Hinsicht, aber auch im Hinblick auf die übergreifenden Fragestellungen, gelegt worden. Aus dem Gesamtwerk lassen sich so auch immer einzelne, den jeweiligen Benutzer besonders interessierende Serien zusammenstellen. Ungeachtet dessen aber bildet jeder Band eine in sich abgeschlossene Einheit – unter der persönlichen Verantwortung des Autors und in völliger Eigenständigkeit gegenüber den benachbarten und verwandten Bänden, auch was den Zeitpunkt des Erscheinens angeht.

Lothar Gall

Inhalt

I. Enzyklopädischer Überblick 1
  1. Einleitung: Staat – Herrschaft – Königtum 1
  2. Neubeginn und Festigung der königlichen Herrschaft .. 3
    2.1 Konrad I.: Krise der Königsherrschaft 3
    2.2 Heinrich I.: Grundlegung liudolfingischer
        Herrschaft und imperiales Königtum 4
  3. Aufstieg und Höhepunkt der königlichen Herrschaft .. 10
    3.1 Otto I.: Hegemoniale Stellung im europäischen
        Rahmen und Erneuerung des Kaisertums 10
    3.2 Otto II. und Otto III.: Wahrung des Erbes und
        Renovatio imperii Romanorum 16
    3.3 Heinrich II.: Sicherung der Herrschaftsgrundlagen . 22
    3.4 Konrad II. und Heinrich III.: Höhepunkt der
        königlichen Herrschaft im Zeichen von Kontinuität
        und Reform 25
  4. Krise und Ausgleich 39
    4.1 Der Ausgang Heinrichs III. und die Regentschaft
        der Agnes 39
    4.2 Heinrich IV.: Konflikt mit Papsttum und Fürsten . 42
    4.3 Heinrich V. und der Ausgang der salischen
        Monarchie 49

II. Grundprobleme und Tendenzen der Forschung 51
  1. Die Thronerhebung des deutschen Königs 51
    1.1 Der Gesamtakt: Verschränkung von Erbrecht und
        Wahl – Das Problem des Geblütsrechts 51
    1.2 Die Einzelakte (I): Designation – Huldigung –
        Wahl und Kur 56
    1.3 Die Königswahlen 919–1077 60
    1.4 Die Einzelakte (II): Krönung – Thronsetzung –
        Herrscherweihe – Krönungsmahl – Umritt 69
  2. Herrschaftsstruktur und Herrschaftspraxis 78
    2.1 Kernlandschaften und Itinerar des Königs 78

2.2	Reichsgut und Hausgut	82
2.3	Servitium regis der Reichskirchen	83
2.4	Die Regalienfrage	84
2.5	Verwaltung des Reichsgutes: Ministerialität	84
2.6	Allgemeine Probleme der Herrschaftspraxis: Königliche Gesetzgebung – Institutionen und Personenverband – Lehnswesen	85
2.7	Herrschaft und Konflikt	88
2.8	Das ottonisch-salische Reichskirchensystem	89
2.9	Königtum und Herzogsgewalt unter Heinrich II. und den Saliern	91
2.10	Politischer Prozess und Friedenswahrung	93
2.11	Die Krise des salischen Herrschaftssystems	94
3.	Minderjährigkeit des Königs und Herrschaft der Frau	97
4.	Imperiales Königtum und Titelfrage	99
5.	Ideengeschichte des Königtums	101
5.1	Die Historiographie als Quelle für die Ideengeschichte des Königtums	101
5.2	Sakralcharakter und christozentrisches Königtum	102
5.3	Die Königsvorstellung in der Liturgie	105
5.4	Das Königskanonikat	108
5.5	Herrschaftszeichen und Reichsinsignien	109
5.6	Das Herrscherbild	114
5.7	Die königliche Gewalt in den Traktaten des Investiturstreits	116
6.	Nachtrag zur 3. Auflage	118
6.1	Königsherrschaft und fürstliche Teilhabe am Reich	118
6.2	Herrschaftsstruktur und Herrschaftspraxis	129
6.3	Die Frau als Herrscherin; Minderjährigkeit des Königs	132
6.4	Ideengeschichte des Königtums	133

III. Quellen und Literatur 139

1.	Quellen	139
1.1	Quellen und Sammelbände	139
1.2	Herrscherbilder, Dynastien und Herrscherbiographien	140
2.	Literatur	141
2.1	Die Thronerhebung des deutschen Königs	141
2.2	Herrschaftsstruktur und Herrschaftspraxis	147

2.3 Minderjährigkeit des Königs und Herrschaft
　　 der Frau 154
2.4 Imperiales Königtum und Titelfrage 155
2.5 Ideengeschichte des Königtums 156
3. Nachtrag 2010 163
　3.1 Handbücher, Sammelbände, Herrscherbiographien 163
　3.2 Enzyklopädisches Stichwort 164
　3.3 Herrschaftsstruktur und Herrschaftspraxis 167
　3.4 Die Frau als Herrscherin; Minderjährigkeit
　　　 des Königs 168
　3.5 Ideengeschichte des Königtums 169

Register 171
　1. Personen- und Autorenregister 171
　2. Ortsregister 178
　3. Sachregister 181

Themen und Autoren 187

I. Enzyklopädischer Überblick

1. Einleitung: Staat – Herrschaft – Königtum

Die Annäherung an die Reichsgeschichte von der Zentralgewalt her könnte auf den ersten Blick anachronistisch erscheinen, als ein Rückfall in jene Epoche mediävistischer Forschung, die den „Staat des Mittelalters" vom Königtum her organisiert und bis in die untersten Organe der Administration durchgestaltet sah. Die Zeitgebundenheit einer solchen Auffassung, die sich bis in unser Jahrhundert hinein am Modell des liberal-konservativen Verfassungsstaates ausrichtete, ist längst durchschaut worden [25: E. W. BÖCKENFÖRDE].

Der „Staat des Mittelalters"

Die Anwendung des Begriffes „Staat", mit dem in dieser Sicht die Vorstellung von institutionalisierter und von der Zentrale delegierter öffentlicher Gewalt verbunden war, auf die Verhältnisse mittelalterlicher Verfassungen wurde seit den dreißiger Jahren unseres Jahrhunderts mehr und mehr als fragwürdig erkannt. Die deutsche verfassungsgeschichtliche Forschung entwickelte ein Gegenmodell, in dem den personalen Beziehungen eine sehr viel größere Bedeutung beigemessen und der statische Begriff „Staat" durch den dynamischen der „Herrschaft" ersetzt, der Blick auf die verschiedensten „Herrschaftsverbände" und Formen von Herrschaft gelenkt und schließlich die Vorstellung vom „Personenverbandsstaat" geprägt wurde, als dessen personale Spitze das Königtum erscheint [vgl. K. KROESCHELL in: HRG 2, 104ff.; 26: F. GRAUS]. Auf die begriffsgeschichtliche Diskussion ist hier nicht einzugehen, ihr Nutzen steht ebenso außer Frage wie die Tatsache, dass die Forschung in der Erklärung und Deutung mittelalterlicher Verfassungsverhältnisse ohne moderne Verfassungs- und Rechtsbegriffe nicht auskommt, wenn sie sich einer breiteren Öffentlichkeit noch verständlich machen will. Der Begriff „Staat" erscheint uns nicht entbehrlich und legitim verwendbar, wenn mit dem charakterisierenden Zusatz „mittelalterlich" oder der zeitlichen Präzisierung – in unserem Falle also: Staat des 10. und 11. Jahrhunderts – verdeutlicht wird, dass er nicht von den Kategorien des modernen Staates her definiert ist.

Personenverbandsstaat

Der Begriff der Herrschaft

Auch der Begriff „Herrschaft" ist nicht unumstritten, denn in einer abstrakt verallgemeinernden Ausprägung kommt er in der uns interessierenden Zeit noch nicht vor, und die begriffliche Entwicklung verläuft erst allmählich in diese Richtung. Wie weit er sich überhaupt als brauchbar erweist oder der Differenzierung bedarf, steht noch zur Diskussion. Aus dem umfassenden Komplex „Herrschaft" wird in der vorliegenden Studie die Herrschaft des Königs als ein Teilaspekt behandelt. Die Erörterung von „Herrschaft" schließt notwendig die Betrachtung der Beherrschten ein, aber auch jener, die – wie der Adel – neben dem Königtum verliehene und autogene Herrschaftsrechte geltend machen konnten. Doch muss diese Seite in unserer Darstellung zwangsläufig stark vernachlässigt werden. Das bedeutet letztlich aber nicht eine unzulässige Verengung des Blickwinkels, denn gerade in der ottonisch-salischen Epoche steht der Herrscher im Zentrum der Entwicklung; er war in diesen Jahrhunderten die „Zentralkategorie des Reichs- und Staatsdenkens" [51: E. MÜLLER-MERTENS, Regnum Teutonicum, 66]. Unsere Frage ist also nicht anachronistisch, sondern betrifft ein Grundproblem der Forschung, das unter unterschiedlichen zeitlichen Bedingungen immer wieder neu zu diskutieren ist.

Eingrenzung auf das deutsche Königtum

Ein weiteres Problem stellt die Eingrenzung auf das deutsche Königtum dar, die schon arbeitsökonomisch bedingt ist. Hier könnte der Autor in die Versuchung geführt werden, sich auf eine Erörterung der seit Jahrzehnten diskutierten und in jüngster Zeit mit Vehemenz wieder aufgegriffenen Problematik der Entstehung eines deutschen Reiches/ Staates und des deutschen Volkes einzulassen. Aber das ist nicht unser Thema. Uns geht es um Königtum und Königsherrschaft in einem der karolingischen Nachfolgestaaten, der zunächst noch als ostfränkisches Reich in fränkisch-karolingischer Tradition steht, sich aber in der uns interessierenden Epoche zum deutschen Reich ausformt, wie das westfränkische Reich, in dem die Herrschaft der Karolinger 987 durch das Königtum der Kapetinger abgelöst wird, sich in dieser Zeit zum französischen Staat wandelt. Für den historischen Überblick bietet sich das Jahr 911 als Ausgangspunkt an, ohne dass damit eine Aussage über einen möglichen Charakter als eine Zäsur getroffen wird.

2. Neubeginn und Festigung der königlichen Herrschaft

2.1 Konrad I.: Krise der Königsherrschaft

Mit dem Tode Ludwigs des Kindes am 24. September 911 erlosch im Ostfrankenreich die karolingische Dynastie im Mannesstamm. Zu dieser Zeit hatten sich die Lotharingier – wohl schon vor Ludwigs Tod und nicht aus karolingischem Legitimismus-Denken, sondern aus Erwägungen politischer Opportunität, hinter denen als treibende Kraft Reginar, Graf im Henne- und Haspengau, stand – dem westfränkischen Karolinger Karl dem Einfältigen angeschlossen. Die Führungsgruppen der ostfränkischen Stämme hingegen lösten sich von der herrschenden Dynastie und wählten um den 7./10. November in Forchheim den Konradiner Konrad zum Nachfolger des Karolingers. Für den Frankenherzog sprachen die führende Stellung seiner Familie unter Ludwig IV. und die Tatsache, dass er der Repräsentant des Stammes war, der seit mehr als einem Jahrhundert die Geschicke des Reiches bestimmt hatte. Dass nicht, wie etwa 885 bei Karl III., an eine Wiederherstellung der Einheit des Reiches gedacht wurde, erklärt sich aus dem nicht nur machtpolitischen, sondern auch ideellen Niedergang der karolingischen Dynastie und dem fortschreitenden Verblassen der Einheitsidee. Bereits Arnulf (887–899) hatte sich in seiner Regierungszeit auf das Ostfrankenreich beschränkt und konzentriert – freilich unter Einschluss Lotharingiens. Es war daher nur konsequent, dass auch Konrad I. sich mit dem Verlust der karolingischen Kernlande, in denen überdies seine Familie begütert war und sein Oheim Gebhard (†910) die herzogliche Würde innegehabt hatte, nicht abfinden wollte, doch scheiterten seine Bemühungen um eine Rückgewinnung schon in der Anfangsphase seiner Regierung. Im Gegenzug machte Karl der Einfältige Lotharingien zum eigentlichen Zentrum seiner Herrschaft, dessen auch ideelle Bedeutung als karolingisches Erbe er in der Datierungsformel seiner Urkunden durch die Jahresbezeichnung *largiore vero hereditate indepta* – „nach Erlangung der größeren Erbschaft" – stolzen Ausdruck gab.

Für Konrad brachten diese Misserfolge eine empfindliche Einbuße an Reichs- und Hausgut wie an Prestige mit sich, so dass er die unausweichliche Auseinandersetzung mit den Stammesherzögen – auf die Diskussion um diesen Begriff ist hier nicht einzugehen – aus einer geschwächten Position führen musste. Sein Königtum stellte er in die karolingische Tradition; dass er den absoluten Königstitel führte, während sein westfränkischer Rivale die alte und vollere Form *rex Francorum* wählte, entsprach karolingischem Kanzleigebrauch und dokumentierte sicher nicht einen Überlegenheitsanspruch gegenüber Karl oder gar eine imperiale Qualität seines Königtums. Die Herzöge Sachsens und Bayerns sowie Schwabens, wo die Herzogsgewalt sich eben erst durchsetzte, traten ihm mit dem Anspruch auf Ebenbürtigkeit entgegen. Es ist ihm auch in mehreren militärischen Unternehmungen nicht geglückt, sie in die Botmäßigkeit zu zwingen; er sah sich schließlich auf Franken als sein eigentliches Machtzentrum zurückgeworfen.

Kirche als Stütze der Herrschaft — Auch für ihn blieb die Kirche Stütze seiner Herrschaft; schon immer hat man die im Jahre 916 abgehaltene Synode von Hohenaltheim [MG Conc. VI 1, 1ff.], auf der, wohl in seiner Gegenwart, die Unantastbarkeit des Königs als des Gesalbten des Herrn verkündet wurde, als Beleg für dieses Verhältnis herangezogen. Dass die hier versammelten Bischöfe die Führungsrolle des Papstes stark betont haben, lässt die Vermutung zu, dass sie – oder zumindest einige von ihnen – dem Papsttum auch eine stützende Funktion für das Königtum zugedacht haben. Konrad ist der inneren Schwierigkeiten, zu denen als äußere Gefahr an Stoßkraft zunehmende Einfälle der Ungarn hinzukamen, nicht Herr geworden. An herrscherlichen Fähigkeiten oder Energie hat es ihm nicht gefehlt – wohl aber an Glück oder „Königsheil". Er hat dies selbst erkannt und durch die auf dem Sterbebett vorgenommene „Designation" des Sachsenherzogs Heinrich die Weichen für einen Neubeginn gestellt. Ohne Zweifel aber offenbarte sein Scheitern eine tiefe Krise der Königsherrschaft schlechthin und zugleich eine äußerste Gefährdung der Einheit des Ostfrankenreiches.

2.2 Heinrich I.: Grundlegung liudolfingischer Herrschaft und imperiales Königtum

Konrads Entscheidung für den Liudolfinger war eine Entscheidung für die Einheit des Reiches, die sein Bruder Eberhard als möglicher Nachfolger wohl nicht hätte behaupten können. Eberhard hat den Auftrag des sterbenden Königs ausgeführt, mit Heinrich einen Friedens- und Freundschaftspakt ausgehandelt und ihm Reichsinsignien und Königshort ausgeliefert. Im Mai 919 fand in Fritzlar, im fränkisch-sächsischen Grenzgebiet, aber auf fränkischem Boden, die Wahlversammlung statt: Eberhard rief Heinrich zum König aus, und Franken und Sachsen akklamierten dem neuen Herrscher, dem die Franken schon zuvor gehuldigt hatten. Die ihm vom Erzbischof Heriger von Mainz angebotene Salbung lehnte der Liudolfinger ab. Alemannen und Bayern waren der Wahl ferngeblieben. Dies und die Tatsache, dass Bayern und ostfränki-

Thronerhebung und Verzicht auf die Salbung

2. Neubeginn und Festigung der königlichen Herrschaft

sche Große um die gleiche Zeit den Herzog Arnulf zum König erhoben, verdeutlichen die fortschreitende Auflösung des Reiches.

Der Verzicht Heinrichs auf die Salbung mag einen gewissen Wandel im Regierungsstil, gegenüber Hohenaltheim eine Gewichtsverlagerung weg von der Reichskirche signalisieren: Vordringliche Aufgabe für den neuen Herrscher war nun die Gestaltung des Verhältnisses zu den Herzögen. Dabei stand von vornherein fest, dass das Herzogtum einen Grad von Konsolidierung erreicht hatte, der seine Anerkennung als Zwischengewalt unumgänglich machte. Der Übergang der Königsherrschaft auf den sächsischen Stammesherzog bedeutete zugleich, dass die Franken ihre Führungsrolle hatten preisgeben müssen und dass nun die völlige Gleichberechtigung der ostfränkisch-deutschen Stämme hergestellt war. Heinrich hat keinen Zweifel am Vorrang der königlichen Gewalt vor allen anderen Herrschaftsträgern gelassen. Aber er war Pragmatiker, und es kennzeichnet seine Fähigkeit zu nüchterner Einschätzung seiner Möglichkeiten, dass er sich 919 zunächst gegen Burchard von Schwaben, den schwächeren der beiden süddeutschen Widersacher wandte, der zudem im Rücken durch die Expansionspolitik Rudolfs von Burgund bedroht war, und seine Unterwerfung und Huldigung erreichte. Arnulf von Bayern lenkte erst 921 ein. Die mit beiden Herzögen abgeschlossenen Verträge ließen diesen größeren Handlungsspielraum, gestanden ihnen vor allem die Kirchenhoheit in ihren Stammesprovinzen zu. Die vertraglichen Regelungen wurden abgesichert durch vasallitische Bindungen. Der Tod Burchards im Jahre 926 gab Heinrich die Möglichkeit, die Verhältnisse in Schwaben zugunsten des Königtums umzugestalten. Zum Herzog nannte er den Konradiner Hermann, der seiner Stellung durch Vermählung mit der Herzogin-Witwe Reginlind eine zusätzliche Legitimation gab; der Adel war an dieser Erhebung eines Stammesfremden zum Herzog nicht beteiligt. Gleichzeitig zog der König die Verfügungsgewalt über die Reichskirchen in Schwaben an sich. Bei der ersten sich bietenden Gelegenheit setzte Heinrich also die amtsrechtliche Interpretation der herzoglichen Würde durch. Der Autoritätszuwachs bereits nach wenigen Jahren der Regierung ist unverkennbar.

Inzwischen waren auch die politischen Verhältnisse an der Westgrenze des Reiches grundlegend neu gestaltet worden. Karls des Einfältigen Konzeption einer Verschmelzung von *Francia* und *Lotharingia* hatte Reginars Hoffnungen auf eine Rangerhöhung zunichte gemacht. Der Ehrgeiz Giselberts, der die Machtpositionen seines Vaters († 915) geerbt hatte, löste neue Konflikte aus, in deren Verlauf sich sogar noch einmal die Aussicht auf eine Wiederherstellung der

Verhältnis zu den Herzögen

Schwaben

Bayern

Rückgewinnung Lotharingiens

Autonomie Lotharingiens zu eröffnen schien, als Giselbert im Jahre 920 von einer Adelsfaktion nach der Verlassung Karls zum *princeps* ausgerufen wurde. Heinrich I. wurde in diese Auseinandersetzungen hineingezogen, als Giselbert ihn um Unterstützung ersuchte. Der Bonner Vertrag vom 7. November 921 beendete die erste Phase des Konfliktes. Der auf dem Rhein zwischen Karl und Heinrich geschlossene Friedens- und Freundschaftsvertrag beließ Lotharingien beim Westfrankenreich, brachte aber dem Liudolfinger die Anerkennung als ebenbürtigen Herrscher durch den Karolinger ein. Als Partner standen sich hier der „König der westlichen Franken" *(rex Francorum occidentalium)* und der „König der östlichen Franken" *(rex Francorum orientalium)* gleichberechtigt gegenüber. Aber der Sturz des Karolingers schuf für Heinrich eine neue Rechtslage. Zu Beginn des Jahres 923 schloss er mit dem Gegenkönig Robert einen Freundschaftsvertrag, bei dem die lothringische Frage offenbar noch ausgeklammert blieb. Im Laufe dieses Jahres jedoch wurde er von Erzbischof Ruotger von Trier und Giselbert, die sich dem nach dem Tode Roberts erhobenen neuen Gegenkönig Rudolf nicht anschlossen, ins Land gerufen, und zum Jahre 925 notiert der Reimser Chronist Flodoard schließlich lapidar, dass alle Lotharingier sich Heinrich unterworfen hätten. In der Schlussphase der Auseinandersetzungen hatte der ostfränkische Herrscher auch die Unterstützung der Matfridinger, der mächtigen Rivalen der Reginare, gewonnen. Zeitgenössische Quellen sehen in der Abneigung gegen König Rudolf, der sie ihres Herrn, Karls also, beraubt habe, ein wesentliches Motiv für den Parteiwechsel der Großen.

Die Wiedereingliederung Lotharingiens in das ostfränkische Reich war das Ergebnis eines Zusammenspiels zwischen dem tatkräftigen liudolfingischen Königtum und großen Teilen des lotharingischen Adels und Episkopats. Freilich waren die Schwierigkeiten, vor denen Heinrich I. nun stand, gewaltig. Er hatte ein Land zu befrieden, das in den Adelsfehden der letzten Jahrzehnte schwer erschüttert worden war; er musste ein Volk zu gewinnen suchen, das schon lange nicht mehr die Autorität einer starken Zentralgewalt verspürt hatte, das – um ein tendenziöses Wort Widukinds von Korvey zu zitieren [I, 309] – „unzuverlässig, an Ränke gewöhnt, stets bereit zum Kriege und zu Veränderungen geneigt" war. Die Neugestaltung der lotharingischen Verhältnisse überließ der König nicht allein dem einheimischen Adel; er schaltete wiederum die Konradiner ein und griff selbst ein, wo sich ihm die Gelegenheit bot. Mit der Einsetzung Giselberts als Herzog im Jahre 928 und der Bindung des Reginarsohnes an die Dynastie der Liudolfinger durch seine Vermählung mit Heinrichs Tochter Gerberga

2. Neubeginn und Festigung der königlichen Herrschaft

fand die Neuordnung einen gewissen Abschluss. Gleichzeitig mit der Rangerhöhung Giselberts ließ Heinrich die lotharingische Erzkanzlerwürde des Trierer Erzbischofs wieder aufleben, ohne allerdings eine eigene lotharingische Kanzlei einzurichten. So wurde die Erinnerung an die einstige Sonderstellung und Selbständigkeit des *regnum Hlotharii* wachgehalten.

Mehr aber gestand Heinrich nicht zu. Das ehemalige karolingische Teilreich wurde nun den Herzogtümern des ostfränkisch-deutschen Reiches gleichgestellt; die lotharingische Geschichte mündete ein in die deutsche – eine Entscheidung von größter Tragweite für Jahrhunderte europäischer Geschichte. Das alte karolingische Kernland vermittelte dem werdenden deutschen Reich die Tradition der karolingischen Reichskultur und der übernationalen Reichsidee; es sicherte dem Königtum mit umfangreichem Reichsgut zusätzliche Machtmittel. Der Rhein, an dessen Ufern Menschen gleicher Zunge lebten, war nicht mehr Grenze, sondern Hauptverkehrsader und verbindendes Element und ließ damit die linksrheinischen Gebiete gleichsam zur Klammer um die Stammesherzogtümer jenseits des Stromes werden. Zugleich gab der Erfolg der Rückgewinnung Lotharingiens, der Konrad I. versagt geblieben war, der sächsischen Dynastie vermehrtes Prestige und eine zusätzliche Legitimation ihrer Herrschaft.

Gleiches gilt für die vorläufige Lösung des Ungarn-Problems. Einen durch glücklichen Zufall erlangten Waffenstillstand nutzte Heinrich zur Vorbereitung auf die entscheidende Auseinandersetzung mit dem Reichsfeind. Der Wormser Reichstag von 926 beschloss auf seine Veranlassung hin eine Burgenbauordnung, die den Ausbau vorhandener befestigter Anlagen, aber auch die Neuerrichtung von Burgen vorsah. Die politische Bedeutung dieser Maßnahme liegt auf der Hand: In der das ganze Volk am stärksten beschäftigenden Frage hatte das Königtum die Initiative ergriffen; die Abwehr der Ungarn, bisher auf Einzelaktionen und Selbsthilfe beschränkt, wurde zur Reichsangelegenheit. In mehreren Feldzügen gegen die elbslawischen Stämme bewährten sich auch die Panzerreitertruppen, deren Aufstellung ein Ergebnis der durch die Ungarngefahr erzwungenen Reorganisation des Heeres war. Der Bau der Burg Meißen deutet auf politische Absichten hin, die über bloße Grenzverteidigung nach karolingischem Vorbild bereits hinausgingen. Die elbslawischen Stämme und die Böhmen erkannten die Oberhoheit des ostfränkisch-deutschen Königs an. In den nach Aufkündigung des Waffenstillstandes wiederaufflammenden Feindseligkeiten mit den Ungarn errang der König am 15. März 933 bei Riade an der Unstrut einen Sieg, der in den zeitgenössischen Quellen ein überraschend großes Echo

Marginalien: Sieg über die Ungarn 933 · Burgenbauordnung · Elbslawen · Böhmen

gefunden hat: Konnten die Slawenkämpfe eher als eine Angelegenheit des sächsischen Stammes angesehen werden – und wurden von den lotharingischen Händeln unmittelbar nur die Franken tangiert, so ging die Ungarngefahr das ganze Reich an; hier bewährte sich das Königtum nun tatsächlich in der Erfüllung einer seiner wesentlichen Aufgaben: dem Schutz des Volkes durch die Abwehr äußerer Feinde. Als Heinrich im folgenden Jahr den über Haithabu/Schleswig herrschenden Kleinkönig Knuba in die Botmäßigkeit des Reiches zwang, war auch im Norden die Grenze gesichert; eine Normannengefahr existierte nun nicht mehr. Auf dem Wormser Reichstag von 926 hatte sich auch König Rudolf II. von Hochburgund (912–937) eingefunden; wohl am ehesten bei dieser Gelegenheit hat Heinrich von ihm die Heilige Lanze erworben und dabei auf schwäbisch-burgundische Grenzgebiete und Basel verzichtet. Schon damals dürfte sich der burgundische König dem Liudolfinger kommendiert und damit der Oberhoheit des Reiches unterstellt haben. Gleichzeitig wurde ein Freundschaftsbund geschlossen. Mit Heinrich I. beginnt also die ottonische Burgundpolitik, die in letzter Konsequenz unter Konrad II. zur Eingliederung des Königreiches in das Imperium führen sollte. Die Stabilisierung der politischen Verhältnisse im Westen und Südwesten fand ihren Abschluss im Jahre 935 auf dem „Dreikönigstreffen" an der Maas, auf dem Heinrich in den inneren Auseinandersetzungen des westfränkischen Reiches vermittelte und einen Ausgleich zwischen dem Westfranken Rudolf I. und Rudolf II. von Hochburgund in strittigen Grenzfragen herbeiführte. Ein Freundschaftspakt, der die drei Könige miteinander verband und die streitbaren westfränkischen Großen einbezog, sollte den Frieden zwischen den drei karolingischen Nachfolgestaaten absichern.

In den siegreichen Feldzügen gegen die Slawen und Dänen, der Abwehr der Ungarn, der Regelung der Beziehungen zum Westfrankenreich nach der Rückgewinnung Lotharingiens und der Schutzhoheit über Burgund erweist sich die hegemoniale Stellung von Heinrichs Königtum im abendländischen Rahmen. Widukind von Korvey hat dem auf seine Weise Ausdruck gegeben, indem er die nach der Schlacht an der Unstrut stattfindende Siegesfeier zu einer Imperator-Ausrufung in antiker Tradition stilisierte [I, 39]. Mehr Glaubwürdigkeit verdient seine umstrittene Nachricht, dass der Liudolfinger einen Romzug geplant habe, an dessen Durchführung er schließlich nur durch seine zum Tode führende Krankheit gehindert worden sei [I, 40]. Noch im Jahre 933 hatte Arnulf von Bayern einen Italienzug unternommen, um für seinen Sohn Eberhard die italienische Krone zu gewinnen. Es lag im Interesse des Reiches, wenn Heinrich solchen bayerischen Ambitionen

2. Neubeginn und Festigung der königlichen Herrschaft

einen Riegel vorschob, wie er ja auch ähnlichen Bestrebungen des schwäbischen Herzogs die Grundlagen entzogen hatte. Ein Romzug – mit der Aussicht auf den Erwerb der Kaiserkrone – hätte aber vor allem der tatsächlich erreichten Machtfülle des ostfränkischen Herrschers entsprochen und seinem „imperialen Königtum" den angemessenen Titel verschaffen können.

Eine hegemoniale Politik aber war nur möglich auf der Grundlage einer gefestigten Königsherrschaft im Reich, und es ist zweifellos die große Leistung des Liudolfingers gewesen, dass er in weniger als zwei Jahrzehnten seiner Regierung diese Grundlage geschaffen hat. Die Bindung der Herzöge an die Zentralgewalt war vertraglich sowie lehnsrechtlich und amtsrechtlich geregelt; in steigendem Maße wurde auch die Kirche wieder in die Administration des Reiches einbezogen. Der Neuaufbau der Hofkapelle gewann allmählich deutlichere Konturen, und der König trat in nähere Beziehung zu der aufblühenden monastischen Reformbewegung in Lothringen. Das ist der innenpolitische Hintergrund, vor dem sich die Regelung seiner Thronfolge abhebt. Sie wurde von langer Hand vorbereitet; denn bereits im Jahre 929 ging der König daran, „sein Haus zu ordnen" [D. H. I. 20]. Seiner Gemahlin Mathilde wies er als Wittum mit Zustimmung des ältesten Sohnes Otto Erbgüter in Quedlinburg, Pöhlde, Nordhausen, Grona und Duderstadt zu. Gleichzeitig begann der Prozess der Abschichtung in der liudolfingischen Familie: die Brautwerbung für Otto bei König Aethelstan von Wessex und die Übergabe des jüngsten Sohnes Brun in die Obhut des Bischofs Balderich von Utrecht zur Vorbereitung auf eine geistliche Laufbahn; die Verheiratung Gerbergas mit Giselbert von Lothringen war wohl schon 928 erfolgt. Die Vermählung Ottos mit der angelsächsischen Prinzessin Edgith brach mit der Gewohnheit der Karolinger, die Söhne mit Frauen aus dem Hochadel des Reiches zu verheiraten; für die Liudolfinger war es zweifellos ein großer Prestigegewinn, sich mit einer alten Königsdynastie zu verbinden, die zudem mit Oswald einen heiligen König zu ihren Vorfahren zählen konnte. Den Abschluss der „Hausordnung" bildete die Designation des ältesten Sohnes zum Nachfolger, die Heinrich kurz vor seinem Tode vornahm. Mit der von den Großen des Reiches mitgetragenen Festlegung auf die Individualsukzession, die alle übrigen vollbürtigen Söhne von der Königsherrschaft ausschloss, brach der Liudolfinger mit der karolingischen Teilungstradition und setzte die Unteilbarkeit des Reiches durch. Diese Regelung ist zunächst sicherlich Indiz für die gefestigte Autorität des Herrschers und die fortschreitende Konsolidierung des Reiches; indem sie anderseits aber die Anerkennung der gewachsenen Machtstrukturen voraussetzt,

Gefestigte Königsherrschaft im Reich

Hausordnung und Thronfolgeregelung

Durchsetzung der Individualsukzession

da die Herzöge nach dem mit dem König erreichten Ausgleich eine ihre Position beeinträchtigende Teilung nicht mehr hingenommen hätten, bedeutet sie auch ein gewisses Zugeständnis der Monarchie an den fürstlichen Anspruch auf Teilhabe an der Herrschaft. Wie weit darüber hinaus eine bewusste Staatsidee, etwa im Sinne einer transpersonalen Staatsauffassung oder eines sich verstärkenden Wir-Bewusstseins, die Handelnden bestimmt hat, lässt sich kaum mit Gewissheit entscheiden.

3. Aufstieg und Höhepunkt der königlichen Herrschaft

3.1 Otto I.: Hegemoniale Stellung im europäischen Rahmen und Erneuerung des Kaisertums

Heinrich I. ist am 2. Juli 936 in der Pfalz Memleben gestorben; beigesetzt wurde er in Quedlinburg. Seinem Sohne hinterließ er ein Reich, das in seinen Grundlagen gefestigt war und unter den Staaten des Abendlandes eine führende Rolle übernommen hatte. Der Regierungswechsel vollzog sich zunächst ohne Probleme. Die Wahl Aachens als Ort der Thronerhebung dokumentierte den bewussten Anschluss an die karolingische Tradition. Dass der Liudolfinger bei den Feierlichkeiten in fränkischer Tracht – das heißt: als Franke – erschien, hat eine Auffassung vom Königtum begründet, die sich noch Jahrhunderte später in dem Rechtssatz des Sachsenspiegels niederschlug, dass der deutsche König nach fränkischem Recht lebe, von welcher Abstammung er auch sei. Über die staatssymbolische Vergegenwärtigung karolingischer Tradition hinaus hatte der Aachener Staatsakt vom 7. August aber auch insofern programmatischen Charakter, als er die Zugehörigkeit Lothringens zum ostfränkischen Reich unterstrich.

Thronerhebung in Aachen

Staatssymbolik und politischer Aspekt

Im Westfrankenreich war es nach dem Tode Rudolfs am 14. oder 15. Januar 936 zu einer karolingischen Restauration gekommen, als auf die Initiative Hugos von Franzien hin Karls des Einfältigen einst nach England geflohener Sohn Ludwig *(Transmarinus)* heimkehren konnte und am 19. Juni in Laon zum König gekrönt wurde. Damit erneuerte sich die Gefahr eines westfränkischen Zugriffs auf die alten karolingischen Kernlande, der man auf ottonischer Seite offensichtlich sofort zu begegnen suchte. Anders als 919 wurde nun auch die Kirche in die konstitutiven Erhebungsakte einbezogen. Die Erzbischöfe von Mainz und Köln spendeten die Herrscherweihe: Otto akzeptierte als selbstverständlich, was sein Vater noch abgelehnt hatte. Dass die Herzöge von Lothringen, Franken, Bayern und Schwaben beim Krönungsmahl

3. Aufstieg und Höhepunkt der königlichen Herrschaft

den Ehrendienst von Truchseß, Kämmerer, Mundschenk und Marschall versahen, also die Funktionen der vier germanischen Hausämter wahrnahmen, hatte schließlich ebenfalls staatssymbolische Bedeutung: In ihnen war das ganze Reich repräsentiert; dass sie dienten, kennzeichnete ihre Unterordnung unter den König.

Otto I. (936–973) hat nicht gezögert, aus der seit Heinrich I. gestiegenen Macht des Königtums die Konsequenz einer stärkeren Betonung der königlichen Autorität zu ziehen. Der Hochadel fühlte sich dadurch herausgefordert und reagierte mit offenem Widerstand. Nach dem Tode Arnulfs von Bayern (937) verweigerten sein Sohn und Nachfolger Eberhard ebenso wie seine Brüder dem König die Huldigung. Otto wurde der Rebellion schnell Herr, schaltete Eberhard aus und ernannte dessen Oheim Berthold zum Herzog. Damit wurde die amtsrechtliche Interpretation der herzoglichen Würde auch in Bayern durchgesetzt; gleichzeitig musste Berthold auf die Arnulf einst zugestandene Kirchenhoheit verzichten. Persönliche Motive führten Eberhard von Franken, den Billunger Wichmann den Älteren und Thankmar, Ottos Halbbruder aus der ersten Ehe Heinrichs mit Hatheburg, zu gemeinsamem Widerstand zusammen: Den Herzog hatte der König vor sein Gericht geladen und wegen Friedbruchs verurteilt, als er die Unbotmäßigkeit eines Vasallen mit Feuer und Schwert ahndete; der Billunger und Thankmar sahen sich übergangen, als Otto bei der Neuorganisation der Grenzverteidigung an der Elbe die nun geschaffenen Marken Hermann, Wichmanns jüngerem Bruder, und dem Grafen Gero übertrug. Thankmar fühlte sich überdies um sein mütterliches Erbe, über das bereits Heinrich I. verfügt hatte, betrogen. Der König schlug auch diese Empörung 938 nieder; Thankmar fand dabei den Tod. [*Widerstände im Reich*]

Gefährlicher wurde der Aufstand des Königsbruders Heinrich; denn nun ging es um den Thron. In der Nachfolgeregelung Heinrichs I. war die Frage der Ausstattung der nachgeborenen Söhne, die nach traditionellen Rechtsvorstellungen einen Anspruch auf Herrschaft geltend machen konnten, ungelöst geblieben. Die Bestimmung Bruns für eine geistliche Laufbahn war nur ein Ausweg, ungeklärt blieb die Stellung des jüngeren Heinrich. Seiner Empörung gab überdies die Tatsache, dass die Königin Mathilde seine Ambitionen auf den Thron unterstützte, zumindest einen Anschein von Legitimität. Ausgangspunkt war Sachsen, wo Heinrich seine Anhänger um sich scharte. Eberhard von Franken schloss sich ihm an – ist vielleicht sogar einer der Drahtzieher gewesen –, und auch Giselbert von Lothringen konnte gewonnen werden, der sich von einem Erfolg des Unternehmens zweifellos größere Unabhängigkeit erhoffte. Zwar errangen die Truppen des [*Aufstand des Königsbruders Heinrich*]

Königs bei Birten (s. Xanten) im März 939 über einen zahlenmäßig überlegenen Gegner einen Sieg, den man im Lager Ottos vor allem dem Gebet des Königs und der siegbringenden Kraft der Heiligen Lanze zuschrieb, aber da Giselbert nun eine Schwenkung zu dem westfränkischen Karolinger Ludwig IV. vollzog, griff der Konflikt über die Grenzen des Reiches hinaus. Ludwigs IV. Stellung in seinem eigenen Reich war nicht so gesichert, dass er sich auf ein ungewisses Abenteuer einlassen konnte, zumal Otto Möglichkeiten hatte, sich direkt in die westfränkische Politik einzuschalten, seit er durch die Heirat seiner Schwester Hadwig mit Hugo von Franzien im Jahre 937 engere Beziehungen zur Familie der Robertiner(-Kapetinger) hergestellt hatte, aber das Ausmaß der Empörung ließ dem Karolinger die Aussicht auf den Gewinn Lothringens realistisch erscheinen. Selbst der Erzbischof Friedrich von Mainz (937–954), der sich brüskiert fühlte, weil Otto einen von ihm mit Eberhard von Franken im königlichen Auftrag ausgehandelten Ausgleich abgelehnt hatte, schloss sich den Aufständischen an: Nicht nur Lothringen war verloren, sondern Ottos Königsherrschaft überhaupt war in höchstem Maße gefährdet. Da brachte der Sieg der beiden Konradiner Udo und Konrad Kurzbold über Giselbert und Eberhard am 2. Oktober 939 bei Andernach die Wende. Eberhard fiel im Kampfe, Giselbert ertrank in den Fluten des Rheins. Der Aufstand brach zusammen. Damit war auch der Zugriff Ludwigs IV. auf Lothringen gescheitert; als Faustpfand künftiger Erneuerung seiner Ansprüche nahm der Karolinger bei seinem Rückzug Giselberts Witwe Gerberga mit sich, die er bald heiratete.

Eingreifen des Königs Ludwig IV.

Otto hatte Lothringen für das Reich behauptet, den Gewinn seines Vaters sichergestellt. Die schwere Krise seiner Herrschaft war überwunden. Zwar konnte sein Bruder, nach der Aussöhnung zum Herzog von Lothringen ernannt, sich gegen den Widerstand des Adels hier nicht durchsetzen und erhob sich 941 erneut. Doch das waren nur noch Nachwehen des großen Konfliktes. Nach dem Tode Bertholds erhielt Heinrich, der mit der Liutpoldingerin Judith verheiratet war, 948 das Herzogtum Bayern – das Problem der Ausstattung des Königssohnes wurde auf der Ebene des Herzogtums gelöst. Das Herzogtum Franken wurde nach Eberhards Tod nicht mehr besetzt; das Land wurde unmittelbarer königlicher Verwaltung unterstellt, die Ansätze zu einer mit den übrigen deutschen (Stammes-)Herzogtümern gleichlaufenden Entwicklung kamen daher nicht zur Entfaltung. Franken wurde königliche Provinz.

Konsolidierung der Herrschaft im Reich

Die Ernennung Heinrichs zum Herzog von Bayern kennzeichnete Ottos Herrschaftskonzeption in der Konsolidierungsphase nach 941.

Familienpolitik

3. Aufstieg und Höhepunkt der königlichen Herrschaft 13

Der 944 zum lothringischen Herzog erhobene Konrad der Rote aus einer am Mittelrhein um Worms begüterten Familie, die später die salische genannt wurde, ein Landfremder also, erhielt – wohl 947 – Ottos Tochter Liudgard zur Gemahlin, und in Schwaben folgte 949 auf den Konradiner Hermann Ottos Sohn Liudolf, der mit Hermanns Tochter Ida vermählt war. Die amtsrechtliche Interpretation der herzoglichen Stellung wurde also durch Familienpolitik, durch die enge persönliche Bindung an den Herrscher ergänzt und abgesichert. Auf dieser Grundlage hat Otto die großen Erfolge in der auswärtigen Politik erzielt, die seinem Königtum imperiale Qualität verliehen. Dazu gehört auch die Intensivierung der Heidenmission, die mit der Gründung des Moritzklosters in Magdeburg 937 einsetzte und mit der Errichtung von fünf Bischofssitzen im Jahre 948 auf einen ersten Höhepunkt gelangte. Mit den dänischen Bistümern Ripen, Schleswig und Aarhus erhielt das Erzbistum Hamburg-Bremen seine ersten Suffragane, Havelberg und Brandenburg wurden Mainz unterstellt. Etwas später folgte die Gründung des Bistums Oldenburg in Wagrien. Den krönenden Abschluss bildete nach langer Vorbereitung und zum Teil heftigen Auseinandersetzungen mit den unmittelbar betroffenen Bischöfen von Mainz und Halberstadt die Errichtung des Erzbistums Magdeburg, die Otto erst nach seiner Kaiserkrönung und in engem Zusammenwirken mit dem Papst im Jahre 968 durchsetzen konnte. In eindrucksvoller Weise erscheint der König/Kaiser hier als Schutzherr der Kirche und des Glaubens. Dass mit der Mission vor allem an der Ostgrenze auch politische Ziele verknüpft waren, stellte für mittelalterliches Denken keinen inneren Widerspruch dar. Otto ging es letztlich darum, die elbslawischen Stämme direkt zu beherrschen und ihre Eigenstaatlichkeit zu beseitigen; diese reagierten auf die Bedrohung ihrer Freiheit mit dem Zusammenschluss zum Lutizenbund. Das gewaltig gewachsene Prestige des deutschen Königs verdeutlicht schließlich auch die Bitte der Großfürstin Olga von Kiew um Missionare aus dem Reich im Jahre 959. Die hier aufscheinenden Perspektiven kirchenpolitischer Aktivität haben sich allerdings nicht realisieren lassen.

<small>Intensivierung der Heidenmission: Bistumsgründungen</small>

Die durch die Rivalität mit den Robertinern bedingte Schwäche der karolingischen Monarchie im Westfrankenreich bot Otto die Möglichkeit zum Eingreifen. Zeitweise unterstützte er die Opposition; doch vollzog er 946 einen Kurswechsel, als das Königtum Ludwigs IV. in seiner Existenz bedroht und die monarchische Autorität nahezu vernichtet schien. Auch die Reichskirche wurde in die westfränkischen Händel hineingezogen, da die rivalisierenden Parteien einen erbitterten Streit um die Besetzung des Reimser Erzbischofsstuhles ausfochten. Die Ver-

<small>Hegemoniale Stellung gegenüber dem Westfrankenreich</small>

handlungen wurden auf Reichssynoden geführt, die Entscheidung im Reimser Schisma fiel schließlich auf der Ingelheimer Synode von 948. Mit italischen Angelegenheiten, der Rivalität zwischen den Königen Hugo und Lothar und dem Markgrafen Berengar von Ivrea, war Otto bereits seit 941 befasst. Der Tod Lothars und die Übergriffe Berengars gegen die Königinwitwe Adelheid, eine Schwester des Königs Konrad von Burgund, lösten schließlich jene Aktivitäten aus, die im Herbst 951 zur Übernahme der Herrschaft im *regnum Italiae* durch Otto führten. Die Vermählung mit Lothars Witwe in Pavia gab der Eroberung einen zusätzlichen Rechtstitel. In der Konsequenz dieser Politik lag die Erneuerung des Kaisertums, aber daran konnte der Stadtherr von Rom, Alberich, kein Interesse haben. So blieb die Heilige Stadt dem Liudolfinger vorerst noch verschlossen, doch war ein weiteres Mal deutlich geworden, wie sehr er sich der karolingischen Tradition verpflichtet fühlte. Dafür ist auch der kurzfristig verwandte Königstitel Karls des Großen „*rex Francorum et Langobardorum*" bzw. modernisiert „*... et Italicorum* " ein Beleg [DD. 0.I. 138–140].

Herrschaft über das *regnum Italiae*

Aus den bei diesen Unternehmen offenbar werdenden Rivalitäten zwischen Liudolf und Heinrich von Bayern erwuchs jener Konflikt, der Ottos Herrschaft noch einmal schwer erschütterte. Liudolf, der durch einen eigenen Italienzug dem Vater den Weg hatte bereiten wollen, dabei wohl auch eigene Interessen verfolgt hatte, aber erfolglos geblieben war, ging leer aus und sah überdies durch die erneute Heirat seines Vaters und die Geburt eines Sohnes seine Stellung als Thronfolger gefährdet; Heinrich aber, der gegen ihn intrigiert hatte, erhielt eine wesentliche Vergrößerung seines Amtsbereiches, da Otto ihm die Marken Verona und Aquileja mit Istrien übertrug. Konrad der Rote hatte den Frieden mit Berengar ausgehandelt; durch das endgültige Ergebnis, das dem Gegenspieler Adelheids und seinem Sohne Adalbert Italien lediglich als Unterkönigreich beließ, und die schroffe Behandlung Berengars am deutschen Hofe fühlte er sich desavouiert und näherte sich Liudolf. Im Frühjahr 953 entluden sich die Spannungen in offener Empörung. Der Erzbischof Friedrich von Mainz unternahm es zu vermitteln; doch den Vertrag, den er zwischen Otto und den Rebellen aushandelte, widerrief der König als erzwungen wenig später, worauf sich Friedrich den Empörern anschloss. Die Aufständischen, die aus dem ganzen Reich Unterstützung erhielten, haben an der Loyalität gegen Otto selbst keinen Zweifel aufkommen lassen. Die königliche Herrschaft war nicht prinzipiell in Frage gestellt; es ging um die Machtverteilung im Reich, die durch den überragenden Einfluss eines Mannes, des Herzogs von Bayern, gestört war. War Otto zunächst in die Defensive geraten, so

Der Aufstand Liudolfs

3. Aufstieg und Höhepunkt der königlichen Herrschaft 15

brachte der Einfall der Ungarn ins Reich im Frühjahr 954 die Wende. Die Rebellen erkauften sich die Schonung der von ihnen kontrollierten Gebiete durch Tributzahlung und Ablenkung der Feinde in andere Regionen des Reiches. Damit geriet die loyale Opposition in gefährliche Nähe zum Hochverrat. Nach Abzug der Ungarn brach der Aufstand zusammen; Konrad unterwarf sich im Juni auf einem Reichstag zu Langenzenn, Liudolf beugte sich dem Vater im Dezember 954 auf einem Reichstag im thüringischen Arnstadt. Beide verloren ihre Herzogtümer, doch beließ ihnen der König ihre Eigengüter. In Lothringen übte nun des Königs Bruder Brun, 953 zum Erzbischof von Köln erhoben, die Herzogsgewalt aus; Schwaben verlieh Otto an Burchard III., mit dem die alte Herzogsdynastie der Hunfridinger erneut zum Zuge kam. Friedrich von Mainz war am 24. Oktober 954 gestorben; ihm folgte auf dem wichtigsten Bischofsstuhl des Reiches Ottos natürlicher Sohn Wilhelm (954–968).

Einfall der Ungarn ins Reich

Niederwerfung der Rebellen

Im Sommer des Jahres 955 fielen die Ungarn erneut ins Reich ein. Am 10. August, dem Tag des hl. Laurentius, errang Otto auf dem Lechfeld bei Augsburg einen triumphalen Sieg, dem er einige Wochen später einen großen Erfolg an der Recknitz über die Abodriten anreihte. Nach Überwindung der inneren Krise waren nun auch die gefährlichsten äußeren Feinde in die Schranken verwiesen. Widukind von Korvey hat auch die Lechfeldschlacht in antikisierender Manier mit einer Kaiserproklamation verknüpft und damit die imperiale Qualität, die Ottos Königsherrschaft jetzt erreicht hatte, richtig erfasst. Dass er mit einer solchen Deutung nicht alleine stand, belegt das Privileg des Papstes Johannes XII. vom 12. Februar 962 über die Errichtung des Erzbistums Magdeburg und des Bistums Merseburg [H. ZIMMERMANN, I, Papsturkunden Wien, 2. Aufl. 1989, Nr. 154]. Die Gründung eines Bistums in Merseburg hatte Otto unmittelbar vor Beginn der Ungarnschlacht gelobt. Auch die Heidenmission gehört in das Umfeld von imperialem Königtum und Kaisertum. In dieser Sicht war die Kaiserkrönung Ottos am 2. Februar 962 nur der konsequente Abschluss der Entwicklung: Vollendung der Wiederbelebung karolingischer Tradition und Ausdruck der Hegemonialstellung im Abendland. Den Italienzug hatte Otto vorbereitet durch die Regelung der Thronfolge: Auf einer Wormser Reichsversammlung wurde sein fünfjähriger Sohn aus der Ehe mit Adelheid, Otto II., zum König gewählt und wenig später in Aachen gekrönt. Die faktische Regentschaft übte während des Königs Abwesenheit Wilhelm von Mainz aus. Das Mitkönigtum des Sohnes hat Otto I. Weihnachten 967 zum Mitkaisertum gesteigert, als er den Sohn in Rom durch Papst Johannes XIII. krönen ließ. Karolingisches und byzantinisches Vorbild

Sieg über die Ungarn 955

Erneuerung des Kaisertums

Regelung der Thronfolge

Zweikaiserproblem war hier gleicherweise wirksam. Die durch das Zweikaiserproblem und den Anspruch des Liudolfingers auf die Oberhoheit über die langobardischen Fürstentümer entstandenen Spannungen mit Byzanz wurden mit dem Ausgleich von 972 zunächst beigelegt. Unterpfand des Friedensschlusses war die Vermählung Ottos II. mit Theophano, einer Nichte des Basileus Johannes I. Tzimiskes (969–976), die freilich nicht, wie der Liudolfinger es gewünscht hatte, eine *Porphyrogenneta* war. Das Kaisertum hat ohne Zweifel Glanz und Ansehen der Dynastie erhöht. Die Italien- und Kaiserpolitik stieß jedoch nicht überall im Reich auf ungeteilte Zustimmung; vor allem in Sachsen sind kritische Stimmen unüberhörbar.

Der Aufstand Liudolfs hatte deutlich gemacht, dass die enge Bindung der Zwischengewalten an den König durch Familienpolitik nicht unbedingt eine Garantie für die Sicherung der Herrschaft darstellte. Otto I. hat daraus die Konsequenzen gezogen, indem er nun die Reichskirche stärker in die Regierung einbezog. Inwieweit von einem ottonisch-salischen Reichskirchensystem gesprochen werden darf, bleibt unten noch zu erörtern. Dass die Reichskirche in materiellem wie in ideellem Sinne zu einer entscheidenden Stütze des Königtums wurde und der Ausbau der Hofkapelle dem König die Institution zur Verfügung stellte, aus der er ihm ergebene Kandidaten für die Besetzung der Bischofsstühle bezog, steht außer Frage.

„Ottonisch-salisches Reichskirchensystem"

3.2 Otto II. und Otto III.: Wahrung des Erbes und Renovatio imperii Romanorum

Als der Kaiser am 7. Mai 973 in der Pfalz Memleben starb, war das Haus bestellt, die Nachfolge geregelt. Bestattet wurde Otto I. im Magdeburger Dom, wo schon seine erste Gemahlin, Edgitha, ihre letzte Ruhestätte gefunden hatte. Dennoch hat auch dieser Regierungswechsel, der sich zunächst reibungslos zu vollziehen schien, für Unruhe im Reich gesorgt; denn Heinrich der Zänker, des Liudolfingers Heinrich Nachfolger in Bayern, erneuerte den Streit um den Thron. Dreimal, 974, 976 und 977, erhob er sich gegen seinen kaiserlichen Vetter, verbündete sich dabei zeitweise mit den Herzögen Bolesław II. von Böhmen und Mieszko von Polen und fand zuletzt – im „Aufstand der drei Heinriche" – die Unterstützung seiner liutpoldingischen Verwandten, des Herzogs Heinrich von Kärnten und des Bischofs Heinrich von Augsburg. Des Kaisers zuverlässigste Stütze war Liudolfs Sohn Otto, dem er 973 nach Burchards Tod das Herzogtum Schwaben verliehen hatte. Der Neffe wurde erneut ausgezeichnet, als Otto II. nach dem zweiten Aufstand

Aufstände Heinrichs des Zänkers

3. Aufstieg und Höhepunkt der königlichen Herrschaft

des Zänkers 976 eine weitreichende Neuregelung im bayerischen Raum vornahm. Er erhielt nun nämlich nach der Absetzung des Zänkers zusätzlich zu Schwaben auch die bayerische Herzogswürde. Allerdings wurde das Herzogtum verkleinert um Kärnten und die oberitalischen Marken; Kärnten wurde selbst in ein Herzogtum umgewandelt, das der Kaiser dem schon erwähnten Liutpoldinger Heinrich, dem Sohne des ehemaligen Bayernherzogs Berthold, verlieh. Die bayerische Ostmark, für die bald der Name „Ostarrichi" üblich werden sollte, wurde dem Grafen Liutpold aus der Familie der jüngeren Babenberger anvertraut. Mit der Errichtung des Bistums Prag und eines mährischen Bistums in diesem Jahre wurde, da beide Bistümer in die Mainzer Kirchenprovinz eingegliedert wurden, ein zukunftsträchtiger Schritt in Richtung auf die Eingliederung Böhmens ins Reich getan. Das Ergebnis des Revirements war eine eindeutige Schwächung Bayerns, das nun zum Binnenherzogtum geworden war und seinen Kolonisationsraum verloren hatte. Die Beteiligung des Liutpoldingers Heinrich am Aufstand von 977 hatte seine Absetzung zur Folge. Kärnten wurde dem Salier Otto, dem Sohn Konrads des Roten und der Liudgard, verliehen. Otto II. war in Süddeutschland zum System der Familienpolitik zurückgekehrt.

Neuordnung im Südosten des Reiches

Auch die westlichen Grenzlande wurden seit dem Thronwechsel von 973 wieder Schauplatz von Auseinandersetzungen. Nach der Absetzung Konrads des Roten hatte hier zunächst Brun von Köln, von seinem Biographen Ruotger mit dem Titel *archidux* belegt, als Stellvertreter des Königs [*tutor et provisor*; c. 20, ed. I. OTT, 19] der Reichsgewalt energisch Geltung verschafft und das in ihn gesetzte Vertrauen glänzend gerechtfertigt. Im Jahre 959 setzte er den dem Ardennergrafenhaus entstammenden Grafen Friedrich zum Herzog ein, und den Machtbereich der Reginare übertrug er dem der Matfridingersippe angehörenden Grafen Gottfried. Auch Gottfried begegnet mitunter mit dem Herzogstitel, erhielt aber nach seinem Tode 964 keinen Nachfolger. Auf die Nachricht von Ottos I. Tod kehrten die Söhne Reginars III., Reginar IV. und Lambert, aus ihrem westfränkischen Exil zurück. Otto II. gelang es zwar, sie zu vertreiben, aber sie fanden bei ihrem erneuten Einfall ins Reich die Unterstützung des westfränkischen Karolingers Karl, der mit seinem Bruder, König Lothar (954–986), im Streit lag. Nun traf Otto II. 977 eine überraschende Entscheidung, die dem niederlothringischen Raume Ruhe verschaffen sollte. Er gab den Reginaren ihren Familienbesitz zurück und erhob den Karolinger zum Herzog. Diese Maßnahme dürfte jedoch weniger als ein Meisterstück politischer Taktik, sondern eher als das Eingeständnis einer gewissen Ratlosigkeit zu werten sein; sie dokumentiert jedenfalls sehr deutlich, dass ohne das Haus Reginars im

Brun von Köln als „archidux"

Neuordnung im niederlothringischen Raum

niederlothringischen Raume eine dauerhafte Lösung der anstehenden Probleme nicht durchzusetzen war.

Konflikt mit dem Westfrankenreich

König Lothar hat den spektakulären Gunsterweis für seinen Bruder zweifellos als einen unfreundlichen Akt angesehen, der im Übrigen angesichts der ungeklärten Frage der Ausstattung Karls auch direkt für seine eigene Herrschaft Gefahren heraufbeschwören konnte; für das westfränkische Königtum hatte sich eine politische Lage ergeben, die ganz der Situation der Anfangsjahre Ottos I. im Ostfrankenreich glich. Lothar handelte, noch ehe sich die Verhältnisse in Niederlothringen stabilisiert hatten, und fiel im Sommer 978 mit Heeresmacht in das Herzogtum ein – eingeladen und beraten von Reginar und Lambert. Mit knapper Not entgingen der nichtsahnende Kaiser und seine Gemahlin, die sich in Aachen aufhielten, der Gefangennahme. Aber das westfränkische Unternehmen blieb im Ganzen erfolglos, und auch die Vergeltungsaktion, bei der Otto II. bis vor die Tore von Paris vorstieß, hatte keine tiefgreifenden Folgen. Im Mai 980 wurde bei einer persönlichen Zusammenkunft der beiden Monarchen in Margut-sur-Chiers der Friede geschlossen. Die Wahl des Ortes zeigt, dass der Karolinger seine Ansprüche auf Lothringen aufgegeben hatte. Nicht zu übersehen war jedoch, dass die politischen Rahmenbedingungen sich im Westen zu ändern begannen. In diesem Konflikt war der Herzog Hugo von Franzien loyal geblieben; die Epoche der schiedsrichterlichen Dominanz des ostfränkisch-deutschen Königtums neigte sich ihrem Ende zu. Die Beruhigung der Lage im Reich erlaubte es Otto, sich den italischen Problemen zuzuwenden. Die Auseinandersetzungen zwischen den römischen Adelsfaktionen um die *cathedra Petri*, innere Verwicklungen in den langobardischen Fürstentümern nach dem Tode von Pandulf Eisenkopf, der seit Otto I. Garant für die Stabilität dieser Region gewesen war, und Angriffe der sizilischen Sarazenen auf das Festland, denen Byzanz angesichts innerer Schwierigkeiten nichts entgegenzusetzen hatte, machten das Eingreifen des Kaisers erforderlich. Nach Ordnung der römischen Verhältnisse stieß Otto II. Anfang 982 nach Süditalien vor. Im Zusammenhang mit diesem Feldzug erfolgte nach Ausweis des Urkundenformulars eine wesentliche Neuerung in der Kaisertitulatur: Otto nahm nun den bisher dem Basileus vorbehaltenen Römernamen in seinen Titel auf; die Titelform *Romanorum imperator augustus*, die die aktuelle Situation der Konkurrenz mit Byzanz um Süditalien widerspiegelt, wurde schließlich zum Normtitel des westlichen Kaisertums. Die Niederlage gegen die Sarazenen am 13. Juli 982 bei Cotrone und der plötzliche Tod des Kaisers am 7. Dezember 983 beschworen erneut eine Regierungskrise herauf. Zwar hatte Otto II. auf einem Reichstag

Italische Probleme

Kaisertitulatur

3. Aufstieg und Höhepunkt der königlichen Herrschaft 19

in Verona im Mai 983, der auch der Vorbereitung auf ein neues Süditalienunternehmen diente, die Wahl seines Sohnes Otto zum König erreicht, was zeigt, dass das ottonische Herrschaftssystem nicht grundsätzlich erschüttert war, aber der Thronfolger war – wohl auf Wunsch der Fürsten – nach Deutschland gebracht und dem Erzbischof Warin von Köln zur Erziehung übergeben worden, und in der Frage der Neubesetzung der Herzogtümer Bayern und Schwaben nach dem Tode des Herzogs Otto musste der Kaiser offensichtlich Zugeständnisse machen: Die Übertragung Schwabens an den Konradiner Konrad konnte noch in seinem Sinne liegen, da die Konradiner in der Regel loyal zum liudolfingischen König gestanden hatten, aber dass Bayern dem Liutpoldinger Heinrich verliehen wurde und damit die alte Herzogsdynastie noch einmal in eine Spitzenposition im Reich zurückkehrte, dürfte wohl kaum eine völlig freiwillige Entscheidung des Kaisers gewesen sein, hatte der Herzog Heinrich doch nicht lange zuvor noch im Lager der Aufständischen um Heinrich den Zänker gestanden.

Reichstag von Verona 983

Otto III. wurde am Weihnachtstage 983 von den Erzbischöfen Willigis von Mainz und Johannes von Ravenna in Aachen zum König gekrönt. Kurz darauf traf die Nachricht vom Tode des Kaisers ein. Zu diesem Zeitpunkt war die Ostgrenze des Reiches schon schwer bedroht durch einen Aufstand der im Lutizenbund zusammengeschlossenen elbslawischen Stämme und der Abodriten, der Ottos I. Missionswerk östlich der Elbe vernichtete. Die Minderjährigkeit des Königs warf das Problem der Regentschaft auf. Da es für diese keine klaren Rechtsvorschriften gab, konnte die Vormundschaft zum Ausgangspunkt für die Gewinnung der faktischen Regentschaft werden. Ansprüche erhob der ehemalige Bayernherzog Heinrich der Zänker als nächster Schwertmage, und ein Teil des Episkopates, der sich zudem – auch angesichts der schwierigen Lage an der Ostgrenze – von Idoneitätserwägungen leiten ließ, akzeptierte diesen Standpunkt. Der Bischof Folkmar von Utrecht entließ Heinrich Anfang 984 aus der Haft, und Warin von Köln übergab ihm als dem *patronus legalis* [Thietmar, Chronicon IV, 1; ed. R. HOLTZMANN, 132] den jungen König. Dass des Zänkers Absichten jedoch auf mehr zielten, wurde offenbar, als er sich zu Ostern 984 in Quedlinburg von seinen Anhängern zum König ausrufen ließ. Unterstützung fand er überdies bei Bolesław von Böhmen, Mieszko von Polen und sogar dem Abodritenfürsten Mistui. Freilich hat gerade das Bündnis mit dem Slawenfürsten seine politische Glaubwürdigkeit beeinträchtigt, und so formierte sich nun die ottonische Partei, angeführt von Erzbischof Willigis von Mainz und Herzog Bernhard von Sachsen, um die aus Italien herbeigerufenen Kaiserinnen Adelheid und Theophano. Es gelang

Der große Slawenaufstand

Heinrich der Zänker als Thronprätendent

Die Rolle der Kaiserinnen

Heinrich nicht mehr, weitere Anhänger zu mobilisieren; im Juni 984 sah er sich gezwungen, auf einem Reichstag in Rohr (bei Meiningen) den König an die beiden Kaiserinnen auszuliefern.

Eingreifen des westfränkischen Königs Lothar

Durch das Eingreifen des westfränkischen Königs war auch die lothringische Frage wieder akut geworden. Lothar hatte zunächst auf die Karte des Zänkers gesetzt, dann aber seine Taktik geändert und, von lothringischen Großen unterstützt, als Vetter Ottos II. selbst Ansprüche auf die Regentschaft erhoben. Mit der Einnahme von Verdun aber traten seine wahren Ziele unverhüllt zutage. Da Heinrich der Zänker sich nach der Auslieferung Ottos in seinen Erwartungen auf eine Restitution des Herzogtums Bayern enttäuscht sah, schlossen sich der Liudolfinger und der Karolinger erneut zu einem Bündnis zusammen, das dem einen die Krone und dem anderen Lothringen einbringen sollte. Beide haben ihr Ziel nicht erreicht. Das rasch aufeinanderfolgende Hinscheiden Lothars (2. März 986) und seines Sohnes Ludwig V. (21. Mai 987)

Dynastiewechsel im Westfrankenreich

veränderte die politische Lage im Westen grundlegend. Der nun ausbrechende karolingisch-kapetingische Thronstreit ließ die lothringische Frage ganz in den Hintergrund treten. Heinrich der Zänker aber erlangte beim endgültigen Ausgleich von 985 wenigstens die Wiedereinsetzung in die bayerische Herzogswürde. Der Liutpoldinger Heinrich wurde mit Kärnten entschädigt, auf das der Salier Otto verzichtet hatte.

Theophano als Regentin

Mit dem Tag von Rohr übernahm Theophano, unterstützt von Willigis von Mainz und dem Kanzler, Bischof Hildebald von Worms, die Regentschaft; Adelheid begab sich nach Pavia und vertrat im *regnum Italiae* die Interessen des Reiches. Im Westen mit den Auswirkungen des westfränkischen Thronstreites, im Osten mit den Folgen des großen Slawenaufstandes befasst, hat die Kaiserin das Erbe ihres Sohnes klug und energisch gewahrt. Hugo Capet (987–996) war an guten Beziehungen zum Reich interessiert, und die Reichsregierung hatte ihrerseits allen Grund, den Dynastiewechsel im Westfrankenreich zu begünstigen. Ein Erfolg des Karolingers Karl von Niederlothringen hätte die Stabilisierung der Verhältnisse im westlichen Grenzraum erneut gefährdet. In dieser grundsätzlichen Frage herrschte zweifellos Einvernehmen zwischen Theophano und dem Erzbischof Adalbero von Reims, dem Königsmacher von 987. Die Lutizen blieben unbezwungen, und das Verhältnis zu Böhmen war nicht frei von Spannungen. Die Kaiserin setzte daher auf Mieszko von Polen, der ihrem Sohn den Lehnseid geleistet hatte, und sie nutzte dabei die piastisch-přemyslidischen Gegensätze aus. In den Grundlinien wird eine Richtung der Politik erkennbar, die auf eine Anerkennung der Selbständigkeit des polnischen Herzogtums hinauslief. Die Süditalienpolitik ihres Gemahls setzte Theophano

3. Aufstieg und Höhepunkt der königlichen Herrschaft

nicht fort, als sie 989/990 ihren Romzug unternahm. Nach dem Tode Theophanos (15. Juni 991) hat die Kaiserin Adelheid die Regentschaft ausgeübt, bis Otto III. mit der Mündigwerdung im September 994 selbst die Regierungsgeschäfte übernahm. Die karolingische Tradition hat er mit der Verehrung Karls des Großen und der Herausstellung Aachens als *sedes regia* womöglich noch stärker betont als seine Vorgänger, aber trotz der kurzen Dauer seiner Herrschaft sind Ansätze eines eigenen Regierungsstils unverkennbar. Das zeigt sich etwa daran, dass die Bevorzugung Sachsens als der liudolfingischen Kernlandschaft etwas zurücktrat und Lothringen und Franken an Bedeutung gewannen; das äußert sich vor allem im Verhältnis zu den Reichskirchen, bei deren Besetzung er seinen Willen geltend machte, wobei er stark auf die Hofkapelle zurückgriff; er stattete sie aber auch reicher als seine Vorgänger mit Hoheitsrechten aus; als erster hat er dabei ganze Grafschaften verliehen. Es kommt nicht von ungefähr, dass er die Wiederherstellung des 981 von seinem Vater aufgehobenen Bistums Merseburg betrieb, die sein Nachfolger Heinrich II. 1004 vollzogen hat. Nachdem er 996 aus der Hand des von ihm selbst nominierten Papstes Gregor V., seines salischen Verwandten und Hofkapellans Brun von Kärnten, die Kaiserkrone empfangen hatte, traten mit dem zweiten Italienzug seit 997 das Kaisertum und die Idee der „Erneuerung des römischen Reiches", der *Renovatio imperii Romanorum,* ganz in den Vordergrund seines politischen Handelns und Denkens. Italien wurde zum Kernland seines Herrschaftsbereiches, Rom zur Hauptstadt – hier nun verließ er die von Karl dem Großen und Otto dem Großen vorgezeichneten Bahnen. Entscheidende Impulse verdankte er Gerbert von Aurillac, der unter seinem bestimmenden Einfluss nach dem Tode Gregors V. auf die *cathedra Petri* erhoben wurde. Auch der Papstname Silvester II. (999–1003) war ein Programm: Es verwies auf den jugendlichen Kaiser als den neuen Konstantin.

Im Zeichen der Renovatio-Idee vollzog Otto eine Neuinterpretation des Verhältnisses zu den werdenden ostmitteleuropäischen Staaten. Polen und Ungarn sollten selbständige Gliedstaaten des Imperiums werden; die polnische wie die ungarische Kirche erhielten in Gnesen (1000) und Gran (1001) ihre eigenen Metropolitansitze; die Herzöge wurden zu Königen erhoben – was im Falle des Polenherzogs Bolesław Chrobry allerdings nicht zur Vollendung gelangte. Diese Konzeption war auf Kooperation, nicht auf Abhängigkeit angelegt. Deutschland hat der Kaiser nach 997 nur noch einmal anlässlich seiner Wallfahrt nach Gnesen kurz aufgesucht. Hier mehrten sich die Stimmen der Kritik an einer Rompolitik, die sich mit der zunehmenden Entfernung von der Herr-

Selbstständige Regierung Ottos III.

Renovatio imperii Romanorum

Verhältnis zu den ostmitteleuropäischen Staaten

schaftsbasis im Reich ins Utopische zu verflüchtigen drohte. Otto hat das Gewicht dieser Kritik richtig eingeschätzt, wenn, wie kaum zu bezweifeln ist, seine bei Thangmar in der Vita Bernwardi wiedergegebene Rede an die aufständischen Römer [c. 25; MG SS IV, 7701] einen glaubwürdigen Kern enthält.

3.3 Heinrich II.: Sicherung der Herrschaftsgrundlagen

Scheitern der Renovatio-Konzeption

Durch den frühen Tod des Kaisers am 24. Januar 1002 brach die Herrschaft des Reiches in Italien zusammen. Da die ottonische Linie mit Otto III. erloschen war, kam die bayerische Nebenlinie der Liudolfingerdynastie erneut ins Spiel. Herzog Heinrich, der Sohn des Zänkers, hat nach dem Verzicht Ottos von Kärnten, eines Enkels Ottos des Großen, seine Kandidatur, gestützt auf erbrechtlichen Anspruch, energisch betrieben und sich schließlich gegen seine beiden Gegenkandidaten Hermann von Schwaben und Ekkehard von Meißen, die über einen nicht unbeträchtlichen Anhang verfügten, durchgesetzt. Am 7.

Heinrich II.: Erwerb der Krone

Juni in Mainz gewählt und vom Erzbischof Willigis gekrönt, hat der neue König auf seinem Umritt die Huldigungen der bei dem Mainzer Staatsakt nicht anwesenden Großen entgegengenommen und über die Etappen Thüringen, Sachsen und Niederlothringen seine Thronerhebung in Aachen mit der Besteigung des Karlsthrones am 8. September zur Vollendung geführt. Hermann von Schwaben, nach der Ermordung Ekkehards von Meißen sein eigentlicher Rivale, hat sich in Bruchsal unterworfen. Er behielt sein Herzogtum, musste aber empfindliche Einbußen seiner Macht hinnehmen, da er sich aus Straßburg, das er zur Herzogsresidenz hatte ausbauen wollen, zugunsten des Bischofs zurückziehen und das Elsass preisgeben musste, das nun wieder unter unmittelbare Königsherrschaft kam. Hier schon deuten sich die Grundlinien der Herrschaftspraxis Heinrichs II. an; er war gewillt, die amtsrechtliche Interpretation der herzoglichen Würde durchzusetzen, und baute gleichzeitig die Einbeziehung der Kirche in die Administra-

Festigung der Herrschaftsgewalt

tion des Reiches weiter aus. Die Devise seiner Bulle: *„Renovatio regni Francorum"* formulierte programmatisch den Kontrast zum Regierungsprogramm Ottos III., ohne dass damit auf die imperiale Qualität der Königsherrschaft verzichtet worden wäre, wurde hier doch auf die Devise Ludwigs des Frommen zurückgegriffen. Bereits 1004 hat

Italien

Heinrich II. trotz der angespannten Situation im Reich einen Italienzug unternommen, um den beim Zusammenbruch der ottonischen Herrschaft am 15. Februar 1002 zum italischen König gekrönten Arduin von Ivrea in die Schranken zu weisen. Die politische Gesamtlage erlaubte

3. Aufstieg und Höhepunkt der königlichen Herrschaft

den Marsch nach Rom zur Gewinnung der Kaiserkrone nicht, aber Heinrich ließ sich – abweichend vom bisherigen ottonischen Brauch – am 14. Mai in Pavia zum König des *regnum Italiae* wählen und vom Erzbischof Arnulf von Mailand krönen – unübersehbar war der Anspruch auf das Kaisertum gestellt.

Zunächst aber beschäftigte die Entwicklung an der Ostgrenze den König voll und ganz. Nach dem Tode des Markgrafen Ekkehard von Meißen hatte sich die Lage hier verschärft, da der Polenherzog Bolesław Chrobry in die Offensive ging. Er verfügte über gute Beziehungen zum sächsischen Adel, und als Sohn der Přemyslidin Dubrava richtete er sein Augenmerk vor allem auf Böhmen. Mit seinem Eingreifen in böhmische Thronwirren entbrannte der Kampf um die Vorherrschaft in der *Sclavinia*, in den der deutsche König zwangsläufig hineingezogen wurde. Heinrich ist selbst vor einem vor allem in Sachsen hart kritisierten Bündnis mit den heidnischen Lutizen nicht zurückgeschreckt, um Bolesław in Schach zu halten. Der Polenherzog seinerseits hat sich in innere Konflikte im Reich eingeschaltet, um dem König Schwierigkeiten zu machen. Als sich der Markgraf Heinrich von Schweinfurt empörte, weil Heinrich nicht ihn, wie er es wohl versprochen hatte, sondern seinen Schwager Heinrich aus der Familie der Lützelburger mit dem freigewordenen Herzogtum Bayern belehnte, erhielt er polnische Unterstützung. Die deutsch-polnischen Auseinandersetzungen, die natürlich nicht in nationalen Gegensätzen, sondern dynastisch und machtpolitisch begründet waren, zogen sich mit wechselndem Erfolg auf beiden Seiten und Unterbrechungen über anderthalb Jahrzehnte hin, bis es im Januar 1018 in Bautzen zum Friedensschluss kam, in dem Bolesław die Lausitzen als Lehen des Reiches behauptete.

Konflikt mit Bolesław von Polen

Trotz des Wechsels der Dynastie im Westfrankenreich kam Lothringen nicht zur Ruhe. Dabei war die Stabilität der politischen Verhältnisse im niederlothringischen Raume gefährdeter denn je, seit die Grafschaft Flandern sich von den Verwüstungen der Normannenstürme erholt hatte und Balduin IV. (988–1035) zu einer Expansionspolitik auch gegen die Reichsgrenze vorging. In den Reginaren, die ihre Machtpositionen im Hennegau und in Brabant gefestigt hatten, fand er ständige Bundesgenossen. Der Herzog Otto, Karls Sohn, gab keinen Anlass, an seiner Loyalität zu zweifeln, aber seine Macht war gering. Vermutlich ist er bereits im Frühjahr 1006 gestorben; einen Nachfolger gab ihm Heinrich erst 1012, als er den dem Ardennengrafenhause angehörenden Gottfried als Herzog einsetzte. Damit wurde eine gewisse Konsolidierung der Machtverhältnisse – vor allem in Bezug auf die fortdauernde Opposition der Reginare – erreicht, dennoch

Niederlothringen und Flandern

musste der König sich auch hier auf einen Kompromiss einlassen: Um den ehrgeizigen Grafen von Flandern aus der Front der tatsächlichen und potentiellen Gegner zu sich herüberzuziehen, hat er ihn – wahrscheinlich um 1012 – mit Gebieten an der Schelde, an der Küste und mit einigen Inseln, darunter Walcheren, belehnt. Damit waren die Grundlagen Reichsflanderns geschaffen.

Expansion Flanderns: Reichsflandern

Während dieser Konflikte in Niederlothringen war der oberlothringische Raum keineswegs eine Zone des Friedens geblieben. Die Schuld an den Unruhen trug die Familie der Lützelburger, die durch Heinrichs Gemahlin Kunigunde in unmittelbare Königsnähe gelangt war. Ihrem Expansionsdrang stellte sich Heinrich entgegen, als sie mit der Wahl Adalberos zum Erzbischof von Trier 1008 die Moselmetropole ihrem Einfluss zu unterwerfen suchten. Da der Bayernherzog Heinrich seinen Brüdern Unterstützung leistete, schien sich die Moselfehde gefährlich auszuweiten. Heinrich ist ihrer schließlich mit Mühe Herr geworden. Adalbero hat die Trierer *cathedra* nicht bestiegen, Heinrich von Bayern wurde 1009 abgesetzt und erhielt das Herzogtum erst 1017, als es zum endgültigen Ausgleich gekommen war, wieder zurück. Auf weitere Konflikte wie den Streit um Elten, den Hammersteiner Ehehandel und die Kämpfe mit Dietrich von Holland ist hier nicht einzugehen. Sie verdeutlichen nur die Schwierigkeiten, die der Zentralgewalt aus der Notwendigkeit entstanden, einen stets unruhigen und auf eigene Machtbildung bedachten Adel im Zaume zu halten. Da der französische König vor den gleichen Problemen stand, wird die gegenseitige Annäherung verständlich, die ihren Ausdruck im Abschluss von Freundschaftspakten bei persönlichen Zusammenkünften Heinrichs II. und Roberts II. (996–1031) an der Maas in den Jahren 1006 und 1023 fand.

Moselfehde

Freundschaftspakte mit Robert II.

Italien

Italien blieb während dieser Zeit im Blickfeld des Königs. Die lothringischen Händel zwangen ihn aber, den Romzug aufzuschieben. Erst am 14. Februar 1014 ist er in Rom von Benedikt VIII. zum Kaiser gekrönt worden. Bei seinem dritten Italienzug 1021/1022, dem der Besuch des Papstes in Bamberg zu Ostern 1020 vorausgegangen war, stieß Heinrich auch nach Süditalien vor, kehrte aber nach Neuregelung der Herrschaftsverhältnisse in den langobardischen Fürstentümern schnell in die Heimat zurück. Anders als die Ottonen hat er seine Regierungstätigkeit südlich der Alpen auf kurze Aufenthalte beschränkt. Das Einvernehmen mit dem Papst aus dem Tuskulanerhause und der Einsatz der Reichskirche in der Administration des *regnum Italiae* boten ihm die Garantie für eine Behauptung der Herrschaft.

Intensiv hat er sich um die burgundischen Verhältnisse gekümmert. In diesem Königreich, das seit Otto dem Großen unter der

Schutz- und wohl auch Lehnshoheit der ostfränkisch-deutschen Herrscher stand, war mit dem Tode des kinderlosen Rudolf III. (993–1032) eine Auseinandersetzung um den Thron zu erwarten. Die Abhängigkeit Burgunds vom Reich bot eine günstige Ausgangslage, die Heinrich durch privatrechtliche Erbansprüche untermauern konnte, da seine Mutter Gisela eine Halbschwester Rudolfs III. war. Er hat überdies Vorbereitungen für den möglichen Thronfall getroffen, indem er sich 1006 Basel als Faustpfand für seine Anwartschaft auf das Königreich abtreten ließ, 1016 einen Erbvertrag mit Rudolf schloss, bei dem dieser sich ihm kommendierte, und 1018 die vertragliche Regelung erneuerte. Mit – freilich wenig erfolgreichen – militärischen Aktionen sollte die Opposition der burgundischen Großen überwunden werden. Die Angliederung Burgunds ans Reich war so erbrechtlich und durch Lehnsverträge vorbereitet; Heinrich hat sie aber selbst nicht mehr vollziehen können. Er starb am 13. Juli 1024 in der Pfalz Grona (bei Göttingen) – acht Jahre vor seinem Oheim. Bestattet wurde er im Dom zu Bamberg, das er im Jahre 1007 zum Bischofssitz erhoben hatte. In der Gründung dieses Bistums, bei der sich politisch-strategische, missionspolitische und persönlich-religiöse Motive durchdringen, Herrschaftssicherung und Gottesdienst ineinandergreifen, findet das Königtum des letzten Liudolfingers geradezu symbolischen Ausdruck.

Vorbereitungen für den Erwerb Burgunds

3.4 Konrad II. und Heinrich III.: Höhepunkt der königlichen Herrschaft im Zeichen von Kontinuität und Reform

Beim Tode Heinrichs II. wiederholte sich die Situation des Jahres 1002: Ein designierter Thronfolger war nicht vorhanden; erneut musste die Entscheidung über die Nachfolge in einer Wahl fallen. Das Interregnum dauerte nur sechs Wochen, und in dieser Zeit vermochte die Kaiserinwitwe Kunigunde die Belange des Reiches offenbar mit Geschick zu wahren. Zu ihren Beratern zählt Wipo ihre Brüder, den Bischof Dietrich II. von Metz und den Herzog Heinrich von Bayern; dazu ist sicher auch der Erzbischof Aribo von Mainz zu rechnen. Über den Prozess der Willensbildung innerhalb der Herzogtümer ist nichts zu erfahren; lediglich von den Sachsen, wird berichtet, dass sie sich in der Pfalz Werla versammelten, um über die bevorstehende Wahl zu beraten. Wesentliche Vorentscheidungen dürften bereits gefallen sein, als die Wahlversammlung in Kamba, einem heute abgegangenen Ort auf dem rechten Rheinufer gegenüber Oppenheim, am 4. September zusammentrat; denn hier standen als ernsthafte Kandidaten nur noch die beiden gleichnamigen Vettern zur Diskussion, die einer seit dem 12. Jahrhundert als „Sali-

Situation beim Tode Heinrichs II.

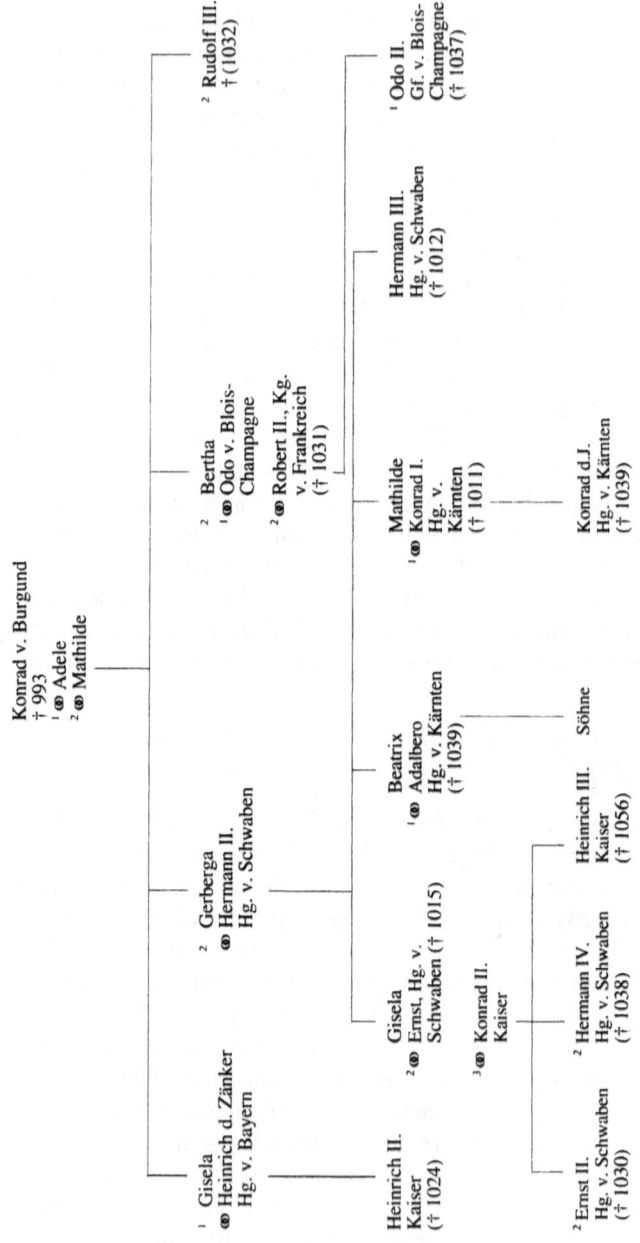

Die verwandtschaftlichen Beziehungen zum Erwerb Burgunds

3. Aufstieg und Höhepunkt der königlichen Herrschaft 27

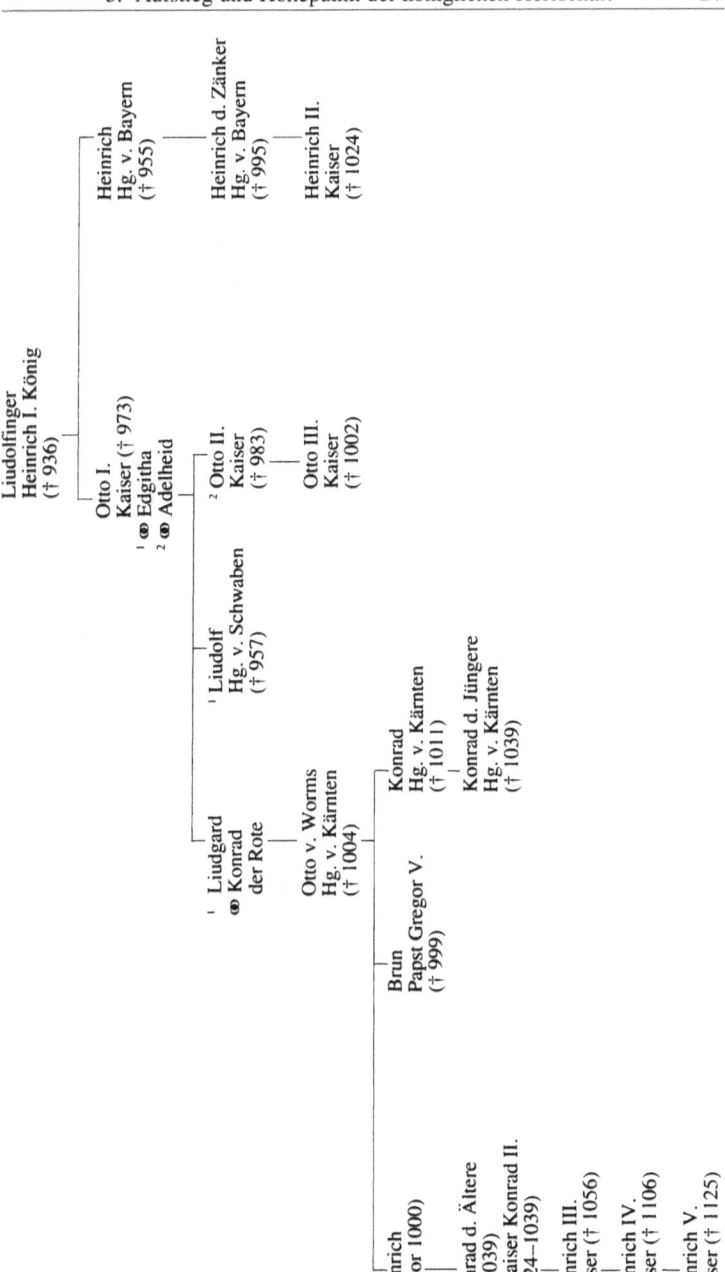

Liudolfinger – Salier

Thronerhebung Konrads II.

er" bezeichneten rheinfränkischen Adelsfamilie angehörten: Konrad der Ältere und Konrad der Jüngere, beide über die Liudgard Ururenkel Ottos des Großen. Aus der Wahl ging der ältere Konrad als Sieger hervor, legitimiert durch seine Herkunft aus königlichem Geblüt. Sein Biograph Wipo hat dabei aber nicht die Ottonenverwandtschaft betont, sondern Konrads Mutter Adelheid in den Mittelpunkt seiner Überlegungen gestellt: Er ordnet sie dem alten Geschlecht der trojanischen Könige zu, die sich unter dem heiligen Remigius dem neuen Glauben beugten – eine deutliche Anspielung auf die fränkische Trojasage und die Taufe Chlodwigs; dadurch wird der Zusammenhang der neuen Dynastie mit einem der ersten und größten Herrschergeschlechter des christlichen Mittelalters hergestellt. Die karolingische Abstammung von Konrads Gemahlin Gisela unterstreicht in Wipos Sicht noch das hohe Ansehen des neuen Herrschers.

Probleme um Gisela

Die Herrscherweihe empfing der Salier aus der Hand Aribos in Mainz, nachdem Kunigunde ihm die Reichsinsignien übergeben hatte; zur Krönung der Gisela aber fand sich der Erzbischof nicht bereit. Über sein Motiv für diese schwere Brüskierung des eben erst und nicht zuletzt durch seine tatkräftige Mitwirkung erhobenen Herrschers lassen uns die Quellen im ungewissen. Wenn man in der Forschung dafür häufig das Ehehindernis zu naher Verwandtschaft zwischen beiden Ehegatten geltend gemacht hat, so würde ein solcher Vorwurf auch Konrad selbst getroffen haben; man wird also eher an einen persönlichen Makel Giselas denken müssen, der vielleicht aus einer der beiden vorher von ihr eingegangenen Ehen herrührte. Was Aribo verweigerte, hat Pilgrim von Köln, der in Kamba den jüngeren Konrad favorisiert hatte, über-

Der Erzbischof von Köln als Coronator

nommen und so seine Aussöhnung mit dem neuen Herrscher besiegelt: Er krönte Gisela am 21. September in Köln. Dass damit zugleich eine Vorentscheidung für die Durchsetzung des Kölner Krönungsrechtes getroffen wurde, ist den Handelnden selbst natürlich noch nicht bewusst gewesen. Die Sachsen, die für ein Jahrhundert das Königshaus gestellt und damit eine Führungsrolle im Reich gespielt hatten, nun aber den Übergang der Krone an eine nichtsächsische Dynastie zweifellos als einen Prestigeverlust empfinden mussten, hatten dem König auf seinem Umritt in Minden gehuldigt und sich dabei von ihm ihr Stammesrecht bestätigen lassen.

Situation im Königreich Italien

Bei seinem Aufenthalt im Herzogtum Schwaben nahm Konrad die Huldigung des Erzbischofs Aribert von Mailand und anderer Großer entgegen, die ihn einluden, die Herrschaft im Königreich Italien zu übernehmen. Hier gestaltete sich die politische Lage kritisch; denn wie nach dem Tode Ottos III. war es zu Unruhen gekommen, die auf eine

3. Aufstieg und Höhepunkt der königlichen Herrschaft

Beseitigung der deutschen Herrschaft abzielten. Zwar verhielt sich die hohe Geistlichkeit loyal, aber fast alle weltlichen Großen der Lombardei schlossen sich der Widerstandsbewegung an. Anders als im Jahre 1002 glaubte man nun aber, nicht ohne die Hilfe des Auslandes auskommen zu können. So nahm man zunächst Kontakt zu König Robert II. von Frankreich und, als der sich versagte, zu Herzog Wilhelm V. von Aquitanien auf. Tatsächlich hat dieser eine Kandidatur – nicht für sich, sondern für seinen Sohn – in Erwägung gezogen, zumal ihm Aussichten auf die Kaiserkrone gemacht wurden, und versucht, dem Salier Schwierigkeiten zu bereiten. Er brachte die noch bestehende lothringische Opposition und den Grafen Odo II. von der Champagne ins Spiel, der in Konrad II. den gefährlichsten Rivalen in der bevorstehenden Auseinandersetzung um das burgundische Erbe sehen musste, und bemühte sich, Anhänger im italischen Episkopat zu gewinnen. Gegen Ende des Jahres 1025 aber trat er von seinen ehrgeizigen Plänen zurück, als er die Aussichtslosigkeit seiner Bestrebungen einsehen musste. Es zeugt von Konrads Tatkraft, dass er seinen Romzug unternahm, sobald es die Lage im Reich einigermaßen erlaubte. Die Nachricht, dass er sich von Aribert in Mailand zum König hat krönen lassen, ist nicht völlig gesichert, aber die politische Konstellation – und das Beispiel Heinrichs II. – machen dies wahrscheinlich. Die Kaiserkrönung Ostern 1027 gehört zu den glanzvollsten der mittelalterlichen Kaisergeschichte überhaupt: Anwesend waren die Könige Knut von Dänemark-England und Rudolf III. von Burgund, der Großabt Odilo von Cluny sowie zahlreiche Bischöfe und weltliche Große aus Deutschland und Italien. Dank einem zugleich energischen und maßvollen, auf Ausgleich bedachten Auftreten gelang dem Salier die Befriedung des *regnum Italiae*. Die Reichskirche wurde auch hier zur entscheidenden Stütze seiner Herrschaft; dem Markgrafen Bonifaz von Canossa übertrug er die freigewordene Markgrafschaft Tuszien, so dass dieser zuverlässigste seiner Parteigänger unter den weltlichen Großen nun über eine überragende Machtstellung im Gebiet nördlich des Apennin und in Mittelitalien verfügte. In Rom akzeptierte Konrad die Stadtherrschaft der Tuskulaner Grafen und damit auch deren entscheidenden Einfluss auf die *cathedra Petri*, und in den langobardischen Fürstentümern begnügte er sich mit der Huldigung durch die Fürsten, mit der die – freilich nicht sonderlich wirksame – Oberhoheit des Reiches gesichert war. Das Ergebnis dieses Italienzuges war jedenfalls, dass die deutsche Herrschaft nicht mehr prinzipiell in Frage gestellt wurde; die Zeit eines wie auch immer gearteten autonomen italischen Königtums war endgültig vorbei.

Für das italische Unternehmen hatte Konrad eine wesentliche

Kaiserkrönung 1027

Herrschaft im *regnum Italiae*

Thronfolge-regelung

Voraussetzung dadurch geschaffen, dass er bereits im Februar 1026 auf einem Augsburger Hoftag die Regelung der Thronfolge in die Wege leiten konnte: Mit Zustimmung der Fürsten bestimmte er seinen neunjährigen Sohn Heinrich für den Fall seines Todes zu seinem Nachfolger. Diese *designatio pro futuro* wurde Ostern 1028 zum Mitkönigtum gesteigert: In Aachen erfolgte die Thronerhebung Heinrichs; die Weihe erteilte der Erzbischof Pilgrim von Köln. Der zweite Salier hat die Bedeutung dieses Ereignisses dadurch unterstrichen, dass er in seinen Diplomen die Weihejahre *(anni ordinationis)* besonders zählte. Zugleich wird deutlich, wie rasch sich die Herrschaft der neuen Dynastie gefestigt hatte, wie stark aber auch das dynastische Bewusstsein ihres ersten Vertreters auf dem Königsthron ausgeprägt war. Ausdruck dieses Bewusstseins war nicht zuletzt auch die Umwandlung der Stammburg Limburg an der Hardt in ein Kloster und die beginnende Förderung des Speyerer Domes, der als künftige Grablege des Geschlechtes ausersehen war. Für den Thronfolger hatte Konrad um eine byzantinische Prinzessin, eine der Töchter des söhnelosen Konstantin VIII., werben lassen. Die deutsche Gesandtschaft blieb zwar erfolglos, das Projekt lässt jedoch erkennen, dass der Salier von Anfang an in imperialen Bezügen dachte. Dem entspricht auch die erste – nur einmal, 1028, nachweisbare – Kaiserbulle, die auf dem Revers das Bildnis des Kaisersohnes mit der Umschrift: *Heinricus spes imperii* – Heinrich, die Hoffnung des Reiches, – zeigt. Die Beziehung zum byzantinischen Eheprojekt ist offenkundig; dass Konrad an ein Mitkaisertum seines Sohnes nach dem Vorbild des Doppelkaisertums Ottos I. und Ottos II. gedacht hat, ist nicht auszuschließen. Die zweite Kaiserbulle, die erstmals 1033 zu belegen ist, gab dem imperialen Herrschaftsverständnis gültigen Ausdruck. Der Avers zeigt die Bilder des Kaisers und des Königs Heinrich und verweist damit wieder auf die Idee der Mitregierung; die Rückseite gibt die stilisierte Ansicht einer Stadt wieder, die die Beischrift als die *Aurea Roma*, das Goldene Rom, kennzeichnet. Die Umschrift aber formuliert das Programm: *Roma caput mundi regit orbis frena rotundi* –, Rom, die Hauptstadt der Welt, führt die Zügel des Erdkreises. Damit gelangt voll zum Ausdruck, was mit Otto II. begonnen und sich bei Otto III. zum Programm der *Renovatio imperii* verdichtet hatte: das römische Verständnis des Kaisertums. Für das abendländische Reich setzte sich nun endgültig die Bezeichnung *Imperium Romanum* durch, und die Legende der Bulle verdeutlicht, dass Konrad II. für dieses Reich den Anspruch auf Weltgeltung erhob.

Die Herrschaft im Reich stand im Zeichen der Kontinuität zur Regierungspraxis seines Vorgängers; die Probleme blieben die glei-

3. Aufstieg und Höhepunkt der königlichen Herrschaft 31

chen, zu regeln war das Verhältnis zu den Großen. Das durch den Tod des Lützelburgers Heinrich V. erledigte Herzogtum Bayern übertrug Konrad mit Zustimmung des Stammesadels 1027 seinem Sohne Heinrich; bei dieser Gelegenheit hat er durch die auf dem Regensburger Hoftag versammelten Grafen und Schöffen das Reichsgut, die Städte und Reichsabteien im Bereich des Herzogtums und des Markengebietes feststellen lassen. Schwieriger gestaltete sich die Lage in Schwaben. Mit einem ersten Aufstandsversuch des Herzogs Ernst II., Giselas Sohn aus ihrer Ehe mit Ernst I., wurde der König schnell fertig, obwohl der Empörer Unterstützung bei Konrad dem Jüngeren und Welf II., einem der mächtigeren oberdeutschen Dynasten, gefunden hatte. Vielleicht spielte hier die Frage des burgundischen Erbes, auf das Ernst als Großneffe Rudolfs III. gewisse Ansprüche geltend machen konnte, eine Rolle, da Konrad von Anfang an keinen Zweifel daran ließ, dass er in die Rechte seines Vorgängers einzutreten gewillt war. Der Konflikt verschärfte sich nach dem Italienzug, bis Konrad schließlich dem Stiefsohn, der sich geweigert hatte, gegen seinen des Landfriedensbruches angeklagten Vasallen und Freund Werner von Kyburg vorzugehen, als Hochverräter den Prozess machen und ihn durch Fürstenspruch absetzen ließ. Die Auseinandersetzung gewinnt verfassungsgeschichtlich auch dadurch besondere Bedeutung, dass Ernsts Vasallen die Gefolgschaft verweigerten, als der Herzog sie gegen den König führen wollte. Die Treue gegenüber ihrem unmittelbaren Lehnsherrn stand unter dem Vorbehalt der Treue gegenüber dem König, der für sie Garant ihrer Freiheit und Rechte war. Noch also war eine unmittelbare Verbindung zwischen dem Königtum und den Untervasallen über die Zwischengewalten hinweg gegeben – eine wesentliche Bedingung für die Stabilität der Monarchie. Schwaben verlieh Konrad zunächst Ernsts jüngerem Bruder Hermann IV. und nach dessen Tod 1038 seinem Sohne Heinrich. Der Sturz des Herzogs Ernst hat die schwäbische Herzogsgewalt entscheidend geschwächt und die Auflösung des Herzogtums vorbereitet.

Aufstand des Herzogs Ernst von Schwaben

Königtum – Untervasallen

Mit Herzog Adalbero von Kärnten aus der Familie der Eppensteiner kam es 1035 zum Bruch, dessen Hintergründe schwer zu erhellen sind. Die Feindschaft beider Familien reichte weiter zurück, hatte sich wohl an der Auseinandersetzung um konradinisches Erbe in Schwaben, auf das beide Ansprüche erhoben hatten, entzündet. Möglicherweise hat Konrad den Eppensteiner auch mitverantwortlich gemacht für einen nicht sehr vorteilhaften Frieden, den König Heinrich 1031 mit den Ungarn geschlossen hatte. Auch jetzt bediente sich der Kaiser des Instruments des politischen Prozesses und der Anklage auf Hochverrat. Adalbero wurde abgesetzt; mit Kärnten wurde 1036 Konrad der Jünge-

Absetzung des Herzogs Adalbero von Kärnten

re belehnt, nach dessen Tod im Jahre 1039 der eben zur selbständigen Herrschaft gelangte Heinrich III. das Herzogtum in eigener Verfügungsgewalt behielt.

<small>Lothringen unter Gozelo</small>

Eine folgenschwere Entscheidung traf Konrad in Lothringen, als mit dem Tode des Herzogs Friedrich III. von Oberlothringen im Mai 1033 die Linie Bar des Ardennergrafenhauses im Mannesstamm erlosch. Die beiden Schwestern Friedrichs, Beatrix und Sophie, nahm die Kaiserin Gisela, ihre Tante, in ihre Obhut und ließ sie am Hofe erziehen. Beatrix sollte später als Gemahlin des Markgrafen Bonifaz von Canossa-Tuszien noch eine bedeutende Rolle in der Reichsgeschichte spielen. Das Herzogtum aber übertrug Konrad Gozelo, der der Linie Verdun des Ardennergrafenhauses angehörte. Die beiden Lothringen waren damit wieder in einer Hand vereinigt, noch einmal tat sich also die Möglichkeit zur Wiederausformung der politischen Existenz des gesamten ehemaligen *regnum Hlotharii* – nun auf der Ebene des Herzogtums – auf. Dass der Kaiser so im Westen des Reiches eine starke herzogliche Gewalt schuf, findet seine Erklärung wohl vor allem darin, dass eben jetzt die Auseinandersetzung um das burgundische Erbe in ihre entscheidende Phase trat und Konrads Rivale Odo von der Champagne auch Lothringen bedrohte.

Die Betonung des amtsrechtlichen Charakters der Herzogsgewalt lag auf der politischen Linie seines Vorgängers Heinrich II.; mit der Durchsetzung der direkten Verfügungsgewalt der Krone über die süddeutschen Herzogtümer gingen die beiden ersten Salier noch über den Liudolfinger hinaus. Das gleiche Bild der Kontinuität ergibt sich im Verhältnis des Königs zur Reichskirche. Wie sein Vorgänger hat Konrad II. diese nicht als bloßes Herrschaftsinstrument betrachtet; er war sich durchaus der religiös-moralischen Verpflichtungen bewusst, die sich aus seiner sakral begründeten Stellung als Herr der Reichskirche ergaben. Aber wie schon Heinrich II. hat der Salier die Kirchenhoheit selbstbewusst ausgeübt, Einfluss auf die Besetzung der Bischofsstühle genommen und das *servitium regis* energisch eingefordert. In Einzelfällen – wie etwa bei der Absetzung des Erzbischofs Aribert von Mailand – hat er seine Kompetenzen bedenklich weit ausgelegt; das war sein persönlicher Regierungsstil, der eine Opposition gegen die königliche Autorität nicht zuließ. Die nationalliberale Geschichtsschreibung des 19. Jahrhunderts hat ihn mit einer gewissen Sympathie als den „ungeistlichsten aller deutschen Kaiser" charakterisiert und gerade seine angebliche Unkirchlichkeit als ein Merkmal kraftvoller Herrschaft gewertet – ein anachronistisches Urteil, das die jüngere Forschung in seiner Zeitbedingtheit entlarvt hat. Konrads Kirchenpolitik war mehr auf praktische

<small>Verhältnis zur Reichskirche</small>

<small>Königliche Kirchenhoheit</small>

3. Aufstieg und Höhepunkt der königlichen Herrschaft

Erfordernisse, Fragen des Kirchenbesitzes und der Disziplin, ausgerichtet, aber er stand der kirchlichen Reformbewegung positiv gegenüber und hat die monastische Reform gefördert – wohl auch in der Erkenntnis, dass die Klöster, die ihre *libertas* durch den König geschützt sahen, Träger einer religiös begründeten Reichsgesinnung sein konnten.

Deutlich eigene Akzente setzte er in einer aktiven Lehnspolitik. Die auf dem zweiten Italienzug 1037 erlassene *Constitutio de feudis*, die der Willkür der Lehnsherrn gegenüber den Untervasallen durch rechtliche Regelungen über den Gerichtsstand der Vasallen und die Erblichkeit der Lehen einen Riegel vorschob, galt für das *regnum Italiae*, wirkte aber auf Deutschland zurück. Nach Wipos Bericht hat er die Vasallen dadurch für sich gewonnen, dass er nicht duldete, dass irgendeinem die überkommenen Lehen seiner Vorfahren entzogen wurden. Wie er sich hier die Sorge um die Untervasallen angelegen sein ließ, so hat er auch bereits jene Gruppen von unfreien Dienstmannen gefördert und im Reichsdienst verwandt, die sich durch besonderen Dienst aus der Schicht der übrigen hofrechtlich gebundenen *servientes* abzusetzen begannen und allmählich zum Berufsstand der Ministerialen formierten. Konrad hat hier die Weichen für eine Entwicklung gestellt, die seine Nachfolger weitergetrieben haben.

Aktive Lehnspolitik

Ministerialität

In den Außenbeziehungen des Reiches gestaltete sich das Verhältnis zum kapetingischen Frankreich spannungsfrei; gegenüber den östlichen Nachbarn gewann der Salier die Initiative zurück. Mieszko II. von Polen musste auf die von seinem Vater *in iniuriam regis Chuonradi* [Wipo c. 9] angenommene Königswürde verzichten; Elbslawen und Böhmen erkannten die Oberhoheit des Reiches an; die Heirat Heinrichs III. mit Knuts des Großen Tochter Gunhild stellte eine enge Verbindung zur aufsteigenden, freilich kurzlebigen dänisch-angelsächsischen Macht her. Lediglich zu Ungarn bauten sich Spannungen auf. Konrads spektakulärster Erfolg aber war der Erwerb Burgunds. Mit der Berufung auf die Rechtsnachfolge seines Vorgängers Heinrich hat er die von diesem begründeten Ansprüche auf das Erbe Rudolfs III. geltend gemacht und nach dessen am 5. oder 6. September 1032 erfolgtem Tod energisch gegen seinen schärfsten Rivalen, den Grafen Odo II. von der Champagne, durchgesetzt. Bereits am 2. Februar 1033 ließ er sich in Peterlingen von seinen hier erschienenen Anhängern zum König wählen und anschließend krönen. Letzte Widerstände der Anhänger Odos brach er durch ein militärisches Unternehmen, das von Deutschland und Italien her durchgeführt wurde. Auf einem Hoftag in Solothurn übertrug er das Königreich im September 1038 seinem Sohne Heinrich. Das geschah in den Formen einer Königserhebung mit Wahl, Huldi-

Außenbeziehungen des Reiches

Erwerb Burgunds

gung und Akklamation durch Magnaten und Volk. Von einer Krönung wird nichts berichtet; sie ist aber nach dem Vorgang von Peterlingen sicherlich anzunehmen. Ohne Zweifel kam Konrad hier den Wünschen der Burgunder entgegen, die in Heinrich, dem Sohne der Gisela, einen Abkömmling des alten Herrscherhauses sehen konnten, die Anerkennung seines Königtums daher nicht als eine Unterwerfung unter eine fremde Herrschaft empfinden mussten. Mit der Angliederung Burgunds an das Reich war jene Trias der Königreiche Deutschland, Italien und Burgund entstanden, die das hochmittelalterliche Imperium im engeren Sinne, den tatsächlichen Herrschaftsbereich des Kaisers, ausmacht. Der faktische Zuwachs an Macht und der materielle Nutzen dieses Erwerbs waren angesichts des weitgehenden Verlustes des burgundischen Königsgutes und der starken Stellung, in den südlichen Regionen der Unabhängigkeit des Hochadels gering. Die deutschen Könige standen immer wieder vor der Aufgabe, ihre Herrschaft zu realisieren; auch in Burgund bot sich dafür das Bündnis mit der Kirche an. Trotz aller Einschränkungen bleibt jedoch der eigentliche Wert der Angliederung des Königreiches unbestritten: In diesem Lande lagen die wichtigsten westlichen Alpenpässe; die Kontrolle über sie sicherte die Herrschaft in Italien, denn Frankreich war nun vom Zugang zur Apenninenhalbinsel abgeschnitten, und den italischen Großen war die Möglichkeit genommen, gegen die deutsche Herrschaft französische Hilfe zu mobilisieren, wie das noch 1024 geschehen war. Die Hegemonialstellung des deutschen Königs – eine Voraussetzung für das Kaisertum – hatte sich damit gefestigt.

Tria regna

Bedeutung des Erwerbs Burgunds

Der Übergang der Herrschaft auf Heinrich III. vollzog sich nach dem Tode Konrads II. am 4. Juni 1039 problemlos. Nie zuvor hatte ein deutscher König bei Regierungsantritt über eine solch breite Machtbasis verfügt wie der zweite Salier, der Herzog von Schwaben und Bayern war und nach dem Tode Konrads von Kärnten auch dieses Herzogtum zunächst nicht wieder ausgab. Das war nicht das Ergebnis einer konsequent auf Ausschaltung der Zwischengewalten abzielenden königlichen Politik, sondern es war durch dynastischen Zufall möglich geworden, da die jeweiligen Herzöge keine regierungsfähigen Nachfolger gehabt hatten und der Salier überdies – wie im Falle Schwabens – selbst dynastisch begründete Ansprüche geltend machen konnte. An eine Aufhebung der Herzogtümer war natürlich nicht gedacht, aber indem er frei über sie verfügte, setzte der König ihren amtsrechtlichen Charakter durch. Das belegt im Weiteren auch die Praxis der Neubesetzungen.

Regierungsantritt Heinrichs III.

Amtsrechtlicher Charakter des Herzogtums

Im Jahre 1042 verlieh Heinrich III. das Herzogtum Bayern an den Lützelburger Heinrich (VII.); zu dieser Maßnahme dürfte ihn die unru-

Süddeutsche Herzogtümer

3. Aufstieg und Höhepunkt der königlichen Herrschaft 35

hige Lage an der Grenze zu Ungarn bewogen haben. Der neue Herzog war zwar ein Neffe des Lützelburgers Heinrich (V.), der vor dem Salier die bayerische Herzogswürde innegehabt hatte, aber er war eben ein Stammesfremder; zudem fand die Übertragung in Basel – also nicht auf bayerischem Stammesboden – statt, und von einer Mitwirkung der bayerischen Großen, der Ausübung ihres angestammten Wahlrechtes also, ist nicht die Rede - der König entschied nach eigenem Ermessen. Mit Schwaben belehnte er im April 1045 den lothringischen Pfalzgrafen Otto aus dem Hause der Ezzonen, die Pfalzgrafschaft kam an Ottos Vetter, den Hezeliniden Heinrich. Da Otto ihm bei dieser Gelegenheit die Suitbertinsel (Kaiserswerth) und Duisburg, sein aus altem Reichsgut stammendes Erbteil, überlassen musste, konnte der König die Positionen des Reiches am Niederrhein ausbauen. Schließlich wurde Mitte des Jahres 1047 auch das Herzogtum Kärnten wieder ausgegeben; Heinrich übertrug es dem schwäbischen Grafen Welf III. Auch diese Maßnahme dürfte im Zusammenhang mit der Ungarnpolitik zu sehen sein. Durch seine Mutter Imiza war der Welfe ein Neffe der Herzöge Heinrich von Bayern und Friedrich von Niederlothringen. Als die beiden Herzöge von Bayern und Schwaben schon 1047 starben, übertrug Heinrich Schwaben Anfang 1048 auf einem Landtag im Stammesvorort Ulm dem Grafen Otto von Schweinfurt (1048–1057) aus der fränkischen Linie der Babenberger und Bayern – nach längerem Zögern – im Februar 1049 an den Ezzonen Konrad.

Das Grundmuster dieser Entscheidungen ist klar erkennbar: Belehnung von Stammesfremden, die, da sie in ihren Herzogtümern nicht über nennenswerten Besitz verfügten, darauf angewiesen waren, sich an die Zentralgewalt anzulehnen; der Amtscharakter der Zwischengewalten blieb gewahrt. Gleichzeitig verpflichtete sich der König mit dieser Politik eine Reihe bedeutender Adelsfamilien – Ezzonen, Lützelburger, Welfen, Babenberger –, mit deren Unterstützung und Loyalität er eine effiziente Administration des Reiches organisieren konnte. Dass die mit den Ottonen versippte Familie der Ezzonen-Hezeliniden über ein besonderes Prestige im Reich verfügte, wird bei Gelegenheit einer schweren Erkrankung Heinrichs III. im Herbst 1045 deutlich: Als man mit dem Schlimmsten rechnen musste, wurde der Pfalzgraf Heinrich von einer Fürstengruppe als möglicher Nachfolger ins Gespräch gebracht.

Adelsfamilien im Dienste des Königtums

Gegenüber den süddeutschen Herzogtümern weisen Sachsen und Lothringen eine andere Struktur auf. Die Sonderstellung Sachsens wird schon dadurch dokumentiert, dass die Herzogswürde in der Familie der Billunger erblich war. Freilich hatte die herzogliche Gewalt mit dem Übergang von den Ottonen auf die Billunger einen Verlust an Kompe-

Sachsen

tenzen erfahren; sie wurde durch den herrschaftsbildenden Adel mehr und mehr eingeschränkt und war zu einem bloßen Ehrenvorrang geworden: Der Übergang der Königsherrschaft an eine nichtsächsische Dynastie bedeutete für den Stammesadel sicherlich eine Einbuße an Prestige und politischem Einfluss und lockerte die Bindungen an die Zentralgewalt. Durch das – verhinderte – Attentat auf Heinrich III. bei seinem Aufenthalt auf dem Königshof Lesum im Jahre 1047, in das die Billunger selbst verwickelt waren, kam es zu Spannungen, die durch einen energischen Ausbau des Reichsgutes durch das Königtum noch verschärft wurden. Gegenüber dem alten Stammesvorort Werla förderte Heinrich III. Goslar, das dem Königtum mit seinen Silbergruben großen wirtschaftlichen Nutzen erbrachte. Nach hier verlegte er die Königspfalz, hier gründete er das Stift St. Simon und Judas, dem als Ausbildungsstätte künftiger Reichsbischöfe im Rahmen der Hofkapelle eine besondere Funktion zugedacht war. Auf der gleichen Linie lag die intensive Förderung der Reichskirche in Sachsen, der Bistümer Hildesheim und Halberstadt, vor allem der Kirche von Hamburg-Bremen. Der 1043 auf den Erzstuhl erhobene Adalbert aus dem Hause der Grafen von Goseck, dem auch die sächsischen Pfalzgrafen Dedo (1042/44–1056) und Friedrich II. (1056–1088) angehörten, sollte zweifellos gegenüber einem nicht unbedingt zuverlässigen billungischen Herzogtum ein starkes Gegengewicht bilden.

Mit seiner Autorität hat Heinrich III. verhindert, dass in seiner Regierungszeit die in Sachsen latent vorhandenen Spannungen zu offenem Konflikt führten; zum Unruheherd aber wurde Lothringen. Anlass war die Regelung der Nachfolge nach dem Tode des Herzogs Gozelo I. im Jahre 1044. Offenbar unter dem Druck Heinrichs verfügte noch der Herzog selbst eine Aufhebung der seit 1033 wieder bestehenden Einheit des alten karolingischen *regnum Hlotharii* und wies Niederlothringen seinem jüngeren Sohne Gozelo (II.) zu, den der König dann auch belehnte, obwohl er für seine Aufgabe nicht geeignet war. Der ältere Sohn, Gottfried der Bärtige, zu Lebzeiten Gozelos I. bereits Mitherzog, erhob jedoch Anspruch auf das Gesamtherzogtum und setzte sich gegen Heinrichs Entscheidung zur Wehr. Für den König schien die Gelegenheit günstig, nun, da von der Champagne nach der Lösung der burgundischen Frage keine Gefahr mehr drohte und zu Heinrich I. von Frankreich engere Beziehungen angeknüpft worden waren, den großen lothringischen Machtkomplex zu zerschlagen. Zwar nahm er auf die Erbansprüche des Hauses Verdun Rücksicht, da er die Söhne des verstorbenen Herzogs nicht überging, aber er ließ keinen Zweifel daran, dass allein ihm die Entscheidung zukomme. Die amtsrechtliche Auffas-

3. Aufstieg und Höhepunkt der königlichen Herrschaft

sung von der Herzogswürde, die sein Verhältnis zu den süddeutschen Herzogtümern bestimmte, wandte er nun auch auf Lothringen an.

Als Gottfried, dem sicher nicht Mangel an Reichstreue zum Vorwurf gemacht werden konnte, nicht einlenkte, behandelte der König ihn als Hochverräter und ließ ihm durch Fürstenspruch seine Reichslehen aberkennen. Die erste Phase des Konfliktes endete nach Unterwerfung und Gefangenschaft des Herzogs mit einem Kompromiss: Er erhielt 1046 das Herzogtum Oberlothringen, Niederlothringen aber übertrug Heinrich dem Lützelburger Friedrich. Dort blieb die Lage instabil; neue Unruhen gingen von Dietrich von Holland aus, und mehr zufällig als geplant fand sich 1047 eine gefährliche Koalition – Gottfried, Dietrich, Balduin V. von Flandern, Hermann vom Hennegau – im Westen des Reiches zusammen, die um so bedrohlicher war, als nun auch der Kapetinger die alten westfränkisch-französischen Ambitionen auf Lothringen erneuerte. Der Kaiser ist – mit moralischer Unterstützung durch den Papst Leo IX. – auch mit dieser Herausforderung fertig geworden. Gottfried und Balduin unterwarfen sich 1049; schon vorher hatte Heinrich die Verhältnisse in Lothringen neu geordnet: Oberlothringen übertrug er dem Grafen Adalbert und nach dessen Tod 1048 dessen Bruder, dem Grafen Gerhard von Châtenois. Allerdings konnte das Haus Verdun nicht ganz aus der lothringischen Führungsposition verdrängt werden, und Gottfried der Bärtige, der sich in der Zwischenzeit durch seine Heirat mit Beatrix von Canossa-Tuszien eine Machtstellung in Mittelitalien aufgebaut hatte, erreichte 1065 nach dem Tode des Herzogs Friedrich seine Restitution in das niederlothringische Herzogtum.

Antikönigliche Koalition im Westen

Neuordnung Lothringens

Der Salier hat sein Ziel, ein übergroßes Herzogtum zu zerschlagen und damit einer besseren Kontrolle durch die Zentralgewalt zu unterwerfen, erreicht; letztlich entsprach die Neuregelung wohl auch der geographischen Differenzierung des Raumes. Es scheint, dass er überdies mit der Übertragung Schwabens an den Pfalzgrafen Otto die Nebenabsicht verfolgt hat, eine Machtbildung der Ezzonen am Niederrhein, die Entstehung eines pfalzgräflichen Großterritoriums, für die durchaus Voraussetzungen gegeben waren, zu verhindern. Freilich leistete er damit auch der fortschreitenden politischen Zersplitterung des westlichen Grenzraumes Vorschub, und das musste auf die Dauer eine Machteinbuße für das Reich zur Folge haben; schon in den Konflikten der vierziger Jahre war der Expansionsdrang Flanderns nur schwer einzudämmen gewesen. Die unmittelbaren Nachfolger Gottfrieds im geteilten Herzogtum haben nur geringes politisches Gewicht besessen.

Zersplitterung des westlichen Grenzraumes

Die Reichskirche hatte sich in den Auseinandersetzungen als eine verlässliche Stütze des Königtums erwiesen. Der Regierungspraxis

Reichskirche

seiner Vorgänger folgend, hat Heinrich III. die Kirche weiter mit Immunitäten, Regalien, Grafschaften und Forsten ausgestattet und sie damit in die Lage versetzt, das *servitium regis* wirkungsvoll zu leisten. Die Kirchenhoheit des Königs war unbestritten; als erster Herrscher verwandte der Salier neben dem Stab den Ring, das Zeichen der geistlichen Vermählung des Bischofs mit seiner Kirche, als Symbol der Investitur. Er vollzog damit also jene *investitura per anulum et baculum*, die unter seinem Sohne zum Gegenstand der erbitterten Auseinandersetzungen mit den Vertretern der gregorianischen Reform werden sollte.

<small>Investitur mit Ring und Stab</small>

Die Verklammerung von Hofkapelle und Reichskirche wurde unter ihm noch intensiviert; Hofkapelläne wurden häufiger als zuvor an wichtigen Domkapiteln mit Pfründen ausgestattet. Ihrem Selbstverständnis nach gab ihnen die Zugehörigkeit zu dieser Institution geradezu einen Anspruch auf das Amt eines Bischofs. Entsprechend der stark gestiegenen Bedeutung der Urkundenausfertigung gab Heinrich der Hofkapelle eine neue Struktur. Das Amt des Erzkapellans wurde von dem des Erzkanzlers getrennt und verschwand schließlich ganz; damit entfiel aber auch die – mit einigen Schwankungen – seit über einem Jahrhundert bestehende Bindung der Kapelle an den Erzbischof von Mainz. Ihre Leitung übernahm ein Hofgeistlicher unter dem Titel eines obersten Kapellans oder auch *capellarius*. Dem Mainzer Erzbischof verblieb die Würde eines Erzkanzlers *(archicancellarius)* für Deutschland als Ehrenamt. Die faktische Leitung der Kanzlei aber lag in den Händen des Kanzlers, der nun mehr und mehr auch an politischem Einfluss gewann.

<small>Hofkapelle</small>

<small>„Kanzlei"</small>

Herrschaft über die Kirche war für Heinrich III. zugleich Verpflichtung; bei der Besetzung der Bischofsstühle waren für ihn politische Zuverlässigkeit und Eignung für das geistliche Amt in gleicher Weise maßgebend. Der Episkopat bietet in seiner Regierungszeit das Bild einer gewissen Homogenität, und die Bischöfe haben in ihm als dem *christus Domini* gerade auch den Sachwalter der kirchlichen Interessen sehen können. Nicht zuletzt in der Förderung der Kirchen- und Klosterreform durch den Herrscher bewährte sich dieser Synergismus. Heinrichs größte Reformtat – die Klärung der verworrenen Verhältnisse in der römischen Kirche durch die Absetzung der miteinander rivalisierenden Päpste Benedikt IX., Silvester III. und Gregor VI. auf den Synoden von Sutri und Rom im Dezember 1046 – hat der kirchlichen Erneuerung im Zentrum der Christenheit selbst zum Durchbruch verholfen; für das Papsttum – und damit in letzter Konsequenz für das Verhältnis von weltlicher und geistlicher Gewalt – bedeutete dies eine epochale Wende.

<small>Herrschaft im Zeichen der Reform</small>

Die Stärke der salischen Monarchie spiegelt sich auch in der Erfüllung der zentralen Herrschaftsaufgabe, der Friedenswahrung, wider. Die in Südfrankreich von der Kirche in Gang gesetzte Gottesfriedensbewegung hat nicht auf das Reich übergegriffen; hier erscheint der König als Garant des Friedens, den er in der Form der Indulgenzen durchzusetzen versucht. Überliefert sind mehrere solcher Maßnahmen in den Jahren 1043 bis 1046. Begleitet von einem religiösen Zeremoniell und dem von Heinrich selbst vorgetragenen moralischen Appell wurden in den verschiedenen Regionen des Reiches Sühneverträge abgeschlossen, denen das königliche Gebot im ganzen Reich Geltung verlieh. Politischer und religiöser Bereich sind hier kaum mehr zu trennen; in den Indulgenzen wird das christliche Gebot der Versöhnung kraft königlicher Autorität in politische Wirklichkeit umgesetzt. Tatsächlich haben zeitgenössische Beobachter von einer großen Befriedung des Reiches (*magna pacificatio*) durch den Salier gesprochen.

<small>Friedenswahrung</small>

<small>Indulgenzen</small>

4. Krise und Ausgleich

4.1 Der Ausgang Heinrichs III. und die Regentschaft der Agnes

Die Schlussphase der Regierung Heinrichs III. bietet freilich ein anderes Bild. Niederlothringen blieb ein Unruheherd, und mit seiner Vermählung mit Beatrix von Canossa-Tuszien, der Witwe des Markgrafen Bonifaz, eröffnete Gottfried der Bärtige in Mittelitalien eine neue Front. Der Kaiser hat diese Machtbildung mit äußerster Härte zu verhindern gesucht, sich letztlich aber doch, wie bereits gezeigt, zu einem Ausgleich mit dem Herzog bereitfinden müssen. In Sachsen verharrten die Billunger in latenter Opposition; dass der König sich an den Slawenkämpfen nicht beteiligte, hat die Entfremdung der sächsischen Großen gegenüber der Reichsgewalt ohne Zweifel vertieft. Heinrich setzte dagegen auf die Loyalität der Reichskirche und trieb den Ausbau des Werla-Goslarer Reichslandes voran. Wenn die süddeutschen Herzogtümer bislang als der eigentliche Machtrückhalt des salischen Königtums gelten konnten, so geriet auch diese Bastion seit 1050 völlig überraschend ins Wanken. Für die Empörung des Herzogs Konrad dürften Fragen der Ungarnpolitik eine wesentliche Rolle gespielt haben, da der Kaiser hier einen härteren Kurs verfolgte, als man in Bayern für richtig hielt. Konrad aber fand nach seiner Absetzung 1053 Unterstützung beim Stammesadel und bei Herzog Welf von Kärnten, und schließlich ging sogar der Bischof Gebhard von Regensburg, der bisher die kaiserliche Politik unterstützt hatte, in das Lager der Rebellen über. Dass es

<small>Schwierigkeiten in Süddeutschland</small>

dann doch nicht zum offenen Ausbruch der Empörung kam, war nicht zuletzt dem Zufall zu verdanken: Durch den plötzlichen Tod der Haupträdelsführer Konrad und Welf wurde das Reich vor schweren Wirren bewahrt. Bayern hat Heinrich III. nacheinander seinen Söhnen Heinrich und, nach dessen Wahl zum König, Konrad, schließlich – nach dessen Tod – seiner Gemahlin Agnes übertragen.

<small>Kritik an königlicher Kirchenhoheit und Sakralcharakter</small>

Die Reichskirche war auch jetzt loyal geblieben, aber nun wurde, vor allem in Lothringen, Kritik am autoritären Regierungsstil des Saliers laut, die sich vor dem Hintergrund seines Vorgehens gegen Gregor VI. in Sutri schließlich zu einer grundsätzlichen Kritik an der königlichen Kirchenhoheit und an dem Sakralcharakter des Königtums steigerte. Unübersehbar war das salische Herrschaftssystem in eine schwere Krise geraten, die sich zu einer tödlichen Bedrohung der Monarchie ausweiten musste, wenn fürstliche und geistliche Opposition sich zu gemeinsamem Widerstand zusammenfanden. Dass Heinrich die Nachfolge seines gleichnamigen Sohnes nur mit Schwierigkeiten hat sichern können, kennzeichnet den Ernst der Lage.

<small>Veränderung der außenpolitischen Rahmenbedingungen</small>

Vor dem Hintergrund der inneren Krise gewinnt auch die Veränderung der außenpolitischen Rahmenbedingungen besonderes Gewicht. Das Verhältnis zu Frankreich hat sich in der Schlussphase der Regierung Heinrichs dramatisch verschlechtert. Die Gründe dafür sind nicht immer klar zu erkennen; es mag eine Rolle gespielt haben, dass der

<small>Frankreich</small>

französische Druck auf Lothringen sich erneuerte und dass der Salier seinerseits engere Kontakte zu dem Grafen Theobald III. von Blois und Chartres knüpfte. Vor allem aber scheint Heinrich nicht voll akzeptiert zu haben, dass sich im Westen ein politischer Wandel vollzogen hatte und dass die kapetingische Monarchie nicht mehr mit den Maßstäben des 10. Jahrhunderts zu messen war. Tiefgreifender noch waren

<small>Scheitern der ostpolitischen Konzeption</small>

jedoch die Veränderungen im Osten. Ottos III. universale Reichskonzeption war von der Idee bestimmt gewesen, Polen und Ungarn ohne Beeinträchtigung ihrer Selbständigkeit dem Imperium anzugliedern; Heinrich III. aber strebte eine straffere Einbeziehung dieser Staaten und Böhmens ins Reich an, die am ehesten in den Formen lehnrechtlicher Abhängigkeit durchzusetzen war. Die politische Entwicklung in den ostmitteleuropäischen Staaten schien einer Verwirklichung dieser hegemonialen Konzeption für eine gewisse Zeit große Erfolgsaussichten zu eröffnen. Aber der Sturz des von der Reichsgewalt gestützten Königs Peter in Ungarn und die Restitution der arpadischen Dynastie durch Andreas im Jahre 1046 bedeuteten die Peripetie. Auf machtpolitischem Wege war eine dauerhafte Lösung nicht zu erreichen. Ungarn und – nach der allmählichen Konsolidierung der Piastenherrschaft – auch Po-

4. Krise und Ausgleich

len haben den Weg zur Selbständigkeit beschritten; von der Konzeption Heinrichs III. hat schließlich nur die Eingliederung Böhmens ins Reich Bestand gehabt. Dass sich auch in Süditalien die Machtverhältnisse zu ungunsten des Reiches veränderten, sei nur angedeutet. Der von Leo IX. unternommene Versuch, den steigenden Einfluss der Normannen mit militärischen Mitteln einzudämmen, war in der Niederlage des Papstes bei Civitate 1053 gescheitert. Damit war in den langobardischen Herzogtümern und der Übergangszone vom *regnum Italiae* zum byzantinischen Machtbereich eine höchst brisante Lage entstanden. Heinrich hat bei seinem zweiten Italienzug 1055 zwar die Oberhoheit des Reiches noch einmal zur Geltung bringen können, aber die Normannenfrage nicht wirklich geklärt. *Süditalien: Aufstieg der Normannen*

Dass sich der Regierungswechsel nach Heinrichs III. Tod (5. Oktober 1056) ohne Schwierigkeiten vollzog, war nicht zuletzt das Verdienst des Papstes Viktor II., dessen Obhut der sterbende Kaiser den unmündigen Sohn anvertraut hatte. Mit der Autorität seines Amtes und in seiner Funktion als Reichsfürst, der er als Bischof von Eichstätt immer noch war, hat Viktor die noch von Heinrich III. in die Wege geleitete Politik des Ausgleichs fortgesetzt und die Unruheherde der letzten Jahre, Niederlothringen, Bayern und Kärnten, befriedet. Das Herzogtum Kärnten wurde dem Hezeliniden Konrad, dem Bruder des Pfalzgrafen Heinrich, übertragen. Nach Viktors Rückkehr nach Italien übernahm die Kaiserin Agnes die Regierungsgeschäfte. Dass die Fürsten ihr sogar das Recht einräumten, bei einer Thronvakanz eine Designation vorzunehmen, stärkte ihre Stellung. Dazu trugen auch Erfolge gegenüber den Lutizen bei und ein durch eine Eheverbindung zwischen ihrer Tochter Judith und dem Thronfolger Salomon besiegelter Friedensschluss mit Ungarn, durch den freilich Heinrichs III. Zielvorstellungen aufgegeben wurden. Als die Lage an der Südostgrenze des Reiches durch den Sturz des Königs Andreas erneut unsicher wurde, übertrug die Kaiserin 1061 das Herzogtum Bayern an den sächsischen Grafen Otto von Northeim. Das Herzogtum Schwaben hatte sie bereits 1057 nach dem Tode des Babenbergers Otto an Rudolf von Rheinfelden verliehen, dem gleichzeitig die Verwaltung Burgunds übertragen wurde. Diese Neubesetzung lief nicht ganz ohne Schwierigkeiten ab, da der Graf Berthold von Zähringen mit der Begründung, dass Heinrich III. ihm bereits eine Anwartschaft eingeräumt bzw. eine Eventualbelehnung erteilt habe, Ansprüche auf die schwäbische Herzogswürde erhob. Agnes hat jedoch einen schwereren Konflikt verhindern können, da sie Berthold das nächste freiwerdende Herzogtum – das war nach dem Tode des Herzogs Konrad 1061 Kärnten – verlieh. Rudolf von Rheinfelden gewann *Viktor II. als Stütze der Reichsregierung*

Regentschaft der Agnes

Neubesetzung der süddeutschen Herzogtümer

durch seine Vermählung mit der Kaisertochter Mathilde noch erheblich an Prestige, und er konnte diese Königsnähe auch nach dem frühen Tod Mathildes 1060 behaupten, da er in zweiter Ehe Adelheid von Turin, die Schwester Berthas, der künftigen Gemahlin Heinrichs IV., heiratete.

Mit den Rheinfeldenern, Northeimern und Zähringern kommen neue Adelsfamilien in der Teilhabe an der Herrschaft zum Zuge. Der Verzicht der Zentralgewalt auf die unmittelbare Verwaltung der Herzogtümer aber engte die Machtbasis des Königtums erheblich ein. Im Ganzen bietet die Regentschaft der Agnes ein Bild der Passivität, die den Einfluss der Großen – regional und am Hofe selbst – steigen ließ. Nicht anders entwickelten sich die Verhältnisse in Italien. Bezeichnend für die politische Lage war die Anlehnung der römischen Reformpartei an Gottfried den Bärtigen, der als Markgraf von Canossa-Tuszien und Fermo sowie als Herzog von Spoleto über die beherrschende Machtstellung in Mittelitalien verfügte; symptomatisch war vor allem die Umorientierung der päpstlichen Politik zu den Führern der Normannen hin, die sich 1059 mit den von ihnen eroberten und beanspruchten Gebieten Süditaliens vom Papst belehnen ließen. Mit der Fehlentscheidung in dem nach dem Tode Nikolaus' II. 1061 ausgebrochenen Schisma verlor die Reichsregierung, die sich auf die Seite des vom römischen Adel und von großen Teilen des lombardischen Episkopats gestützten Gegenpapstes Cadalus-Honorius II. stellte, endgültig die Führung in der Reformbewegung. Erst der Erzbischof Anno II. von Köln hat das Steuer in der Kirchenpolitik herumgeworfen und 1064 eine Entscheidung für den von den Reformern gewählten Papst Alexander II. erzwungen. Die Voraussetzungen für seine führende Stellung in der Regentschaft hatte er 1062 durch den Staatsstreich von Kaiserswerth, die Entführung des jungen Königs, geschaffen. Die Kaiserin nahm die Schmach, die man ihr und der Monarchie damit angetan hatte, ohne Gegenwehr hin; Heinrich IV. aber hat den Verschwörern, zu denen auch Otto von Northeim gehörte, diese Demütigung nicht vergessen.

4.2 Heinrich IV.: Konflikt mit Papsttum und Fürsten

Die Anfangsphase der selbständigen Regierung des dritten Saliers, die mit der Schwertleite am 29. Mai 1065 begann, stand nicht unter einem günstigen Stern. Durch die Entfremdung von Reichsgut in der Zeit der Regentschaft, bei der sich vor allem die Erzbischöfe Adalbert von Hamburg-Bremen und Anno von Köln hervorgetan hatten, drohte der Handlungsspielraum des Königtums empfindlich eingeschränkt zu werden; durch Skandale wie die Ehescheidungsaffäre Heinrichs, die sogar

4. Krise und Ausgleich

zu einer päpstlichen Intervention führte, wurde das Ansehen des Königs untergraben. Nach Lage der Dinge hätte die Herrschaft jenseits der Alpen nur mit einem schnellen Italienzug wieder gefestigt werden können; der aber kam aus mancherlei Gründen zunächst nicht zustande. Zusehends verschlechterte sich das Verhältnis zum Hochadel. Die von den Großen erzwungene Entmachtung des Erzbischofs Adalbert im Reichsregiment bedeutete eine schwere Niederlage für den König; sie hatte darüber hinaus die gefährliche Konsequenz, dass die Positionen des Reiches in Sachsen, aber auch der Reichskirche im skandinavischen und elbslawischen Raume geschwächt wurden. Durch die möglicherweise auf einer Intrige beruhende Anklage gegen Otto von Northeim, er habe die Ermordung des Königs geplant, wurde 1070 der Bruch mit dem Bayernherzog herbeigeführt. Heinrich ließ ihn durch ein Fürstengericht ächten und absetzen und nach seiner Unterwerfung zusammen mit dem mit ihm verbündeten Billunger Magnus, dem Sohn des Herzogs Ordulf, in Haft halten. Nach seiner Begnadigung erhielt Otto seinen Allodialbesitz, nicht aber die Herzogswürde zurück. Mit Bayern hatte Heinrich auf Intervention Rudolfs von Rheinfelden Welf IV. belehnt. Aber auch im Verhältnis zu den süddeutschen Herzögen bauten sich Spannungen auf. Die Hintergründe bleiben im Dunkeln, doch zumindest im Konflikt mit Rudolf dürften auch Unterschiede in den Auffassungen über Mönchsreform und Stellung des Reichsmönchtums eine Rolle gespielt haben. Dass Ministerialen im Rat des Königs eine steigende Bedeutung gewannen, hat das Misstrauen und die Opposition im Hochadel noch gesteigert. Die Territorialpolitik des Königs im Raum um den Harz, die – mit der Revindikation entfremdeten Reichsgutes, dem Bau von Burgen und dem Einsatz einer loyalen und leistungsfähigen Reichsministerialität auf die Schaffung einer geschlossenen Königslandschaft abzielte, bedeutete ohne Zweifel eine zukunftsweisende Sicherung und Aktivierung der materiellen Machtmittel der Monarchie; aber mit der allzu schroffen und in den Methoden mitunter auch fragwürdigen Umsetzung dieser Konzeption in die politische Wirklichkeit provozierten der König und seine Helfer den Widerstand der anderen politischen Kräfte. Der Sachsenaufstand, der im Sommer 1073 ausbrach, stürzte die salische Herrschaft erneut in eine tiefe Krise. Für einzelne Große spielten sicher auch persönliche Motive eine wichtige Rolle – so etwa bei Otto von Northeim die Wiedergewinnung der Herzogswürde –, aber es gelang den Führern des Aufstandes, einen großen Teil der Stammesangehörigen davon zu überzeugen, dass man für das gute, alte Recht und die sächsische Freiheit in den Kampf gegen die tyrannische salische Monarchie ziehe. Die außerordentliche wirtschaftliche Belastung, die mit

Sturz Adalberts von Hamburg-Bremen

Revindikationspolitik des Königs

Sachsenaufstand

den häufigen Aufenthalten des Hofes in Sachsen verbunden war, schuf zusätzlichen Sprengstoff. Bezeichnend ist aber auch, dass die Aufrührer die Entlassung der schlechten Ratgeber, zumal derer aus niederem Stande und „fast ohne Ahnen", forderten. Nach dem Verlust der Harzburg fand Heinrich wirkliche Hilfe – freilich mehr moralische als materielle – nur bei den Bürgern von Worms; die süddeutschen Herzöge verhielten sich abwartend. So sah der König sich gezwungen, einen Frieden zu schließen, der ihm die Schleifung der Burgen auferlegte. Die königliche Revindikationspolitik hatte einen schweren Rückschlag erlitten; aber die Übergriffe der Bauern auf die Gräber der königlichen Familie bei der Zerstörung der Harzburg, spielten ihm noch nachträglich einen Trumpf in die Hand, indem er sich die allgemeine Entrüstung zunutze machte. Als die Sachsen die geforderte bedingungslose Kapitulation ablehnten, wurde eine militärische Auseinandersetzung unvermeidlich.

Sieg des Königs und Konsolidierung der Herrschaft

Sie endete mit dem vollständigen Sieg des Königs und der Unterwerfung der Aufständischen auf Gnade und Ungnade im Oktober 1075 bei Spier. Dass Heinrich bei ihrer Bestrafung die von allen Seiten geforderte Milde nicht walten ließ, hat eine wirkliche Aussöhnung verhindert. Ende des Jahres konnte der Salier einen weiteren Erfolg erzielen: Am Weihnachtsfest verpflichteten sich die zu Goslar versammelten Großen eidlich, keinen anderen als seinen im Februar 1074 geborenen Sohn Konrad zu seinem Nachfolger zu wählen. Damit war ein erster Schritt zur Sicherung der Dynastie getan.

Konflikt mit dem Papsttum

Unverkennbar hatte Heinrich nach zahlreichen Rückschlägen nun eine Konsolidierung der königlichen Herrschaft erreicht. Der große Erfolg aber wurde zunichte gemacht durch den die Grundfesten der frühmittelalterlichen Weltordnung erschütternden Konflikt mit Gregor VII. Diese Auseinandersetzung, deren Bedeutung mit dem Begriff „Investiturstreit" nicht voll erfasst wird, ist hier in den Einzelheiten nicht darzustellen; uns geht es um die Auswirkungen auf die königliche Herrschaft. Im Hochgefühl des Sieges über die Sachsen hat der Salier die Einmahnung der versprochenen Reformhilfe durch den Papst sowie dessen Forderung nach Entlassung der im Streit um den Mailänder Erzstuhl schon von Alexander II. gebannten Räte und die Warnung vor Selbstüberhebung als eine Herausforderung der königlichen Majestät betrachtet und, unterstützt von der Mehrzahl der deutschen Bischöfe,

Wormser Synode Januar 1076: Absage an Gregor VII.

auf der Wormser Synode vom 24. Januar 1076 mit der Absageerklärung an Gregor VII. und der Aufforderung zur Selbstdeposition beantwortet. Der König verteidigte die Gottunmittelbarkeit seiner Würde, der Episkopat setzte sich gegen den Ausbau des päpstlichen Zentralismus und die nur schwer ertragenen Eingriffe des Papstes in die deutsche

4. Krise und Ausgleich

Reichskirche zur Wehr. Unter den Gegenschlägen Gregors – der Absetzung und Bannung Heinrichs und der Lösung der Untertanen von dem dem König geleisteten Treueid sowie den Strafmaßnahmen gegen die im Ungehorsam verharrenden Bischöfe – brach die ohnehin von Anfang an brüchige Einheitsfront zusammen. In Sachsen erneuerte sich der Aufstand. Heinrich geriet in die Defensive und musste sich zu einer Oboedienzerklärung gegenüber dem Papst bereitfinden, die die Voraussetzung zur Erlangung der Absolution schuf. Um die Pläne einer radikalen Fürstengruppe, die eine Neuwahl anstrebte und den Papst zur Entscheidung des Streites nach Deutschland einlud, zunichte zu machen, hat er den Weg nach Canossa beschritten und in dieser Burg der Markgräfin Mathilde von Tuszien nach der öffentlichen Kirchenbuße am 27. Januar 1077 von Gregor die Lösung vom Bann erhalten. Das Problem der Investitur hat bei diesen Ereignissen keine Rolle gespielt; es ging um grundsätzliche Fragen. Die Folgen waren für das deutsche Königtum verhängnisvoll: Mit der Kirchenbuße von Canossa war der Prozess der Entsakralisierung in Gang gesetzt. Die Frage, ob der Papst mit der Absolution auch die Wiedereinsetzung Heinrichs in die königliche Herrschaft verbunden habe, stand in Canossa nicht zur Diskussion. Dass sie überhaupt ein Gegenstand von Kontroversen – bei Zeitgenossen und in der Wissenschaft – werden konnte, hat Gregor selbst durch seine bei der erneuten Bannung Heinrichs im Jahre 1080, also im nachhinein, aufgestellte Behauptung provoziert, die Absetzungssentenz 1077 nicht aufgehoben zu haben. Er folgte damit den Auffassungen der sächsischen Aufständischen. Für den Salier und seine Anhänger stellte sich das Problem jedoch nicht. Nach ihren Vorstellungen über das Verhältnis der beiden Gewalten zueinander konnte es ein päpstliches Absetzungsrecht nicht geben. Durch die Absolution waren die aus dem Verkehrsverbot sich ergebenden negativen Folgen des Bannes für die Herrschaftsausübung beseitigt; Heinrich war in die kirchliche Gemeinschaft wieder aufgenommen und damit in der Wahrnehmung der königlichen Rechte nicht mehr behindert.

Die radikale Fürstenpartei aber hielt, obwohl ihrem Widerstand nun die moralische Legitimation entzogen war, an der ursprünglichen Absicht, die salische Monarchie zu stürzen, fest und wählte am 15. März 1077 in Forchheim den Schwabenherzog Rudolf zum Gegenkönig. Bei dieser Versammlung überwog das geistliche Element; von den weltlichen Fürsten waren neben Otto von Northeim die süddeutschen Herzöge erschienen. Die anwesenden päpstlichen Legaten hielten sich zunächst an ihre Instruktionen, eine Neuwahl, wenn möglich, zu verhindern oder sie zumindest bis zum Eintreffen des Papstes in Deutschland

Gegenschlag des Papstes

Die Wende von Canossa

Wiedereinsetzung des Königs?

Wahl eines Gegenkönigs 1077: Rudolf von Rheinfelden

aufzuschieben, sie gaben dann aber dem Druck der Fürsten nach, die bei weiterem Zögern eine entscheidende Schwächung der Opposition befürchteten. Dass der Gewählte in einer Kurbedingung das Prinzip der freien Fürstenwahl anerkennen musste, war verfassungsgeschichtlich der folgenschwerste Aspekt der Forchheimer Wahl. Gleichwohl dachten die Fürsten nicht daran, neues Recht zu schaffen; ihrem Selbstverständnis nach haben sie dem autokratischen Regierungsstil und der auf Durchsetzung der Erblichkeit abzielenden Designationspraxis der salischen Herrscher ihr genossenschaftliches Recht auf Teilhabe an der Herrschaft entgegengesetzt.

Gegenschlag Heinrichs IV.: Neuvergabe der Herzogtümer

Im Gegenschlag hat Heinrich IV. die süddeutschen Herzöge geächtet und abgesetzt. Kärnten verlieh er dem Eppensteiner Liutold, Bayern und Schwaben behielt er zunächst in eigener Verfügungsgewalt. Auch über Niederlothringen konnte er verfügen, da er das Herzogtum nach der Ermordung seines treuen Gefolgsmannes, Gottfrieds des Buckligen, 1076 seinem Sohn und präsumptiven Nachfolger Konrad übertragen hatte. Der Erbansprüche geltend machende Gottfried von Bouillon, ein Enkel Gottfrieds des Bärtigen, wurde zunächst mit der Mark Antwerpen abgefunden, hat aber 1087 eine Revision dieser Entscheidung erreicht und das Herzogtum erhalten. Die schwäbische Herzogswürde hat Heinrich 1079 neu vergeben: Als die Parteigänger Rudolfs hier Berthold, den Sohn des Gegenkönigs, zu ihrem Herzog wählten, übertrug er im Gegenzug das Herzogtum dem schwäbischen Pfalzgrafen Friedrich, einem Sohn Friedrichs von Büren. Der neue Herzog, der durch seine Vermählung mit Heinrichs Tochter Agnes in unmittelbare Königsnähe aufstieg, erbaute seiner Familie auf dem Hohenstaufen einen neuen Stammsitz, die Burg Stoph oder Stauf, nach der sich die Dynastie später benannte. Rudolf hat am 26. März 1077 die Herrscherweihe aus der Hand des Erzbischofs Siegfried von Mainz in dessen Bischofsstadt erhalten. Ein Aufstand der Bürger noch am Krönungstage aber vertrieb ihn aus Mainz; auch in Schwaben fand er keine wirksame Unterstützung. So wurde Sachsen seine eigentliche Machtbasis.

Sachsen als Machtbasis des Gegenkönigs

In dem lange hinschwelenden Bürgerkrieg erzielte Heinrich den entscheidenden Durchbruch, als Rudolf nach der am 15. Oktober 1080 geschlagenen Schlacht an der Elster den Tod fand. Zwar wurde das Gegenkönigtum fortgesetzt, da eine, allerdings nur spärlich besuchte, Fürstenversammlung in Ochsenfurt Anfang August 1081 den Grafen Hermann von Salm aus der Familie der Lützelburger zum Nachfolger Rudolfs erhob, doch hat die Opposition den Salier nicht daran hindern können, im April 1081 endlich den immer wieder verschobenen Italienzug anzutreten. Er führte seinen auf einer Synode deutscher und

Hermann von Salm als Gegenkönig

4. Krise und Ausgleich

lombardischer Bischöfe in Brixen im Juni 1080 erhobenen Gegenpapst Wibert von Ravenna, der sich Clemens III. nannte, zur Inthronisation nach Rom, ließ hier im März 1084 auf einer Synode Gregor VII. als Majestätsverbrecher verurteilen, absetzen und exkommunizieren und empfing, zusammen mit seiner Gemahlin Bertha, am Ostersonntag aus der Hand seines Gegenpapstes die Kaiserkrone. Wenig später bereits musste er die Heilige Stadt vor den anrückenden Normannen Robert Guiskards verlassen. Das Schisma, das er mit der Wahl Wiberts heraufbeschworen hatte, sollte sein Schicksal werden.

Das wibertinische Schisma

Nach Deutschland zurückgekehrt, hat er zunächst versucht, die päpstliche Partei zu zerschlagen, indem er auf einer Mainzer Synode Anfang Mai 1085 fünfzehn gregorianische Bischöfe und Gegenbischöfe absetzen und exkommunizieren ließ. Die Herstellung des Friedens war nun die vordringlichste Aufgabe. Für die politische Situation bezeichnend ist das Übergreifen des Gottesfriedens auf das Reich. Heinrich III. hatte die Friedenswahrung noch als seine, als königliche Aufgabe gesehen und erfüllt. In Mainz erließ die Versammlung der Bischöfe, nicht der König eine Friedenssatzung. Die Zentralgewalt hatte viel von ihrer Autorität eingebüßt. Militärische Siege hat Heinrich nicht errungen: dennoch blieb das Gegenkönigtum Hermanns ohne jede Bedeutung und ist nach dessen Tod am 28. September 1088 nicht fortgesetzt worden. Einen bedeutenden Erfolg aber verbuchte der Kaiser, als er seinen Sohn Konrad am 30. Mai 1087 in Aachen zum König krönen lassen konnte. Die Herrschaft der Dynastie war damit für eine weitere Generation gesichert.

Gottesfriedensbewegung im Reich

Sicherung der Thronfolge

Zweifellos war es dem Salier gelungen, die Monarchie nach den schweren Autoritätsverlusten der 70er Jahre wieder zu festigen. Einer endgültigen Befriedung des Reiches aber stand das wibertinische Schisma entgegen. Ein neuer Italienzug, 1090 begonnen, sollte die Entscheidung herbeiführen. Er endete in der Katastrophe. Militärische Erfolge blieben aus; mit tatkräftiger Unterstützung des Papstes Urban II. gelang der Zusammenschluss der deutschen und italischen Opposition, als Mathilde von Tuszien 1089 Welf V. heiratete, im Jahre 1093 ging König Konrad ins Lager der Feinde seines Vaters über und ließ sich in Mailand zum König von Italien krönen. Es bildete sich ein erster lombardischer Städtebund, der sich dem Bündnis gegen Heinrich anschloss. Während im Reich der Abfall auf breiter Front einsetzte, war Heinrich im östlichen Oberitalien abgeschnitten und handlungsunfähig. Erst als die Eheverbindung zwischen Welf und Mathilde zerbrach und die tuszisch-welfische Koalition sich auflöste, konnte der Kaiser nach Deutschland zurückkehren.

Katastrophe in Italien

I. Enzyklopädischer Überblick

Ausgleich in Deutschland

Nachdem er Welf IV. 1096 als Herzog von Bayern anerkannt hatte, konnte er die Aussöhnung mit den Welfen herbeiführen; auch mit den Zähringern wurde ein Ausgleich erreicht. Der nach dem Tode des Rheinfeldeners Berthold I. zum Gegenherzog gegen den Staufer Friedrich erhobene Berthold II. von Zähringen verzichtete 1098 auf seine schwäbische Herzogswürde, durfte aber für seinen eigenen Herrschaftsbereich im Schwarzwald den Herzogstitel weiterführen. Das schwäbische Amtsherzogtum verblieb dem Staufer, aber die alte einheitliche Provinz Schwaben gab es nun nicht mehr. Mit der staufischen Herzogsgewalt rivalisierten das neue Reichsfürstentum der Herzöge von Zähringen und das welfische Titularherzogtum, das sich auf den umfangreichen Allodialbesitz der Familie um Ravensburg/Weingarten gründete.

Neuregelung der Thronfolge

Mit zäher Energie hat Heinrich IV. die erneute Konsolidierung der salischen Monarchie betrieben. Dass er dabei Erfolge erzielte, zeigt die Neuregelung der Thronfolge. Auf einem Mainzer Reichstag ließ er im Mai 1098 Konrad durch Fürstenspruch absetzen; darauf designierte er seinen zweiten Sohn Heinrich zu seinem Nachfolger. Nach anfänglichem Zögern stimmten die Fürsten zu, und so konnte Heinrich am Epiphaniefest des folgenden Jahres zum König gesalbt und gekrönt werden. Durch den Verrat des Erstgeborenen misstrauisch gemacht, ließ sich der Kaiser vom Sohne die eidliche Zusicherung geben, dass dieser sein Leben und seine Sicherheit nicht antasten und sich zu seinen Lebzeiten nicht gegen seinen Willen in die Regierungsgeschäfte einmischen werde.

Sturz Heinrichs IV.

Das hat Heinrich V. letztlich doch nicht gehindert, den Vater zu stürzen. Die Gründe für diesen Schritt sind unschwer zu erschließen. Im Konflikt mit dem Papsttum zeichnete sich keine Lösung ab, nachdem das Schisma nach Clemens' III. Tod (8. September 1100) fortgesetzt worden war; im Hochadel baute sich erneut eine Front gegen die salische Monarchie auf, da man dem Kaiser vorwarf, dass er seine Gunst allzusehr den Unterschichten, vor allem der an politischem Einfluss gewinnenden Ministerialität zuwende. Anfang 1106 wurde Heinrich IV. in Ingelheim zur Abdankung gezwungen; am 5. Januar empfing sein Sohn aus der Hand des Erzbischofs Ruthard die Reichsinsignien, nahm die Huldigung der Fürsten entgegen und trat damit offiziell die Regierung an. In den Vorbereitungen zur Wiedergewinnung der Herrschaft ist der Kaiser am 7. August 1106 gestorben.

4.3 Heinrich V. und der Ausgang der salischen Monarchie

Das Bündnis mit den Fürsten hatte Heinrich V. den Weg zum Thron geebnet, und für einige Jahre blieb das beiderseitige Verhältnis im Wesentlichen von Spannungen frei. Probleme gab es in Niederlothringen, als der König den Herzog Heinrich aus der Familie der Grafen von Limburg, der bis zuletzt auf der Seite seines Vaters gestanden hatte, als Hochverräter absetzte und den Grafen Gottfried von Löwen, dessen Machtgrundlage den Kern des späteren Landes Brabant bildete, mit dem Herzogtum belehnte. Der Limburger beugte sich nicht und führte den Herzogstitel weiter. Der Antagonismus der beiden Häuser Limburg und Löwen-Brabant gefährdete die Stabilität in diesem Grenzraum und ermutigte erneut die flandrische Expansionspolitik, doch konnte Heinrich V. den Grafen Robert von Flandern, gegen den er im November 1107 einen Feldzug führte, in Schach halten. Eine wichtige Weichenstellung erfolgte in Sachsen. Mit dem Tode des Herzogs Magnus am 23. August 1106 erlosch die Dynastie der Billunger im Mannesstamm; seine beiden Töchter Wulfhild und Eilika waren mit dem Welfen Heinrich dem Schwarzen und dem Askanier Otto von Ballenstedt verheiratet. Heinrich aber verlieh keinem von beiden, sondern dem Grafen Lothar von Supplinburg die Herzogswürde – eine überraschende Entscheidung, denn der so Begünstigte war bisher kaum hervorgetreten, und seine Familie gehörte eher der antisalischen Partei im sächsischen Hochadel an. Zum Zeitpunkt seiner Ernennung verfügte er noch nicht über die umfangreichen northeimisch-katlenburgisch-brunonischen Erbschaften, die später seine eigentliche Machtgrundlage darstellten; Heinrich nutzte also zunächst die Möglichkeit, den billungischen Herrschaftskomplex zu zerschlagen, indem der Allodialbesitz unter Welfen und Askaniern aufgeteilt wurde und die Grafenrechte, die aber zumeist im faktischen Besitz von Untergrafen waren, an den Supplinburger kamen.

Festigung der königlichen Herrschaft

Die vordringliche Aufgabe seiner Herrschaft blieb für den Salier der Ausgleich mit dem Papsttum. Die Voraussetzungen dafür erschienen nicht ungünstig, da die theoretische Klärung des Investiturproblems in der Unterscheidung von Temporalien und Spiritualien erfolgt und auf dieser Grundlage die Auseinandersetzungen zwischen den westeuropäischen Monarchien und dem Papsttum beigelegt worden war. Doch hat der Romzug des Jahres 1111 nicht nur nicht den erhofften Friedensschluss erbracht, sondern den Konflikt noch einmal verschärft, als der Papst Paschalis II. mit seinem Vorschlag einer Radikallösung, die auf eine strikte Trennung von weltlichem und geistlichem Bereich hinauslief,

Theoretische Klärung des Investiturproblems

Der Lösungsversuch von 1111

am Widerstand der Fürsten scheiterte, der König seinerseits die Verbriefung des Investiturrechtes in der traditionellen Form der *investitura per anulum et baculum* erzwang und die Kaiserkrönung durchsetzte. Es war eine Fehlentscheidung, die von der Kirche mit der Exkommunikation des Saliers beantwortet und erst mit dem Wormser Konkordat von 1122 korrigiert wurde.

Im Reich hat die Fortsetzung der Konsolidierungspolitik des Vaters durch Heinrich V. – Ausbau des Reichsgutes, Erwerb oder Errichtung von Burgen, Begünstigung der Ministerialität – nach dem Italienzug neue Konflikte mit den Fürsten heraufbeschworen. Unter Führung des Herzogs Lothar und des Erzbischofs Friedrich von Köln ging der Norden des Reiches in Opposition zur salischen Monarchie, und auch der mit Mainz investierte ehemalige Kanzler Heinrichs, Adalbert von Saarbrücken, der im mittelrheinischen Raum mit seinen territorialpolitischen Bestrebungen zum Rivalen des Saliers geworden war, stand auf der Seite seiner Gegner. Der Süden des Reiches blieb dagegen loyal. Heinrich suchte die Entscheidung mit den Waffen. Sie fiel in der Schlacht am Welfesholz am 11. Februar 1115 gegen ihn aus. In den folgenden Jahren hat der Kaiser trotz zeitweiliger militärischer Überlegenheit die Pattstellung nicht entscheidend verändern können. Die Fürsten haben schließlich den Friedensschluss zwischen ihm und Adalbert von Mainz erzwungen; sie haben gleichzeitig die Mitverantwortung für das Wormser Vertragswerk übernommen. So erscheint das Würzburger Friedensinstrument vom 29. September 1121, in dem diese Regelungen getroffen wurden, als ein hoch bedeutsames Dokument der Kräfteverhältnisse im Reich: Nach einem Jahrhundert des Ringens um die Macht zwischen der salischen Monarchie und dem Fürstentum hatte dieses seine Positionen zweifellos ausbauen können, aber trotz aller Rückschläge hatten die Salier die Machtgrundlage des Königtums im Wesentlichen behauptet.

II. Grundprobleme und Tendenzen der Forschung

1. Die Thronerhebung des deutschen Königs

Die Thronerhebung eines Herrschers stellt einen Höhepunkt im politischen Leben eines Volkes im Mittelalter dar. Sie gewährt einen tiefen Einblick in Rolle und Funktion der das staatliche Leben bestimmenden Kräfte sowie die Gestaltung des Verhältnisses von Macht und Recht und hat daher bereits bei den Mitlebenden stets besondere Beachtung gefunden. Es versteht sich von selbst, dass das Interesse der Forschung an diesen Ereignissen von jeher groß war, da sie wie kaum ein anderes Geschehnis Aufschluss über die verfassungsmäßigen Grundlagen des mittelalterlichen Staates geben konnten. Dass der Sprachgebrauch der Quellen besondere Probleme aufwirft, die Begriffe *electio, eligere, laudare, constituere, elevare* mehrdeutig und vielschichtig sind, damit aber auch die Vielgestaltigkeit der Thronfolgeregelung widerspiegeln, das ist heute unbestritten. Der Wahl im Sinne von Auswahl kommt vor dem durch den staufisch-welfischen Thronstreit herbeigeführten grundsätzlichen Wandel formal noch keine Eigenständigkeit zu; sie ist Teil des „einheitlichen, sich stufenweise verwirklichenden Aktes" [32: H. MITTEIS, Königswahl, 48] der Herrschererhebung, die in ihrer Gesamtheit zu Recht als „Kettenhandlung" [ebd., 52] charakterisiert wird, wodurch „die relative Selbständigkeit der einzelnen Teile wie der Zusammenhang des Ganzen gut zum Ausdruck gebracht" werden [34: F. RÖRIG, Geblütsrecht, 96]. Dementsprechend gewinnt auch der Gesamtvorgang für die Beantwortung der Frage nach dem Konstitutivakt gegenüber den Teilakten größeres Gewicht.

Verhältnis von Macht und Recht

Vielgestaltigkeit der Thronfolgeregelung

Kettenhandlung

1.1 Der Gesamtakt: Verschränkung von Erbrecht und Wahl –
Das Problem des Geblütsrechts

Sowohl der Gesamtakt der Thronerhebung wie seine verschiedenen Stufen – von der Designation über Wahl, Krönung und Salbung bis hin zum Krönungsmahl und zum Umritt – sind in vielen Einzelstudien und immer wieder neuen Ansätzen zur Synthese behandelt worden. Schon früh wird dabei die Klage laut, dass man sich in der „weitschweifigen Literatur" nicht mehr zurechtzufinden wisse [G. SEELIGER in: MIÖG 16 (1895) 44] – und dies zu einer Zeit, als so umfangreiche Untersuchungen wie die von H. BLOCH, K. G. HUGELMANN, K. ZEUMER, E. ROSENSTOCK, H. SCHREUER und J. KRÜGER, um nur die bekanntesten Autoren zu nennen, noch gar nicht erschienen waren. Unverkennbar aber verfiel die Forschung zur Königswahl seit etwa 1915/20 in einen gewissen Erschöpfungszustand, aus der sie H. MITTEIS mit seinem bahnbrechenden Werk [32] befreit hat. In souveräner Handhabung der rechtsgeschichtlichen Methode unternahm er es, die Vielfalt der Erscheinungen zu ordnen und in Auseinandersetzung mit der älteren Forschung in ein System zu bringen. Damit war zugleich ein Neubeginn gesetzt, der die Diskussion wieder belebte und auch Ausgangspunkt für unsere Überlegungen sein kann.

Doppelwahl von 1198 als Einschnitt: Volkswahl – Fürstenwahl

MITTEIS sieht in der Doppelwahl von 1198 den entscheidenden Einschnitt im deutschen Thronfolgerecht, der den Übergang von der Volkswahl der älteren Zeit zu der sich schließlich im Kurkolleg monopolisierenden Fürstenwahl markiert. Die in der älteren Forschung diskutierte Frage, ob das mittelalterliche Deutsche Reich ein Wahl- oder ein Erbreich gewesen sei, erweist er als ein Scheinproblem, denn das deutsche Thronfolgerecht ist von Anfang an durch die Verschränkung

Verschränkung von Wahl und Erbrecht

von Wahl und Erbrecht bestimmt. Keine Thronerhebung geschieht ohne Wahl, aber keine Wahl ist völlig frei, da sie an einen bestimmten Personenkreis gebunden ist, der sich durch die Zugehörigkeit zu einem herausragenden, durch ein besonderes Charisma ausgezeichneten Adelsgeschlecht legitimiert. MITTEIS verwendet für dieses Auswahlprinzip, das er als durch altes Herkommen sanktionierte Grundnorm versteht, im Anschluss vor allem an F. KERN [31: Gottesgnadentum, 14ff.] den Begriff „Geblütsrecht".

Geblütsrecht

Es ist dies nicht ein subjektives Recht, weder für das Geschlecht selbst, noch für ein einzelnes Mitglied ein rechtlich durchsetzbarer Anspruch, sondern eine „objektive Auslesenorm" [ebd., 30]. Die Entwicklung der Sippenverfassung und des Eherechts hat dahin geführt, dass die Königssippe (*stirps regia*) in nachkarolingischer Zeit ihre agnatische Struktur eingebüßt hat und „eine Gruppe königsmäßiger Geschlechter" entstanden ist [ebd., 35], für die ein ausgeweitetes „Geblütsrecht neueren Stils" anzunehmen ist [ebd., 34]. Damit wendet sich MITTEIS auch gegen den Versuch O. VON DUNGERNS, die Blutsverwandtschaft mit Karl dem Großen, die karolingische Abstammung also, zum entscheidenden Grundsatz des deutschen Thronfolgerechts zu erheben [27: Thronfolgerecht], eine

1. Die Thronerhebung des deutschen Königs 53

Auffassung, der inzwischen auch von der genealogischen Forschung der Boden entzogen worden ist.

Auch die Sohnesfolge ist in dieses vom Geblütsrecht bestimmte System einzuordnen. Ein fester Erbanspruch des Königssohnes besteht nicht, aber mit der Designation durch den regierenden Vater, ob es sich nun um die Erhebung zum Mitregenten (*designatio de praesenti*) oder um die Übernahme der Herrschaft nach dem Tode des Vaters (*designatio de futuro*) handelt, fließen erbrechtliche Vorstellungen in die Thronfolgeregelung ein. Eine Wahl in irgendeiner Form ist auch jetzt nötig, aber die entscheidende Rolle kommt dem König-Vater zu; denn sein mit der überragenden Autorität des Herrschers gemachter Wahlvorschlag verpflichtet zur Folge. Die Designation ist definiert als „bindender Wahlvorschlag" [ebd., 42], der Zustimmungsakt der Wähler erscheint geradezu als „Königsannahme". Dass dennoch ein Unterschied zum Folgezwang besteht, erklärt sich aus der Tatsache, dass die Idee vom geblütsrechtlichen Vorrang der Königssippe tief in der Rechtsüberzeugung des Volkes verwurzelt war [ebd., 45]. Designation

Für MITTEIS sind die Thronerhebungen der deutschen Könige vor 1198 „auf dem gleichen rechtlichen Grundgedanken aufgebaut" [ebd., 45]. An dieser Stelle setzt die Kritik von F. RÖRIG [34] an, der gegenüber der vom Rechtshistoriker vorgenommenen Systematisierung die bei den einzelnen Thronerhebungen wirksamen politischen, aus der besonderen historischen Situation erklärbaren Faktoren stärker gewichten will. Die These von der strukturellen Einheitlichkeit der Königserhebungen vor 1198 ist in seinen Augen nicht haltbar, da mit der Wahl des Gegenkönigs Rudolf von Rheinfelden in Forchheim 1077 im deutschen Thronfolgerecht ein Wandel von prinzipieller Bedeutung eingetreten sei. Für die ottonisch-frühsalische Zeit konstatiert RÖRIG die unbedingte Dominanz des Geblütsrechtes, wobei er freilich über den Problemfall von 1002 allzu schnell hinweggeht und selbst die „Designation" Heinrichs I. durch Konrad wenig einleuchtend in den Rahmen geblütsrechtlicher Vorstellungen – gleichsam eines negativen, die eigene, heillos gewordene Dynastie ausschließenden Geblütsrechtes – einzuordnen versucht. Mit dem Angriff der Kirchenreformer auf den in eine heidnisch-magische Vorstellungswelt zurückreichenden Sakralcharakter des Königtums sei dem Geblütsrecht jedoch die entscheidende Grundlage, nämlich „die germanische Überzeugung von der Würde und deshalb auch dem Recht der königlichen Sippe" [ebd., 99] entzogen worden; der Weg war offen für die Durchsetzung der „freien Wahl", die in Forchheim auf der Basis des von der Kirche propagierten Idoneitätsprinzips zum ersten Male praktiziert wurde. Wenn es in Mitteis-Rörig-
Kontroverse

Forchheimer Wahl
von 1077 als Zäsur

Freie Wahl staufischer Zeit dann erneut zu Designationswahlen kam, dann ist hier nach RÖRIG nur scheinbar geblütsrechtliches Denken wirksam, da ein verpflichtendes Rechtsgefühl nicht mehr bestand und die Zustimmung der Fürsten durch Zugeständnisse von der Seite des Königs erkauft werden musste. Die Verfassungswirklichkeit des 12. Jahrhunderts aber habe Otto von Freising sehr deutlich mit den Worten umschrieben, dass es gerade das Vorrecht des Reiches sei, dass das Königtum nicht nach der Blutsverwandtschaft vererbt, sondern durch die Wahl der Fürsten vergeben werde [Gesta Frederici II, 1; vgl. 33: H. MITTEIS, Krise, 296 Anm. 291].

„Krise des deutschen Königswahlrechts"
MITTEIS hat in einer umfangreichen Abhandlung geantwortet [33: Krise] und dabei vor allem die Thronerhebungen der ottonischen Zeit intensiver behandelt. Der Titel der Studie verdeutlicht, dass er unter dem Eindruck der Kritik RÖRIGS seine These von der durchgängigen Gleichartigkeit der deutschen Königserhebungen vor 1198 nun ein wenig modifizierte. Er gesteht zu, dass die Forchheimer Wahl von 1077 einen „Einbruch in das System des Geblütsrechtes" [ebd., 290] bedeutete und damit das Wahlprinzip stärkte, aber er bestreitet weiterhin den prinzipiellen Charakter des Geschehens. Die fürstliche Opposition ist vor dem Hintergrund einer Krise der salischen Monarchie [vgl. 74: E. BOSHOF, Reich] aus einer bestimmten politischen Konstellation zu erklären; dass ihre Aktion nicht einen „Umbruch der Rechtsordnung" darstellte, ergibt sich schon daraus, dass das Wahlprinzip ja immer schon anerkannt und durch die salische Designationspraxis nur in den Hintergrund gedrängt worden war, und lässt sich schließlich auch dadurch belegen, dass die frühen Staufer zur Praxis der Designationswahlen zurückkehrten, Heinrich VI. sogar den Versuch einer völligen Umgestaltung der Reichsverfassung auf der Grundlage des Erbrechts wagen

„Germanische Kontinuität"
konnte. Die „germanische Kontinuität", das heißt also die Rechtsüberzeugung von dem durch Geblütsrecht begründeten Vorzug der *stirps regia*, wurde auch „1077 noch nicht vollständig unterbrochen" [ebd., 294]. Das Gegenkönigtum scheiterte, weil es nicht von diesem allgemeinen Rechtsbewusstsein getragen wurde.

Zeitpolitisch bedingte Akzentsetzungen
Es ist nicht zu übersehen, dass manche Akzentsetzungen in der Kontroverse zeitpolitisch bedingt sind. RÖRIGS Gesamtdeutung der Entwicklung ist deutlich von der Auffassung bestimmt, dass die Durchsetzung des Prinzips der freien Wahl den Gang der deutschen Geschichte nachteilig beeinflusst und die Voraussetzungen für die partikularstaatliche Zersplitterung geschaffen habe [ebd., 114ff.; 137]; auf MITTEIS' These von der germanischen Kontinuität wird noch einzugehen sein. Unter Berufung auf O. BRUNNER hat er es als eine

wesentliche Aufgabe des Rechtshistorikers bezeichnet, „eigene sachgerechte Begriffe aus den Verhältnissen der Vergangenheit" zu gewinnen, um die Fülle der von den Quellen überlieferten Fakten zu ordnen [32: Königswahl, 14]. Aber gerade ein Zentralbegriff seiner Lehre, der des „Geblütsrechts" nämlich, ist in der Forschung zunehmend auf Kritik gestoßen. Schon die Abgrenzung vom Erbrecht bereitet Schwierigkeiten. MITTEIS ordnet beide Begriffe unterschiedlichen Rechtssphären zu: das Erbrecht als den sofortigen Eintritt in die Rechte des Verstorbenen der Hausgemeinschaft, das Geblütsrecht der Sippenverfassung [ebd., 30f.]. Aber er hält diese Unterscheidung nicht konsequent durch. Während er nämlich zunächst die Auffassung vertritt, dass das Erbrecht mit dem Geblütsrecht nicht in Verbindung gebracht werden könne [ebd., 31], hat er später den „Gedanken einer Erbfolge" als „potenziertes Geblütsrecht" bezeichnet und den Erbreichsplan Heinrichs VI. als den Versuch charakterisiert, „das Geblütsrecht des staufischen Hauses zum dynastischen Erbrecht zu steigern" [33: Krise, 282; 297]. Ähnlich unpräzise spricht RÖRIG von der „Wirkung erbrechtlicher Gedanken im Rahmen des Geblütsrechts" [34: Geblütsrecht, 98]. Die Vorstellung von der germanischen Sippe als einer Institution mit verfassungsrechtlichen Funktionen ist in der jüngeren Forschung energisch in Frage gestellt worden [E. KAUFMANN in: HRG IV, 1668 mit Literatur], und auch die Lehre vom Königsheil (s. u.) begegnet erheblichen Bedenken, so dass sich schon von daher Zweifel an der Brauchbarkeit des mit beiden Institutionen eng verknüpften Begriffes des Geblütsrechts ergeben. Vor allem aber findet dieser Begriff im Sprachgebrauch der Quellen keine exakte Entsprechung; denn hier ist in der Regel vom *ius hereditarium* die Rede, oder es werden ähnliche Ausdrücke wie *hereditaria successio, solium hereditarium* verwandt, und auch das gelegentlich auftauchende *consanguinitas* [Thietmar V, 25; D. H. II 34] meint nichts anderes [35: W. SCHLESINGER, Anfänge, 190 Anm. 203; 69: Erbfolge, 13ff., 27]. Es würde daher der begrifflichen Klarheit dienen, auf den Terminus „Geblütsrecht" zu verzichten und ihn durch Erbrecht, Erbprinzip, Erbfolge oder „dynastisch-erbrechtliche Motive" [37: G. TELLENBACH, Grundlagen, 188] zu ersetzen. Der Versuch, Erbrecht und Geblütsrecht gegeneinander abzugrenzen, ist jedenfalls nicht geglückt. SCHLESINGER [12: I, 344 Anm. 175] und H. BEUMANN [253: 193] haben daher ausdrücklich die vorgeschlagene Konsequenz gezogen; E. HLAWITSCHKA verwendet beide Begriffe nebeneinander oder synonym, merkt aber an, dass es ihm bei seiner besonderen Fragestellung nicht auf begriffliche Scheidung ankomme [30: Thronwechsel, 12 Anm. 5; zur Diskussion auch 36: U. SCHMIDT, Königswahl,

Der Begriff des Geblütsrechts

Haus – Sippe

Sprachgebrauch der Quellen

Abgrenzung von Erbrecht und Geblütsrecht

11ff.]. Die Problematik ist in der Vergangenheit im Wesentlichen ein Thema der verfassungsgeschichtlich orientierten Königswahlforschung gewesen; sie wird neuerdings mehr und mehr auch ein Thema der Personenforschung, da es um die *stirps regia*, die Königsverwandten und die mit ihnen jeweils verbündeten oder im Gegensatz zu ihnen stehenden Personengruppen geht. Die Verfassungsgeschichte erhält damit auch eine sozialgeschichtliche Komponente [8: K. SCHMID, I, 54].

<small>Königswahl und Personenforschung</small>

1.2 Die Einzelakte (I): Designation – Huldigung – Wahl und Kur

<small>Rechtsgrundlagen der Designation</small>

In den weiteren Zusammenhang der hier diskutierten Problematik gehört auch die Frage nach den Rechtsgrundlagen der Designation. Sie ist, da die philologischen Untersuchungen [45: B. SCHREYER; 47: G. WOLF] keine weiterführenden Ergebnisse erbracht haben, mit Gewinn nur von den einzelnen Königserhebungen her zu erörtern, doch ist hier zunächst auf die allgemeinere Diskussion um die von MITTEIS gegebene Definition als „befohlene Wahl" einzugehen. MITTEIS tut sich schwer, den in seiner Sicht bindenden Charakter des Wahlvorschlages des regierenden Herrschers mit der Notwendigkeit der Zustimmung durch die Großen zu vereinbaren, und seine Darlegungen über Wählerwille und Gehorsam, seine Vorstellung vom „Treuegehorsam" [33: Krise, 256] schließlich, sind in sich widersprüchlich und können ihre Zeitgebundenheit nicht verleugnen. Dass eine Folgepflicht für die königliche Gefolgschaft bestand, erscheint einleuchtend [ebd., 256]. Damit wird aber auch das Verfassungsmodell erkennbar, das den hier skizzierten Vorstellungen zugrundeliegt. Für MITTEIS ist die Struktur des ottonischen Staates noch sehr stark von gefolgschaftsrechtlichen Elementen und vasallitischen Bindungen bestimmt. Unter diesem Aspekt hat SCHLESINGER seine ursprüngliche Kritik an der von MITTEIS gegebenen Definition der Designation aufgegeben [35: Anfänge, 184ff.]. Dass die Gefolgschaft tatsächlich als ein staatstragender Faktor im deutschen Reich des 10. Jahrhunderts Aufmerksamkeit verdient, haben die eingehenden, die Quellen allerdings nicht selten auch überfordernden Untersuchungen von J. O. PLASSMANN [41: Princeps] aufzeigen können [vgl. auch 35: SCHLESINGER, Anfänge, 182f.; zur Kontroverse um den Begriff der Gefolgschaft vgl. 38: H. KUHN, Grenzen, und 12: SCHLESINGER: I, 296ff.].

<small>„Befohlene Wahl"</small>

<small>Gefolgschaft</small>

Freilich reichen diese Hinweise nicht aus, die Frage nach Umfang und Rechtsgrund der königlichen Autorität, die MITTEIS einfach als mit der Persönlichkeit und dem Rang gegeben ansieht [32: 75ff.], befriedigend zu beantworten. TELLENBACH hat das Erbcharisma geltend gemacht – was sicherlich auch den Vorstellungen von MITTEIS entspricht – und persönliche Eigenschaften wie Klugheit und Tüchtigkeit, aber auch die „Fähigkeit, dem Einzelnen Nutzen oder Schaden zuzufügen" angeführt [37: Grundlagen, 198]. Man wird darüber hinaus zu bedenken haben, welches Verständnis die Menschen der Zeit von Wahl hatten. Dass der göttliche Wille darin zum Ausdruck kam, war ihnen eine Selbstverständlichkeit; dass Gott die Einmütigkeit der Wahl – dieser Begriff trifft den Sachverhalt besser als der moderne Vorstellungen hervorrufende der Einstimmigkeit – bewirkte, wurde von niemandem bezweifelt [40: A. NITSCHKE, Einstimmigkeit]. Der von Gott erwählte König aber war tatsächlich mit größter Autorität ausgestattet. Widukind von Korvey lässt den Mainzer Erzbischof bei der Vorstellung Ottos vor der Weihe die Erwählung durch Gott und die Designation durch den Vater miteinander verknüpfen. Otto ist *a deo electus et a domino rerum Heinrico olim designatus* [II, 1] – aber er ist auch der von den Fürsten nun zum König Erhobene (*a cunctis principibus rex factus*). Deutlicher kann die Notwendigkeit der Zustimmung der Großen als der Repräsentanten des Volkes zum Wahlvorschlag des Herrschers nicht zum Ausdruck gebracht werden. Die Designation bedurfte der Einigung des König-Vaters mit den Großen [THEUERKAUF in: HRG I, 684]; es ist nicht zu bezweifeln, dass ihre Durchsetzung auch eine Frage der Machtverhältnisse war.

Die gefolgschaftsrechtlichen Strukturelemente im ottonischen Staatsaufbau spiegeln sich auch in der Bedeutung der Huldigung bei der Thronerhebung wider. Sie ist nach SCHLESINGER schon in spätkarolingischer Zeit „Kern (der) Wahl durch die Großen" [35: 177]. Bei der Thronerhebung Heinrichs II. 1002 haben offenbar auch die Geistlichen zum ersten Male mit Handgang gehuldigt [D. H. II. 34; 69: SCHLESINGER, Erbfolge, 2 u. 30 Anm. 142]. Indem die Königshuldigung lehnsrechtliche Formen annimmt, erscheint der König zugleich als oberster Lehnsherr, aber die Gleichsetzung von Wahl und Huldigung [35: SCHLESINGER, Anfänge, 178; 108: R. SCHMIDT, Umritt, 106] stellt eine unzulässige Zuspitzung dar, denn die Huldigungen einzelner oder auch ganzer Gruppen können von mehr oder weniger formlosen Akklamationen und Heilrufen anderer Gruppen des Volkes begleitet sein [vgl. auch 32: MITTEIS, Königswahl, 52; 14: P. E. SCHRAMM, III, 45f.; 43: U. REULING, Kur, 43ff.]. Für diesen Zustimmungsakt hat sich in der Literatur der Begriff „Vollbort" eingebürgert, der der Gerichtssprache entnommen ist und die Billigung des Urteilsvorschlags durch den Umstand bedeutet. Es gehört zum Charakter der Thronerhebung als Kettenhandlung, dass Huldigungen als Wahlakte oder „fortgesetzte Wahl" in den verschiedensten Phasen des Gesamtaktes, vor allem natürlich auf dem Umritt, möglich sind.

Keine strenge Form im Verfahren der Thronerhebung

Die Diskussion um die Bedeutung der Huldigung hat erneut den Mangel an Formstrenge im Verfahren der Thronerhebung aufgezeigt. Man könnte sich also mit der Erkenntnis begnügen, dass die verschiedenen Formalakte jeweils Wahlcharakter haben können oder Wahlelemente aufweisen. Die Forschung hat jedoch weitergehend zu differenzieren versucht, und wieder war es H. MITTEIS, der, ältere Ansätze aufnehmend, die Weichen gestellt hat. Die von Eike von Repgow im Sachsenspiegel getroffene Unterscheidung von *irwelen* und *kesen* [Ssp. Ldr. III. 57 §2] hat er auf die frühen Königswahlen angewandt und damit innerhalb des Gesamtaktes der Wahlhandlung

Wahl und Kur

die Formalakte von Auswahl aus mehreren Kandidaten (Wahl) und rechtsförmlicher Willenserklärung (Kur) gegeneinander abgesetzt [32: Königswahl, 50f., 61; 33: Krise, 261f.]. Dabei handelt es sich für ihn nicht um eine bloß zeitliche Abfolge, sondern um eine in Bezug auf den Rechtsinhalt wesentliche Untergliederung, und SCHLESINGER hat ihm darin zugestimmt [35: 174].

Sprachgebrauch der Quellen

Im Sprachgebrauch der Quellen findet diese Unterscheidung keine Entsprechung; es gibt keinen technischen Ausdruck für Kur, denn auch die Begriffe *nominare, laudare, collaudare* sind mehrdeutig [108: R. SCHMIDT, Umritt, 126f.]. Das macht die Bemühungen von U. REULING, Herkunft, Funktion und Entwicklung der Kur bis zu ihrer Verfestigung als Wahlform genauer zu erfassen, so schwierig. Wenn man die Stimmabgabe in der Gestalt eines „gleichlautenden Kurspruches" [43: 30] als das Wesentliche eines solchen Formalaktes ansieht, so ist dieser sicherlich zuerst von Wipo für 1024 bezeugt [44: REULING, Wahlformen, 232ff.]. Dass nicht die Thronerhebung Hugo Capets 987 und ein hier

Mainz und Reims

praktiziertes Erststimmrecht des Reimser Erzbischofs auf die Vorgänge von Kamba eingewirkt hat, wie U. STUTZ annahm, sondern eher die Wahl von 1024 das Vorbild für den Ablauf der Thronerhebung Philipps I. im Jahre 1059 abgegeben hat, kann REULING wahrscheinlich machen [43: 59ff.; dagegen, jedoch nicht überzeugend, HLAWITSCHKA in: ZfGO 134, 469ff.], aber mit seinen Überlegungen zur Salierzeit bewegt er sich insgesamt auf schwankendem Boden. Gegen seine Bemühungen, bei einzelnen Thronerhebungen auch Kurakte auszumachen, lässt sich der grundsätzliche Einwand geltend machen, dass er die Darstellungen der Chronisten wie Wahlprotokolle liest und so zu Schlussfolgerungen gelangt, die von den Quellen nicht mehr getragen werden. Dass eine ge-

1. Die Thronerhebung des deutschen Königs 59

wisse Formalisierung zuerst bei den „freien" Wahlen erscheint, versteht sich im Grunde von selbst, denn nur hier, wo die bestimmende Rolle des designierenden Vaters fortfiel, war es ja erforderlich, unter den Beteiligten eine gewisse Ordnung herzustellen. Das berechtigt aber keineswegs dazu, beispielsweise für die Erhebung des Gegenkönigs Hermann von Salm [dazu 82: U. SCHMIDT] ohne jede Andeutung in den Quellen eine Kur zu vermuten, weil es sich hier um eine freie Wahl gehandelt habe [43: 117].

<small>Formalisierung bei „freien Wahlen"</small>

Wichtiger erscheint uns allerdings die mit der hier diskutierten Problematik im Zusammenhang stehende Frage nach dem Vor- oder Erststimmrecht des Erzbischofs von Mainz. Sie ist verknüpft mit dem Problem des Krönungsrechts [46: U. STUTZ, Mainz, 58ff.], auf das später noch einzugehen ist. Einen ersten eindeutigen Beleg für die führende Rolle des Mainzers liefert Wipo mit der Aussage, dass dessen Spruch, dessen Meinung (*sententia*), vor allen anderen entgegen-, anzunehmen war [*ante alios accipienda fuit:* Gesta c. 2]. Mehr als ein Jahrhundert später erklärte Friedrich I. Barbarossa gegenüber Papst Hadrian IV., dass dem Erzbischof von Mainz die erste Stimme (*prima vox*) bei der Königswahl zukomme [MG Const. I, 233]. Aus Wipos Formulierung lässt sich entnehmen, dass das Mainzer Erststimmrecht oder Wahlvorrecht offenbar bereits gewohnheitsrechtliche Gültigkeit beanspruchen konnte [43: U. REULING, Kur, 36]. Die Voraussetzungen dafür müssen spätestens 1002 geschaffen worden sein, als der Erzbischof Willigis dem Bayernherzog Heinrich in Mainz den Weg zum Königtum ebnete [81: W. SCHLESINGER, Wahl Rudolfs, 78f.]. Freilich hat schon die führende Rolle des Erzbischofs Hildebert beim kirchlichen Akt der Thronerhebung von 936 die Weichen für diese Entwicklung gestellt. Lampert von Hersfeld hat einige Jahrzehnte nach 1002 dem Mainzer Erzbischof die *auctoritas eligendi et consecrandi regis* zugeschrieben und vom Primat abgeleitet [Annales ad a. 1073]. Das war ein Mainzer Parteistandpunkt, der zu diesem Zeitpunkt für das Krönungsrecht schon gegenstandslos geworden und für den Primat ohnehin fragwürdig war [78: H. THOMAS, Siegfried I.; 43: REULING, Kur, 117ff. gegen STUTZ]; die führende Rolle bei der Wahl aber hat der Mainzer Metropolit tatsächlich behaupten können.

<small>Erststimmrecht des Erzbischofs von Mainz</small>

<small>Bedeutung der Thronerhebung von 1002</small>

Im Gefolge des Mainzer Erzbischofs hat, so meint U. STUTZ, „die Geistlichkeit überhaupt ihren Einzug in den weltlichen Wahlakt bewerkstelligt" [46: 65]. Wiederum finden sich genauere Angaben bei Wipo, nach dem nämlich die Erzbischöfe und die übrigen Geistlichen sich dem Votum Aribos anschlossen, ehe Konrad der Jüngere die Kur der weltlichen Großen eröffnete. Dass sich die Bischöfe bei der Forchheimer

<small>Die Geistlichkeit als eigenständiger Wahlkörper</small>

Wahl von 1077 zumindest bei den Beratungen als eigenständiges Gremium von den weltlichen Fürsten absonderten [Berthold, Annales, MG SS V, 292], erklärt sich ohne Schwierigkeit zunächst aus der besonderen politischen Konstellation [81: SCHLESINGER, Wahl Rudolfs, 72f.], zeigt aber auch, dass die Formierung als eigenständiger Wahlkörper Fortschritte machte und sich verfestigte. Die Anfänge dieses Prozesses dürften auch in den Auseinandersetzungen um die Thronerhebung Heinrichs II. liegen [42: U. REINHARDT, Geistlichkeit, 242ff. u. 263f.; vgl. auch 14: P. E. SCHRAMM, III, 71].

Gliederung in Stämme

Die Quellen zeigen das Volk bei der Wahl in Stämme gegliedert, wobei in der Regel die Hauptstämme der Bayern, Sachsen, Franken und Schwaben genannt werden [32: H. MITTEIS, Königswahl, 95ff.]. Dieses Prinzip entspricht der Verfassungsstruktur des Reiches und hat noch im Sachsenspiegel [LdR III, 53 §1] einen späten Nachhall gefunden. Besonders deutlich tritt es bei der Wahl Lothars III. 1125 in Erscheinung [*Narratio de electione Lotharii*, MG SS XII, 509ff.], und MITTEIS hat die im Kurkolleg sich fortsetzende Vierzahl – freilich wenig überzeugend – auch zahlensymbolisch zu begründen versucht. Gleichwohl ist zu bedenken, dass zumindest die Lothringer nicht selten eine Sonderrolle spielen, was sich nicht so einfach damit erklären lässt, dass sie in diesen Fällen an die Stelle der Franken getreten seien [ebd., 98]. Wie sich die Willensbildung im Stammesverband selbst vollzog, ist kaum auszumachen; auch hier dürften gefolgschaftsrechtliche Strukturen zu beachten sein, und sicher fiel die Autorität des Herzogs stark ins Gewicht.

1.3 Die Königswahlen 919–1077

Bei der Diskussion über die Königswahl-Lehre von MITTEIS ist bereits deutlich geworden, dass eine juristisch-systematische Betrachtung der für den Historiker in den Quellen fassbar werdenden Wirklichkeit nicht immer gerecht wird. MITTEIS selbst hat zum Begriff des Geblütsrechts angemerkt, dass es sich um einen wissenschaftlichen Terminus handele und dass erst festgestellt werden müsse, „was ihm in der geschichtlichen Wirklichkeit entsprochen" habe [33: Krise, 228]. Tatsächlich hat die

Bedeutung der Wahlen von 911, 919, 936 für die Forschung

weitere Forschung neue Ergebnisse vor allem in eingehenden Untersuchungen zu einzelnen Thronerhebungen erbracht. Im Vordergrund der wissenschaftlichen Bemühungen standen zunächst die Wahlen von 911, 919 und 936; hier wirkte sich natürlich auch die intensive Diskussion um die Entstehung des Deutschen Reiches aus [53: W. SCHLESINGER]. Jedoch hat M. LINTZEL methodische Bedenken gegen den Versuch, aus

1. Die Thronerhebung des deutschen Königs

diesen Wahlen gleichsam „das deutsche Thronfolgerecht des Mittelalters" zu rekonstruieren, vorgetragen [39: 384ff.], da gerade hier die Quellenlage angesichts der Tatsache, dass unsere Hauptzeugen Widukind, Liudprand und der Continuator Reginonis ihre Werke Jahrzehnte nach den Ereignissen verfasst haben, ungünstig sei. Die Warnung ist berechtigt, darf aber andererseits nicht zu einer Hyperkritik verleiten, die dann in den überkommenen Berichten nicht mehr als eine „sächsische Hoflegende" sehen will [vgl. H. HEIMPEL in: 5: 14; ferner 53: SCHLESINGER, 535].

In der Behandlung der Thronerhebung Heinrichs I. hat neben der Ablehnung der Salbung durch den Liudolfinger die Frage nach der Rolle Konrads I. beim Übergang der Herrschaft auf den Sachsenherzog besondere Beachtung gefunden. Unsere Quellen berichten von der Ermahnung oder dem Befehl Konrads an seinen Bruder Eberhard und wohl auch die fränkischen Großen, Heinrich zum König zu machen. Eberhard überbringt dem Sachsenherzog den Hort und die Reichsinsignien [Widukind I, 26] und „designiert" ihn vor der Versammlung der fränkischen und sächsischen Großen in Fritzlar. Der Rechtscharakter der Maßnahme des sterbenden Königs, ja sogar die Faktizität des Geschehens waren lange umstritten [50: M. LINTZEL, Designation, 46ff.; 39: 337]; SCHLESINGER sprach zunächst von einer „Fremddesignation" im Unterschied zur „Hausdesignation" [35: Anfänge, 173], MITTEIS nahm den Begriff auf, ergänzte ihn durch „uneigentliche Designation" [33: Krise, 254], HEIMPEL sah gar in der Designation Heinrichs durch Eberhard den allein konstitutiven Akt [5: 26], doch haben alle Überlegungen schließlich zu dem Ergebnis geführt, dass man von Designation im strengen Wortsinne nicht sprechen kann [53 : SCHLESINGER, 535; 54: Fritzlar, 128]. Konrads Vorschlag war eine Empfehlung, ein Rat, hinter dem für Eberhard und die Franken natürlich noch die ganze Autorität des Königs und Stammesführers stand.

An den Vorgängen in Fritzlar bleibt vieles undeutlich. Den Schlüssel zum richtigen Verständnis hat SCHLESINGER mit dem Hinweis auf die Versammlung der angesehensten Repräsentanten des fränkischen Stammes geliefert, von der Widukind vor der Vorstellung Heinrichs als *rex* durch Eberhard berichtet. Hier nämlich dürfte die Anerkennung Heinrichs als neuer Herrscher – wohl in der Form der Huldigung – erfolgt sein, der dann auch die Sachsen beitraten [54: Fritzlar, 140f.]. Das Reichsvolk der Franken erweiterte sich zum neuen Reichsvolk der Franken und Sachsen [*populus Francorum atque Saxonum* – dazu 17: H. BEUMANN, 32]. Auch wenn von einer eigentlichen Wahlhandlung in den Hauptquellen nicht ausdrücklich die Rede ist, so reichen die Hin-

Thronerhebung Heinrichs I.

„Designation" durch Konrad I.

Reichsvolk der Franken und Sachsen

weise aus, Zustimmungsakte anzunehmen, die Wahlcharakter haben. SCHLESINGER hat die spätkarolingische Tradition aufgewiesen, in der die deutschen Königswahlen der ottonischen Zeit stehen [35: Anfänge], und LINTZEL hat die Bedeutung des Wahlprinzips für diese Epoche zu Recht betont.

Das Königtum Arnulfs von Bayern

Dass das Königtum Arnulfs von Bayern für den Liudolfinger eine wirkliche Herausforderung darstellte, hat die jüngere Forschung deutlich unterstrichen [55: G. WOLF; 48: H. C. FAUSSNER – in Einzelheiten anfechtbar]. Auch unabhängig von dem Quellenwert der Salzburger Annalen und dem hier überlieferten umstrittenen ersten Beleg für einen deutschen Reichsbegriff [51: E. MÜLLER-MERTENS, Regnum Teutonicum, 36ff. u. 105ff.; 24: C. BRÜHL, Deutschland-Frankreich, 227ff.] ist nicht zu bezweifeln, dass Arnulf, von Bayern und Ostfranken erhoben [Liudprand, Antapod. II, 21], ein ostfränkisch-deutsches, und nicht ein bayerisches Sonderkönigtum [so 52: K. REINDEL, Herzog Arnulf] angestrebt hat. Da über den Zeitpunkt seiner Erhebung nichts auszumachen ist, bleibt die Frage, wer von den beiden Rivalen der „Gegenkönig" des anderen gewesen ist, ohne Antwort. BRÜHL [24: 419ff.] hat allerdings eine Königserhebung Arnulfs ganz ins Reich der Fabel verwiesen und deutet Liudprands Bericht als Hinweis auf einen unausgeführten Plan.

Thronerhebung Ottos I.

Mit der Thronerhebung Otto I. konsolidiert sich die liudolfingische Dynastie; die Durchsetzung der Individualsukzession kennzeichnet den Sieg des Unteilbarkeitsprinzips, verfassungsgeschichtlich also einen Markstein im Übergang von der fränkischen zur deutschen Geschichte. Das ist nicht zuletzt die Leistung Heinrichs I. gewesen, der mit der Designation seines Sohnes die Weichen gestellt hat. Das Faktum

Designation Ottos

der Designation ist unbestritten, aber der Zeitpunkt ist unsicher; denn die Bezeichnung Ottos als *iam olim designatus* (schon längst? schon vorher, früher?) durch Widukind [II, 1] stimmt nicht so ohne weiteres mit der anderen Angabe einer Designation kurz vor Heinrichs Tod wohl in Erfurt [I, 41] überein. K. SCHMID schien dem Problem eine einleuchtende Lösung gegeben zu haben, als er einen zu 929 zu datierenden Eintrag der königlichen Familie in das Gebetsverbrüderungsbuch der Reichenau, in dem Otto mit dem Königstitel erscheint, mit der in der Wittumszuweisung Heinrichs vom 16. September 929 [D. H. I. 20]

Hausordnung von 929

greifbar werdenden Hausordnung in Zusammenhang brachte und als Beleg für eine jetzt vorgenommene rechtsverbindliche Nominierung Ottos zum Nachfolger deutete. Die Heirat des Königsohnes mit Edgitha um diese Zeit und eine Art Umritt könnten diese Interpretation stützen [63: Neue Quellen; 389ff.; 62: Thronfolge Ottos], zumal E. HLAWITSCHKA die Notiz der Lausanner Annalen zu 930: *Otto rex benedictus fuit in*

Maguncia [MG SS XXIV, 780] im Sinne der These SCHMIDS als Zustimmungsakt der Großen erklären zu können glaubte [58: Lausanner Annalen]. Eine Frühdatierung der Designation ist für sich genommen wenig aufregend; sie gewinnt aber für das Gesamturteil über die Regierung Heinrichs I. größere Bedeutung, da sie eine frühe Konsolidierung der Herrschaft belegen könnte.

Nun hat H. HOFFMANN die Tragfähigkeit der Argumente SCHMIDS mit gewichtigen Gründen angezweifelt, dem *rex*-Eintrag in der Reichenauer Gebetsverbrüderung rechtsverbindlichen Charakter abgesprochen und das *olim* wohl richtig als Bezugnahme auf den vorherigen Hinweis auf die Designation in Widukind I, 41 verstanden. Eine zweifache Designation, 929 und 936, wäre im Übrigen unverständlich und müsste eigens erklärt werden [59: Geschichte Ottos]. So wird man davon ausgehen können, dass Heinrich I. den Sohn kurz vor seinem Tode designiert hat [dagegen wieder 19: G. ALTHOFF/H. KELLER, Heinrich I., 103ff.; vgl. auch 57: W. GIESE, Designationen]. Diese Maßnahme ist sicher von langer Hand geplant gewesen; dass für eine breite Öffentlichkeit keine Zweifel an der Nachfolge Ottos bestand, hat sich u. a. auch im Königseintrag der Reichenau niedergeschlagen. HLAWITSCHKA tut sich schwer mit der Interpretation der Lausanner Notiz; sein Vorschlag, *benedicere* mit „gutheißen" zu übersetzen und als feierlichen Zustimmungsakt der Fürsten zu verstehen, ist nicht akzeptabel. Der Annalist hat sich offenkundig hier wie auch bei mehreren anderen Nachrichten einfach geirrt.

Anlass zur Diskussion hat auch Widukinds Bericht über eine Wahl des „Volkes der Franken und Sachsen" an einem unbekannten Ort gegeben, wo dann eine „allgemeine Wahl" (*universalis electio*) nach Aachen anberaumt worden sei [II, 1; 39: M. LINTZEL, Miszellen, 378ff.]. Wiederum löst sich das Problem leicht, wenn man den Bericht nicht wie ein Wahlprotokoll liest, sondern im Sinne der „fortgesetzten Wahl" an erste Anerkennungs-, Huldigungsakte, vielleicht in Memleben oder Quedlinburg, denkt. Trotz Widukinds Bemühen, Ottos Thronerhebung als völlig problemlos darzustellen, hat die Forschung schon für 936 einen Dissens zwischen dem Nachfolger und seinem jüngeren Bruder Heinrich nachweisen können. MITTEIS geht sogar so weit, an eine echte „Auswahl" zu denken und damit die Rolle der Fürsten gegenüber dem designierenden Vater stark zu betonen [33: Krise, 272f.]. Die rechtliche Begründung für Heinrichs Anspruch, die in der Vita Mathildis posterior (c. 6, MG SS IV, 287 u. c. 9, 289) von der Tatsache abgeleitet wird, dass er in der Königszeit seines Vaters geboren (*in aula regali natus*) sei, sucht LINTZEL gegen MITTEIS und OHNSORGE [242: Zweikaiserproblem, 49] nicht

Wahl am unbekannten Ort – Wahl in Aachen

Ansprüche des jüngeren Heinrich

„*in aula regali natus*"

als Übernahme der im byzantinischen Staatsrecht vorhandenen Vorstellung vom Porphyrogennetos (das ist der im Kaisersaal, in der Porphyra, Geborene) zu interpretieren, sondern aus einheimischen Königsheilvorstellungen zu erklären [39: 276ff.]

Das Prinzip der Erblichkeit: Diskussion um D.O.I. 1

Es geht bei diesen Diskussionen letztlich vor allem um die Verschränkung von erbrechtlichen Elementen und Wahl in der Thronfolge. In diesem Zusammenhang hat nun das D.O.I. 1 vom 13. September 936, durch das der neue König die Rechtsstellung des Kanonissenstifts Quedlinburg regelte, besondere Bedeutung gewonnen. Hier heißt es, dass das Mitglied der ottonischen Familie/Dynastie (*generatio*), das die Königswürde innehabe, auch die Verfügungs- und Schutzgewalt über Quedlinburg ausüben solle (womit dieses also als Reichsstift definiert wird); wenn aber ein anderer aus dem Volk zum König gewählt werde, dann solle Quedlinburg Reichsstift bleiben, dem Mächtigsten der ottonischen Sippe (*cognatio*) aber die Vogtei vorbehalten werden. LINTZEL hat dieses Diplom bereits als Beleg für seine Betonung des Wahlprinzips gegen RÖRIG angeführt [39: 375]. SCHMID hat, von der Gleichsetzung von *generatio* mit agnatischer und *cognatio* mit Verwandtschaft von der Frauenseite her ausgehend, dem Text eine völlig neue Deutung gegeben, die im D.O.I. 1 gerade die Dominanz erbrechtlicher Anschauungen widergespiegelt sieht, insofern Otto eine Wahl nur dann für möglich halte, wenn die liudolfingische Dynastie im Mannesstamm (=*generatio*) erloschen sei [vgl. auch 60: H. JAKOBS, Thronfolgerecht, 515ff.]. Gegen SCHMID hat jedoch HOFFMANN nachweisen können, dass die Begriffe *generatio* und *cognatio* nicht eindeutig rechtliche Unterschiede kennzeichnen, sondern synonym verwandt werden können, und damit die weitgehenden Schlussfolgerungen in Frage gestellt [59: 28ff.; 69: W. SCHLESINGER, Erbfolge, 238ff.]. Es sieht also eher so aus, dass Otto tatsächlich zunächst noch mit der Möglichkeit einer Abwahl seiner Dynastie gerechnet hat [17: BEUMANN, Ottonen, 56], doch ist die Diskussion noch nicht abgeschlossen, da HLAWITSCHKA [30: Thronwechsel, 17ff.] und KELLER [67: 125 Anm. 15] den Gedanken von SCHMID erneut aufgenommen haben; KELLER bringt die *generatio* als „unmittelbare Erbenfolge" mit der *paterna successio* des Krönungsordo (s. u.) in Zusammenhang.

Designation und Mitregentschaft

Die Designation Liudolfs 946 und das Mitkönigtum Ottos II. – seit 967 Mitkaisertum – und Ottos III. kennzeichnen die Stärke dynastisch-erbrechtlicher Gedanken. Für die Herkunft des Verfassungsinstituts der Mitregentschaft verwies W. OHNSORGE auf das byzantinische Vorbild [61: Mitregentschaft]; zu denken ist freilich auch an die karolingische Tradition des Unterkönigtums und Mitkaisertums der Söhne. Jedenfalls

1. Die Thronerhebung des deutschen Königs

ließ sich über das Mitkönigtum, also gleichsam via facti, auf die Dauer die Erblichkeit der Königswürde in der Dynastie durchsetzen, da die Wahl immer mehr an Bedeutung verlieren musste – im Ansatz also eine Entwicklung, die von gleichen Voraussetzungen her in Frankreich zur Erbmonarchie führte.

Die Teilnahme von italischen Großen an der Wahl Ottos III. in Verona und des Erzbischofs Johann von Ravenna an seiner Krönung in Aachen kennzeichnen den Versuch, die zwischen dem *regnum Teutonicum* und dem *regnum Italiae* bestehende Personalunion zur Realunion umzugestalten. Wieviel daran weitschauende Konzeption Ottos II. war, lässt sich nicht sagen, da die politischen Rahmenbedingungen durch seinen frühen Tod schnell verändert wurden. Die Idee der Ausweitung des Wahlrechts über die deutschen Stämme hinaus hat Wipo in seinem Wahlbericht zu 1024 noch einmal aufgegriffen, und er ist dabei über Italien sogar noch hinausgegangen – aber eine solche Konzeption der Integration blieb die Wunschvorstellung eines Außenseiters [73: H. BEUMANN, Imperium].

Ausweitung des Wahlrechts über die deutschen Stämme hinaus

Inzwischen ist die Thronerhebung Heinrichs II. in den Mittelpunkt des wissenschaftlichen Interesses gerückt [70: R. SCHNEIDER], und dies nicht nur, weil Thietmars Darstellung als der „weitaus beste Bericht" gilt, den „wir über eine deutsche Königswahl bis zum Investiturstreit besitzen" [49: M. LINTZEL, Königswahlen, 211], sondern weil sich hier das zentrale Problem des Verhältnisses von Erbprinzip und Wahlrecht in seiner schärfsten Form darstellt, da nach dem plötzlichen Tode Ottos III. die direkte Ottonenlinie abgebrochen war und mehrere Kandidaten zur Auswahl standen: neben dem Liudolfinger Heinrich von Bayern in erster Linie Ekkehard von Meißen und Hermann von Schwaben, nachdem Heinrich den vom Verwandtschaftsgrad her dem verstorbenen Kaiser – allerdings in weiblicher Linie – näherstehenden Otto von Kärnten zum Verzicht hatte bewegen können und der Kandidatur des Ekkehardingers Brun [dazu 64: FINCKENSTEIN] keine größere Bedeutung zukam.

Thronerhebung Heinrichs II. 1002

Die entgegengesetzten Positionen werden eingenommen von SCHLESINGER, der die Dominanz der Wahl bis hin zu der Konsequenz, dass das Deutsche Reich des Mittelalters ein Wahlreich gewesen sei, betont [69: Erbfolge], und HLAWITSCHKA, der die These vom Überwiegen geblüts-/erbrechtlicher Vorstellungen vertritt und Wahl interpretiert als Auswahl lediglich aus der Königsverwandtschaft [66: Ekkehard; 65: Thronkandidaturen; 30: Thronwechsel, 11ff.]. Nun ist in den Quellen eindeutig sowohl von Wahl als auch von Erbrecht die Rede, und Heinrich II. selbst hat in der programmatischen Äußerung seines Diploms vom 15.1. 1003 für Straßburg [D. H. II. 34] beide Prinzipien

Diskussion um die Thronkandidaten

Erbrecht und Idoneitätsprinzip

kunstvoll miteinander verknüpft (*concors populorum et principum electio – hereditaria successio*). Aber es kann kein Zweifel bestehen, dass der Liudolfinger in erbrechtlichen Kategorien dachte, während eine starke Fürstengruppe, die Gunst der Stunde nutzend, ihr Wahlrecht wieder stärker zum Zuge bringen wollte [Thietmar IV, 50; V, 3] und sich dabei auf das Idoneitätsprinzip berief [Thietmar IV, 54; vgl. 67: H. KELLER, Schwäbische Herzöge, 133ff.]. SCHLESINGER sucht seine Auffassung durch eine eingehende Untersuchung der Anerkennung Heinrichs durch die Sachsen in Merseburg zu stützen [68: Nachwahl], die er als eine „vollständige Königserhebung", einen rein weltlichen Akt, bei dem die Hl. Lanze als Investitursymbol verwandt wurde, interpretiert. Die Sachsen hätten damit ihren Anspruch geltend gemacht, das Königtum zu vergeben. Die Ausführungen wirken zum Teil überspitzt. Die Merseburger Ereignisse sind doch eher als Anerkennungsakt im Sinne der „fortgesetzten Wahl" zu verstehen und damit den von Heinrich auf seinem Umritt eingeholten Huldigungen der Thüringer und Lothringer vergleichbar. Natürlich hatten die Sachsen 1002 ein besonderes Interesse, ihre Rechtsstellung zu betonen, besonders wenn die Angabe der Annales Quedlinburgenses richtig sein sollte, dass sie durch die Mainzer Thronerhebung überspielt worden seien [MG SS III, 78]. Die politische Lage gab ihnen die Möglichkeit, von Heinrich eine Wahlzusage – die Bestätigung ihres Rechtes – einzufordern und das Zugeständnis eines besonderen Erhebungsaktes zu erlangen [17: BEUMANN, Ottonen, 159]; aber es kann kein Zweifel daran bestehen, dass der Liudolfinger bereits König war, als er nach Merseburg kam.

HLAWITSCHKA hat aus den Quellen [Thietmar V, 3 und D. H. II. 34] herausgelesen, dass sich nach der Rechtsauffassung der fürstlichen Wähler und Heinrichs selbst der Erbanspruch Heinrichs nur graduell von dem seiner beiden Hauptrivalen, die sich als entferntere Königsverwandte ebenfalls auf das Erbrecht hätten berufen können, unterschieden habe. In subtilen genealogischen Untersuchungen hat er diese Liudolfinger-Herkunft Ekkehards und Hermanns nachzuweisen versucht. Die Kritik ist ihm hier nicht immer gefolgt [G. ALTHOFF in: ZfGO 137 (1989) 453ff.], und in der Tat wirkt vieles an seiner Argumentation konstruiert und überspitzt. Von einem anderen genealogischen Ansatz her ist jedoch A. WOLF [71] zu dem gleichen Ergebnis gelangt, das er zu der grundsätzlichen These ausweitet, dass Könige und Königskandidaten überhaupt nur aus dem „Kreise der Nachkommen Heinrichs I. als Dynastiegründer" stammen konnten [vgl. auch 28: FAUSSNER]. Dagegen ist allerdings einzuwenden, dass keine zeitgenössische Quelle das Abstammungsargument für Heinrichs Mitbewerber geltend gemacht hat.

1. Die Thronerhebung des deutschen Königs

Das Geschehen stellt sich also eher so dar, dass mit dem Erbanspruch des Liudolfingers, der Unterstützung findet, die von einer bedeutenden Fürstengruppe vertretenen Vorstellungen von der Regelung der Thronfolge durch freie Wahl konkurrieren. Wie stark diese Auffassungen waren, wird auch daran deutlich, dass Heinrich sich energisch um die Durchsetzung seines Anspruches hat bemühen [Vita Burchardi c. 9, MG SS IV, 836] und zu Wahlversprechungen bereitfinden müssen [29: S. HAIDER, Wahlversprechungen, 16ff.]. Zeitweise war sogar die Einheit des Reiches in Gefahr. Das D. H. II. 34 spiegelt diese Problematik exakt wider. Der Erfolg Heinrichs ist letztlich aber auch das Ergebnis einer konsequent das Erbprinzip stärkenden Thronfolgepolitik seiner Vorgänger.

Die Thronerhebung Konrads II. hat die Königswahlforschung nicht mehr in dem Maße beschäftigt wie die Heinrichs II., obwohl die dynastische Kontinuität erneut abbrach und sich daher ähnliche Probleme wie 1002 stellten [76: M. LINTZEL; 18: E. BOSHOF, Salier, 33ff.; 30: E. HLAWITSCHKA, Thronwechsel, 79ff.]. Aber der glanzvolle Erfolg Konrads hat das Bild entscheidend geprägt. Danach haben den Ausschlag erbrechtliche Vorstellungen gegeben, denn was sonst hob die beiden Salier aus der großen Zahl der Fürsten heraus. Selbst M. LINTZEL, der die spärlichen Quellenhinweise auf Auswahl aus mehreren Kandidaten besonders vermerkt, schließt sich letztendlich dieser vorherrschenden Meinung an. Freilich hat nur Bern von Reichenau Konrads Verwandtschaft mit den Ottonen hervorgehoben [Briefe, ed. F.-J. SCHMALE, 1961, 56 Nr. 26]. Wipo geht darauf gar nicht ein; die meisten Berichterstatter begnügen sich mit der Feststellung, dass Konrad königlichen Geblüts gewesen sei. Die Diskussion der Forschung hat sich etwa auf die Frage nach dem Wert der Darstellung Wipos und den Gründen für seine so starke Betonung des Wahlgedankens verlagert. SCHRAMM hat die Zuverlässigkeit des Berichtes ganz in Frage gestellt [14: III, 124]; BORNSCHEUER sucht – BEUMANNS Urteil [73: 175ff.], dass Wipo eine *electio idonea* habe schildern wollen, aufgreifend – die Darstellung aus der verfassungsgeschichtlichen Diskussion herauszulösen und unter herrschaftstheologischen Gesichtspunkten zu deuten [254: 183ff.]; für KELLER [67] schließlich repräsentieren Wipos auf die politische Situation des Jahres 1046 bezogenen Reflexionen über Gesamtverantwortung der Großen und Idoneität des zu Wählenden eine wichtige Etappe in der Entwicklung eines neuen Wahlverständnisses, die 1002 einsetzt und 1077 auf einen Höhepunkt gelangt.

Thronerhebung Konrads II. 1024

Für unsere Betrachtungen, die von der MITTEIS-RÖRIG-Kontroverse ausgegangen sind, schließt sich damit der Kreis. Der fürstliche

Gegenangriff von 1077 auf die salische Designationspraxis hatte sich schon früher vorbereitet. Zwar hatte Heinrich III. die Thronfolge seines Sohnes durchsetzen können, aber er hatte dazu mehrerer Zustimmungsakte und schließlich sogar der Hilfe des Papstes Viktor II. bedurft [75: H. GERICKE; 72: W. BERGES]. Bei der Triburer Wahl im November 1053 hatten die Fürsten den Vorbehalt gemacht, dass man dem künftigen König gehorchen werde, wenn er sich als gerechter Herrscher erweise [Hermann, Chronicon, MG SS V, 132f.]. Ein bisher einmaliger Vorgang in der Geschichte der deutschen Königswahl! Die Forchheimer Kurbedingung, die die Forchheimer Wähler Rudolf von Rheinfelden stellten, ging noch weiter: Künftig sollte das Volk in jedem Falle, auch wenn der Herrscher einen regierungsfähigen Sohn hatte, sein Wahlrecht ausüben können. Als Auswahlkriterium hatte dabei der Grundsatz der Idoneität zu gelten. Mit der Durchsetzung des Prinzips der völlig freien Wahl hat die Fürstenopposition auch die Designationspraxis, die in letzter Konsequenz auf die Verwirklichung des Erbgedankens hinauslief, verworfen. Rudolf, der, wie E. HLAWITSCHKA nachgewiesen hat [80], keineswegs ein *homo novus* war, hat ausdrücklich auf die Designation seines Sohnes als Nachfolger verzichtet [vgl. auch 79: H. BRUNS, Gegenkönigtum].

Für SCHLESINGER stellen, anders als für RÖRIG, KERN [31: 60], BRUNS [79: 60f.], die Forchheimer Forderungen nichts prinzipiell Neues dar, da die Wahl in seiner Sicht immer schon der entscheidende Bestandteil der Thronerhebung war [81: Wahl Rudolfs]. Sieht man aber die Auseinandersetzung um Erbrecht und Wahlrecht als einen Teil des Ringens zwischen Königtum und Fürsten um die Gestaltung des Staates, dann war Forchheim zwar nicht Umbruch – schon Heinrich IV. selbst hat seinen beiden Söhnen nacheinander die Thronfolge sichern können –, aber in der dezidierten Propagierung des fürstlichen Wahlrechts doch ein Markstein in der Verfassungsentwicklung des Reiches. Dabei handelt es sich wohl nicht so sehr um die Durchsetzung eines neuen Wahlverständnisses [so 67: KELLER], als vielmehr um die fortschreitende Klärung der jeweiligen – hier königlichen, dort fürstlichen – Positionen, bei der die machtpolitische Situation eine wesentliche Rolle spielte und zugleich die geistesgeschichtliche Entwicklung, also 1077 die in der Reformkirche kraftvoll zum Zuge kommende *libertas*-Idee, ihre Wirkung tat. Die Ereignisse von 1076/1077 haben auch dem Papste Gregor VII. den Anlass geboten, erstmals Ansprüche auf ein Mitspracherecht bei der deutschen Königswahl zu erheben. Im Ansatz wird der päpstliche Approbationsanspruch erkennbar – ein Thema, dessen Sprengkraft sich erst in Zukunft erweisen sollte [83: D. UNVERHAU, Approbatio, 63ff.].

1.4 Die Einzelakte (II): Krönung – Thronsetzung – Herrscherweihe – Krönungsmahl – Umritt

Nach dem historischen Überblick über die Wahlen ist nun die systematische Erörterung der Einzelakte fortzusetzen. Die Nachrichten über die Thronerhebungen der ostfränkischen Karolinger sind dürftig; die Ausgestaltung des Zeremoniells hat sich wesentlich im Westfrankenreich – vielleicht unter angelsächsischem Einfluss [vgl. 103: J. NELSON, passim] – vollzogen, wobei Salbung und Krönung als Hauptelemente miteinander verknüpft wurden [110: P. E. SCHRAMM, 16ff.; 89: C. BRÜHL, Krönungsbrauch, 409 Nr. 13; vgl. auch die westfränkischen Ordines = 88: C. A. BOUMAN, Sacring, 165f.]. Nach diesem Vorbild hat der Erzbischof Heriger von Mainz Heinrich I. 919 Salbung und Krönung, *unctio cum diademate* [Widukind I, 26], angeboten. Bekanntlich hat der Liudolfinger die Salbung abgelehnt; aber es ist nicht anzunehmen, dass er auf das Tragen der Krone bei dem feierlichen Erhebungsakt verzichtet hat, so dass eine weltliche Krönung in irgendeiner Form (Selbstkrönung?) wohl in Verbindung mit einer Thronsetzung stattgefunden haben dürfte [111: SCHRAMM, Krönung, 303f.; 89: BRÜHL, 389 Anm. 1].

Ausgestaltung des Zeremoniells: Krönung

Eine Erstkrönung ist im ostfränkischen Reich zum ersten Male für Ludwig das Kind belegt [89: BRÜHL, 412 Nr. 44], aber es ist – auch wenn die Quellenlage sehr problematisch ist – C. BRÜHL [89 u. 90] zuzustimmen, dass der Krönungsbrauch nicht erst jetzt eingeführt worden sein dürfte, sondern gesamtfränkische Tradition ist, die möglicherweise schon auf Pippins Erhebung von 751/754 zurückzuführen ist. Dazu gehören auch der Brauch des „Unter-Krone-Gehen" und die Festkrönung, zwei Formen herrscherlicher Selbstdarstellung, die nicht immer scharf voneinander zu trennen sind, sich aber wohl dadurch unterscheiden lassen, dass zur Festkrönung ein liturgisches Zeremoniell gehört [90: C. BRÜHL, Kronenbrauch, 418ff.; vgl. auch 97: K.-U. JÄSCHKE]. In ottonischer Zeit hat sich für die Hochfeste ein Festkrönungsbrauch ausgebildet, der das Itinerar des Herrschers durch die Berücksichtigung bestimmter Pfalzen oder Bischofssitze an diesen Tagen stark beeinflusste [99: H. W. KLEWITZ]. Zu Recht stellt KLEWITZ das Aufkommen dieses Brauches in den Gesamtzusammenhang der „Vergeistlichung des Königtums".

„Unter-Krone-Gehen" und Festkrönung

Die bei Widukind von Korvey [II, 1] ausführlich geschilderte Thronerhebung Ottos I. zu Aachen am 7. August 936 verknüpft

II. Grundprobleme und Tendenzen der Forschung

Thronsetzung

weltliche und kirchliche Akte miteinander [111: SCHRAMM, Krönung, 39ff.]. Im Atrium vor dem Münster fand eine weltliche Thronsetzung durch die Fürsten statt, die von einer vasallitischen Huldigung begleitet war. Von einer Krönung ist nicht die Rede; sie war in die kirchliche Handlung verlegt worden und wurde im Rahmen der Herrscherweihe durch die Geistlichkeit vorgenommen. Eine eigene Tradition der Thronerhebung konnte sich im liudolfingischen Ostfranken-Deutschland noch nicht ausgebildet haben; das Zeremoniell war also zwischen den Beteiligten abgesprochen worden und beruhte offenkundig auf einem Kompromiss zwischen den weltlichen Großen und dem Klerus, ohne dass man an einen vorausgegangenen Konflikt [so SCHRAMM, ebd., 52] denken müsste. Damit war aber auch über den künftigen Ort der Krönung entschieden: Eine weltliche gab es nun nicht mehr; der Mainzer Krönungsordo (s. u.) ordnet sie hinter der Salbung am Ende der Insignienübergabe, also an herausragender Stelle, ein [274: C. VOGEL/R. ELZE, 257].

Ablehnung der Salbung durch Heinrich I.

Die Ablehnung der Salbung durch Heinrich I. hat nicht erst in der modernen Forschung Diskussionen ausgelöst und unterschiedliche Interpretationsversuche provoziert. Bereits Widukind zeigt sich bemüht, dem Ereignis eine unverfängliche, moralisierende Deutung zu geben, indem er den König selbst seine Entscheidung mit seiner Demut begründen und diese obendrein vom Volk – in einer nicht besonders geschickten Umdeutung der Akklamation – bejubeln lässt. Die etwa zwei Jahrzehnte später von dem Augsburger Kleriker Gerhard abgefasste Vita S. Oudalrici steigert die in Kreisen der Geistlichkeit offenbar vorhandene Missstimmung zu deutlicher Kritik, wenn sie Heinrichs der kirchlichen Weihe entbehrendes Königtum mit einem Schwert ohne Griff vergleicht [c. 3, MG SS IV, 389]. Freilich sind das schon Stellungnahmen aus späterer Sicht, die durch die Erfahrung des Neuansatzes von 936 bestimmt sind. Auch die moderne Forschung hat die Erklärung noch auf ideologischem Felde gesucht. C. ERDMANN [92] deutete die Zurückweisung des Angebotes Herigers als die klare Ablehnung der fränkisch-karolingischen Herrschaftstradi-

Entscheidung für das Heerkönigtum?

tion und eine bewusste Entscheidung für das Heerkönigtum anstelle des in der Salbung manifestierten Priesterkönigtums [vgl. auch 101: M. LINTZEL, Heinrich I., 598]; H. BEUMANN [249: Widukind, 243] macht germanische Heilsvorstellungen verantwortlich als retardierendes Moment für die Verkirchlichung des Thronerhebungsaktes. ERDMANN wies aber zugleich auf, dass der Liudolfinger bei dieser Haltung nicht geblieben und mit dem nicht mehr ausgeführten Plan eines Romzuges zur Einholung der Salbung in die Bahnen einer spe-

1. Die Thronerhebung des deutschen Königs

zifisch frühkarolingischen und ostfränkischen Tradition eingeschwenkt sei, nach der die Königsweihe dem Papst vorbehalten bleiben sollte. ERDMANNS These enthält darüber hinaus die politische Komponente, die bereits G. WAITZ als Erklärung vorgetragen hatte [Jbb. Heinrichs I., Leipzig 1885, 40]: dass nämlich der Salbungsverzicht auch die entschiedene Abkehr von der auf die Anlehnung an den Episkopat bestimmten Herrschaftspraxis Konrads I. dokumentieren sollte. Das politische Deutungsmuster bestimmt die Forschung im Wesentlichen bis heute [H. HEIMPEL in: 5: 35ff.; 111: SCHRAMM, Krönung, 302; 101: LINTZEL, Heinrich I., 598ff.; 17: BEUMANN, Ottonen, 32ff.], wobei zunehmend das Verhältnis des Liudolfingers zu den Fürsten in den Blickpunkt gerückt ist. Ob die These, dass er die Beziehungen zu ihnen in Form von Freundschaftsbündnissen (*amicitiae*) geregelt habe [19: ALTHOFF/KELLER], unbedingt haltbar ist, wird die weitere Forschung erweisen müssen; sicherlich überzogen ist die Auffassung, dass Heinrich bewusst auf „die höchste Stufe von Herrschaft", auf ein „vollgültiges Königtum" verzichtet habe, um Arnulf von Bayern und Eberhard von Franken zur Preisgabe ihrer auf die Königsherrschaft abzielenden Ambitionen zu bewegen [98: E. KARPF, Königserhebung, 4 u. 6f.]. Wer den kritischen Stimmen zum Verzicht Heinrichs auf die Salbung so starkes Gewicht beimisst, hat zu beachten, dass sie bereits einen Widerhall der fortschreitenden Verkirchlichung des Thronerhebungsaktes darstellen. Aus der Sicht des Jahres 919 dürfte die Entscheidung Heinrichs viel von ihrer angeblichen programmatischen Bedeutung verlieren. Zu fragen ist nämlich nach der Salbungstradition im ostfränkischen Reich [89: BRÜHL, Krönungsbrauch, 388ff.]. Sicher belegt ist eine Salbung nur für Konrad I. [neuerdings skeptisch 24: BRÜHL, 404]; sie konnte also beim Regierungswechsel von 919 noch nicht feste Norm sein. Die Salbung Zwentibolds zum König von Lotharingien 895 [89: BRÜHL, 412 Nr. 42] steht in anderer, nämlich lotharingisch-westfränkischer Tradition. ERDMANNS These, dass die Salbung der ostfränkischen Herrscher dem Papst vorbehalten geblieben sei, ist ohne Zweifel ebenso verfehlt wie LINTZELS Auffassung [101: 603ff.], dass Heinrich aus einem spezifisch sächsischen Stammesbewusstsein heraus der fränkisch-kirchlichen Tradition ablehnend gegenübergestanden habe. BÜTTNERS [91: 147 Anm. 95] Erklärung aus territorialpolitischen Rivalitäten mit Heriger von Mainz erfasst, wenn überhaupt, einen eher nebensächlichen Aspekt. Auch H. FUHRMANNS Überlegung [95: Hohenaltheim, 464f.], dass Heinrich durch seinen Verzicht eine von manchen Bischöfen im Sinne der Synode von Hohenaltheim vertretene Auffassung von einem bestimmenden Einfluss des Papstes auf das ostfränkisch-deutsche

Rücksichtnahme auf die weltlichen Fürsten

Freundschaftsbündnisse?

Salbungstradition im Ostfränkischen Reich?

Territorialpolitische Rivalität mit dem Mainzer Erzbischof?

Zurückweisung päpstlicher Einflussnahme?

Königtum habe zurückweisen wollen, erscheint zu weit hergeholt. Die Regierung des Liudolfingers ist weniger von programmatischen Erwägungen, als vielmehr von pragmatischem Handeln bestimmt. Bei der Thronerhebung wählte er eine Form, die im Ostfrankenreich eine lange Tradition hatte; im Verhältnis zu den Fürsten baute er die königliche Herrschaft nach den ihm gegebenen Möglichkeiten allmählich aus, wobei er aus dem Scheitern seines Vorgängers seine Lehren zog, und als die sich ausweitenden Regierungsaufgaben eine umfangreichere Beurkundungstätigkeit erforderlich machten, wurde auch der Ausbau der Hofkapelle vorangetrieben [94: J. FLECKENSTEIN, Hofkapelle, 3ff.].

Verkirchlichung der Thronerhebung – Sakralisierung der Herrscheridee

Mit dem Aachener Staatsakt vom August 936 tritt die Verkirchlichung der Thronerhebung und damit auch die Sakralisierung der Herrscheridee im ostfränkisch-deutschen Reich in eine entscheidende Phase; nun ist der Anschluss an die westfränkische Tradition vollzogen. Was von weltlichen Elementen zunächst noch beibehalten worden ist – also vor allem der bereits für die merowingische Zeit bezeugte Brauch der Thronsetzung – fällt in der Folgezeit fort, wird gleichsam aufgesogen von der kirchlichen Thronsetzung, der eine besondere Würde

Der Thron Karls des Großen

zukam, da der gesalbte und gekrönte Herrscher auf dem Stuhl Karls des Großen, dem von Wipo so bezeichneten Erzstuhl des ganzen Reiches [c. 6: *totius regni archisolium*], Platz nahm. Der Thron erhält damit wie die Reichsinsignien die Bedeutung eines Legitimationsmittels [285: E. BOSHOF, Aachen]. Die Inthronisation vor der Krönung hat O. OPPERMANN [105] noch für eine Anzahl weiterer Thronerhebungen der liudolfingisch-salischen Zeit nachweisen wollen und als Ausdruck einer spezifisch fränkischen Staatsidee verstanden, die die Unabhängigkeit der Königsherrschaft gegenüber kirchlichen Einflüssen zu behaupten versuchte – eine These, die keine wirkliche Quellengrundlage hat und bereits von U. STUTZ [113: 263ff.] zurückgewiesen worden ist. Die Tradition des Karlsthrones wird schon in einem Diplom Ottos III. für die Aachener Kirche vom 6. Februar 1000 [D. O. III. 347] greifbar. Dass damit aber bereits der Steinthron der Oberkirche der Pfalzkapelle gemeint war, wie P. E. SCHRAMM annimmt [304: I, 336ff.], ist nicht unbestritten geblieben. H. BEUMANN verbindet diese Tradition zunächst mit einer Thronanlage im Atrium der Pfalzkapelle – eben der, wo 936 und auch noch für Heinrich II. und Konrad II., die ja nicht in Aachen die Herrscherweihe empfingen, weltliche Thronsetzungen stattfanden, – und vertritt die Auffassung, dass der im Obergeschoss der Pfalzkapelle angebrachte (oder vielleicht auch dorthin übertragene) Thron die Karlstradition erst später – spätestens mit Friedrich Barbarossa – an sich gezogen habe [85: Grab u. Thron, 363ff.].

1. Die Thronerhebung des deutschen Königs

In die fränkische Königssalbung sind verschiedene Traditionen eingegangen: das Vorbild alttestamentlicher Königs- und Priestersalbungen, Taufritual und postbaptismale Salbungen, die Vorstellung vom Königspriestertum Christi und westgotisches Vorbild. Die Bischofssalbung ist dagegen erst nach Einführung der Herrscherweihe und unter deren Einfluss üblich geworden; in der Ausgestaltung des Rituals aber haben beide Formen der Weihe aufeinander gewirkt [zur Forschungslage vgl. 102: E. MÜLLER, Anfänge; 100: R. KOTTJE, Altes Testament, 94ff.; 84: A. ANGENENDT, Rex et sacerdos; 106: J. PRELOG, Weihesalbungen; 103: J. NELSON, Synods]. Der Mainzer Krönungsordo weist deutliche Analogien zur Bischofsweihe auf [111: SCHRAMM, Krönung, 71ff.; 88: BOUMAN passim, insbesondere 150], die in späteren Redaktionen teilweise noch verstärkt wurden; das dürfte zum einen technisch-redaktionelle Gründe haben, es bedeutet aber darüber hinaus Angleichung in einem religiös-geistigen Sinne. Unter diesem Aspekt könnten dann auch die Unterschiede stärker ins Gewicht fallen, vor allem der, dass der Bischof mit dem wertvolleren Chrisma, der König aber mit dem Katechumenenöl (*oleum sanctificatum*) gesalbt wurde. Freilich widerspräche es völlig der der ottonisch-frühsalischen Zeit eigenen Hochschätzung königlicher Herrschaft, wenn man hier an eine bewusste Abwertung der Königsweihe denken würde [93: C. ERDMANN, Kaiserkrönung, 71]; in der Sache selbst waren allerdings für die königliche Würde negative Konsequenzen zumindest angelegt, und eine spätere Zeit hat diese Konsequenzen auch gezogen [111: SCHRAMM, Krönung, 75].

Der Mainzer Ordo [c. 16 u. 18] versteht die Salbung als die Vermittlung der Gnade des Heiligen Geistes, die den zu Weihenden das Böse meiden und das Gute verwirklichen lässt und schließlich zur Mitherrschaft mit Christus im Himmel führen wird, und für Wipo macht die Weihe aus dem Herrscher einen neuen Menschen, der teilhat am göttlichen Wirken [c. 3]. Hier wird ihr Charakter als Übergangsritus deutlich artikuliert; solange die Sakramentenlehre der Kirche nicht endgültig formuliert war, konnte auch die Herrscherweihe als Sakrament gelten [vgl. 104: P. OPPENHEIM, Herrscherweihe, 44f.; 31: F. KERN, Gottesgnadentum, 78ff.], das den Geweihten aus der Masse der Laien heraushob und mit einer besonderen Würde ausstattete. In der erweiterten Rezension des Mainzer Ordo wird die Salbung zum konstitutiven Akt der Thronerhebung [c. 13 u. 15: *unguo te in regem...*]. Das ist natürlich die Sprache und Auffassung der Geistlichkeit [31: KERN, 84 u. 260f.], für die, wenn sie in der Tradition Hinkmars von Reims und des westfränkischen Episkopates dachte, der Salbung die entscheidende Be-

Die Salbung: Vorbilder und Traditionen

Verhältnis zur Bischofsweihe

Die Salbung im Mainzer Ordo

deutung bei der Herrscherweihe zukam, woraus sich gleichzeitig eine die Kontrollfunktion über den Herrscher begründende höhere Würde der Bischöfe ableiten ließ [102: MÜLLER, 318f.]. Wenn wir dagegen den Bericht, den Widukind von der Thronerhebung Ottos I. gibt, wörtlich nehmen, dann war zumindest damals noch die weltliche, mit der Huldigung verbundene Thronsetzung durch die Fürsten der eigentliche Konstitutivakt; denn der Mainzer Erzbischof stellt Otto der im Münster wartenden Volksmenge bereits als „von Gott erwählten, von Heinrich I. einst designierten und nun von edlen Fürsten zum König gemachten" Herrscher vor. Entsprechend hat U. STUTZ den zustimmenden Heilruf des Volkes als „rituelle Feststellungswahl" gedeutet [46: Mainz, 63; 112: Erzbischöfe, 59], doch birgt dieser Begriff die Gefahr in sich, den Rechtscharakter dieser Handlung allzusehr abzuschwächen. Die Akklamation durch das Volk hat sicher mehr als nur akzessorische Bedeutung; in der Sicht SCHRAMMS kommt ihr der Charakter des „Vollworts" (*collaudatio*; Vollbort) zu [111: 45ff.].

Mit der Thronerhebung Ottos war ein weiteres Problem akut geworden, dessen Lösung von erheblicher Bedeutung für die Reichsverfassung war: die Frage des Krönungsrechtes nämlich (mit dem letztlich auch das Problem des Erststimmrechts bei der Wahl verknüpft ist). Bei der kirchlichen Handlung hatte jeder der drei rheinischen Erzbischöfe das Recht, die Herrscherweihe vorzunehmen, für sich beansprucht. Ruotbert von Trier hatte dabei das hohe Alter und die angebliche apostolische Tradition seiner Kirche als Begründung angeführt, Wichfrid von Köln das kirchenrechtliche Argument vorgebracht, dass der Ort des Geschehens in seinem Sprengel liege. Beide überließen dann zwar Hildebert von Mainz den Vortritt, aber nicht aus rechtlichen Erwägungen, sondern wegen dessen persönlichen Ansehens. Der Kölner hat es dann wenigstens erreicht, bei dem Weiheakt mitwirken zu können; Ruotbert von Trier ist anscheinend ganz ausgeschaltet worden [Widukind I, 1]. Bei der Krönung Ottos II. 961 waren jedoch wiederum alle drei rheinischen Erzbischöfe beteiligt [Ruotger, Vita Brunonis c. 41]. In der Folgezeit entbrannte eine heftige Auseinandersetzung um die Spitzenstellung im deutschen Episkopat, die zugleich entscheidenden politischen Einfluss am Hofe und damit eine Führungsposition in der Reichspolitik bedeutete [86: E. BOSHOF, Spitzenstellung]. Dem durch päpstliche Privilegierung abgesicherten Trierer Primatsanspruch standen das gleichfalls auf päpstlicher Verleihung beruhende und zeitweise zum Primat umgedeutete Mainzer Vikariatsrecht und der Anspruch der Kirche des hl. Bonifatius, *metropolis Germaniae* zu sein, gegenüber [112: U. STUTZ, Erzbischöfe; 78: H. THOMAS, Siegfried

1. Die Thronerhebung des deutschen Königs

I., zuletzt F. STAAB in: 8: II, 31–77]. Aus den Auseinandersetzungen um die Führungsposition in der Hofkapelle, um Erzkapellanat und Erzkanzleramt, ging nach dem Tode Bruns von Köln 965 der Mainzer Erzbischof als Sieger hervor: Das Erzkapellanat blieb seitdem dauernd mit dem Mainzer Erzstuhl verbunden, und als dieses Erzamt bei der Neuordnung der Hofkapelle unter Heinrich III. abgeschafft wurde, rückte das Erzkanzleramt, das sich ebenfalls in der Hand des Mainzer Erzbischofs befand, in die Spitzenposition auf; von nun an führte der Mainzer Metropolit den Titel eines Erzkanzlers für Deutschland [94: J. FLECKENSTEIN, Hofkapelle, 20ff. u. 238ff.]. Erzkapellanat und Erzkanzleramt

Willigis von Mainz hatte sich 975 von Benedikt VII. die Führungsrolle im deutschen Episkopat bestätigen und bei dieser Gelegenheit ausdrücklich auch das Recht, den Herrscher zu weihen, verbriefen lassen [86: BOSHOF, Spitzenstellung, 33 mit Anm. 48]. Die freigebig erteilten Privilegien – vor allem die päpstlichen – waren jedoch zunächst lediglich Wechsel auf die Zukunft, die in der politischen Wirklichkeit erst noch einzulösen waren. Eine für die künftige Entwicklung wichtige Vorentscheidung fiel – den Zeitgenossen freilich zunächst noch nicht bewusst – beim Dynastiewechsel von 1024. In den Funktionen des Wahlleiters und Coronators hervortretend, repräsentierte Aribo von Mainz die weltlich-geistliche Spitze der Fürstenschaft des Reiches. Als er aber die Krönung Giselas ablehnte, zeigte sich der Kölner Metropolit Pilgrim weniger skrupulös: Er krönte die Gemahlin Konrads am 21. September 1024 in Köln, und er fungierte auch bei Heinrichs III. Krönung in Aachen Ostern 1028 als Coronator [46: U. STUTZ, Mainz, 26ff.]. Diese Ereignisse haben sowohl für das Kölner Krönungsrecht als auch für den Krönungsort Aachen traditionsbildende Bedeutung erlangt. Im Jahre 1054 vollzog Erzbischof Hermann von Köln wiederum in Aachen die Weihe an Heinrich IV., der Protest Siegfrieds von Mainz blieb ohne Erfolg [1: W. BÖHME Nr. 184]. Bereits zwei Jahre zuvor, am 7. Mai 1052, hatte der Papst Leo IX. dem Kölner Metropoliten in einem großen Privileg seine Rechtsstellung bestätigt: Dazu gehörte auch die Befugnis, in den Grenzen seiner Kirchenprovinz die Herrscherweihe vorzunehmen [vgl. 114: H. WOLTER, Privileg Leos IX., insbesondere 141ff.]. Eine konstitutive Bedeutung kam der päpstlichen Verfügung nicht zu, sie war aber geeignet, die kölnische Rechtsposition, die hier wie schon 936 von kanonischer Zuständigkeit her begründet wurde, zu untermauern, als die Krönung in Aachen zur Regel wurde. In der Rückschau erweisen sich also die Krönung von 1028 und das Privileg Leos IX. als die endgültige Entscheidung, die einschneidende Wende in dem langen Ringen der drei rheinischen Metropoliten um die Spitzenstellung im deutschen Episkopat. Mainz behielt den entscheidenden Einfluss bei der Wahl, Köln stand das Krönungsrecht zu; Trier blieb lediglich das Recht der Mitwirkung bei der Herrscherweihe – nach einer späteren Notiz der Marbacher Annalen das Recht der Inthronisation des neuen Königs [Ann. Marb. ad a. 1198, MG SS rer. Germ. 1907, 71f.; als glaubwürdig akzeptiert von M. LINTZEL, Kurfürstenkolleg in: 11: 451f.; skeptisch dagegen 42: U. REINHARDT, Geistlichkeit, 236].

Das Krönungsmahl
Der kirchliche Teil der Thronerhebung fand seinen Abschluss mit der Feier der heiligen Messe; dann begab sich der König mit seinem Gefolge zum Krönungsmahl in die Pfalz. Dass ein festliches Mahl zum Staatsakt gehörte, versteht sich von selbst: Es war Ausdruck sowohl der Hochstimmung und Freude wie auch der Zusammengehörigkeit, aber es war zugleich von seiner Tradition her Rechtsakt und tief in kultischen Zusammenhängen verwurzelt, wenn auch die ursprünglich im germanischen Rechtsdenken gegebene Verknüpfung der Thronsetzung als Bescheidung des Nachfolgers auf den Hochsitz mit dem Erbbier und Totenmahl [96: K. HAUCK, Rituelle Speisegemeinschaft, 620f.; 111: P. E. SCHRAMM, Krönung, 48f., 57; 14: II, 158] jetzt aufgelöst, ja vielleicht nicht einmal mehr bewusst war und diesem Teilakt neue Rechtsbedeutung zuwuchs. Nach Widukind leisteten die Herzöge als

Der Dienst der Herzöge
Träger der vier germanischen Hausämter ihren Dienst an der Tafel [II, 2] und brachten damit öffentlich ihre Bereitschaft, die mit der Huldigung übernommenen Verpflichtungen zu erfüllen, zum Ausdruck. Amts-, lehns- und gefolgschaftsrechtliche Elemente [dazu auch 41: J. O. PLASSMANN, Princeps, 50 u. 125] verbinden sich hier und geben der Zeremonie in einem staatssymbolischen Sinne den Charakter einer Bestätigung des Herrschaftsbeginns. Dass der Dienst der Herzöge in

Erzämter
der Geschichte der Erzämter und damit für die theoretische Begründung des Vorrechts der Kurfürsten eine wesentliche Rolle gespielt hat, kennzeichnet die zunehmend enge Verzahnung von Wahl und Krönung in der Geschichte der Thronerhebung [87: E. BOSHOF, Erstkurrecht].

Mit der Aachener Krönung war die Thronerhebung noch nicht endgültig abgeschlossen; zu dem sich stufenweise vollziehenden Akt gehörte auch die Herrschaftsübernahme in den Herzogtümern des Reiches, die den Anschluss und die Nachwahl durch die bisher noch Unbeteiligten oder Abseitsstehenden möglich machte. Wipo hat den

Der Umritt
Königsumritt Konrads, den *iter regis per regna*, nach der Wahl von Kamba und der Mainzer Krönung [c. 6] geschildert und der Forschung damit den Modellfall für diesen Teilakt geliefert. Schon J. FICKER ging davon aus, dass es zum „Herkommen" gehöre, nach der Aachener Krönung „in allen anderen Ländern (scil. des Reiches) einen Hoftag"

abzuhalten, und vermutete, dass erst damit die Wahl für das betreffende Stammesherzogtum rechtskräftig geworden sei [Vom Reichsfürstenstand, 1861–1923, Bd. II, 2 § 381, 20ff.]. Auch H. MITTEIS schrieb der „symbolischen Handlung des Königsrittes" [32: Königswahl, 48] diese Bedeutung zu, und R. SCHNEIDER wies die Ursprünge einer solchen Praxis in merowingischer Zeit nach [vgl. 70: 96]. Dagegen nimmt R. SCHMIDT [108: Königsumritt] die Wende vom 10. zum 11. Jahrhundert, also den Regierungsantritt Heinrichs II. und Konrads II., als die für die Entstehung des Brauches entscheidende Zeit an und sieht – wenn auch in vorsichtiger Formulierung – in dem Erzbischof Willigis von Mainz den Initiator. Er kennzeichnet den Umritt als Akt der Herrschaftsgewinnung – das gilt besonders für Heinrich II. – und Herrschaftsübernahme und weist die Verknüpfung mit entsprechenden Formalakten, vor allem Huldigungen, aber auch Thronsetzungen, auf. Seine Darlegungen sind freilich stark von dem Sonderfall der Thronerhebung Heinrichs II. bestimmt. Wenn die Thronfolge schon zu Lebzeiten des Herrschers durch Designation oder Mitkönigtum des Sohnes geregelt worden war, konnte, was schon FICKER bemerkt hat und SCHMIDT selbst einräumt, der Erstumritt durchaus eine andere Funktion haben: Er diente, gemeinsam mit dem Vater unternommen, der Präsentation des künftigen Herrschers und der Selbstdarstellung des Königtums oder setzte nach dem Tode des regierenden Königs den Beginn der selbständigen Regierung des Nachfolgers, ohne dass besondere Formalakte nötig wurden. Herrschaftsübernahme und Herrschaftsausübung gehen so nahtlos ineinander über, und es ist für eine verfassungsrechtliche Erklärung des Vorganges nichts gewonnen, wenn man, wie G. SCHEIBELREITER [107: Regierungsantritt] dies für die Epoche von 1056 bis 1138 unternimmt, den Erstbesuch einzelner Herzogtümer als „Teilumritt" oder „Ansätze zu einem Umritt" zu deuten versucht oder gar, wie im Falle Heinrichs IV., erst für 1065 einen allerdings auch wieder mit gewissen Unregelmäßigkeiten behafteten „Umritt in engerem Sinne" [ebd., 14] annimmt. Der Begriff „Königsumritt" verliert damit einiges von seiner angenommenen technischen Bedeutung als Kennzeichnung eines notwendigen Teilaktes der Thronerhebung; aber es ist zu bedenken, dass auch Wipo den lateinischen Ausdruck nicht im technischen Sinne verwendet, sondern damit die Herrschaftspraxis im Allgemeinen charakterisiert, das Umherziehen im Reich also, bei dem der König die Aufgaben der Rechts- und Friedenswahrung und der Schutzausübung erfüllte.

> Herrschaftsgewinnung und Herrschaftsübernahme

> Präsentation und Selbstdarstellung

2. Herrschaftsstruktur und Herrschaftspraxis

2.1 Kernlandschaften und Itinerar des Königs

Die geringe institutionelle Ausgestaltung des frühmittelalterlichen Staates machte die Wirksamkeit und Intensität königlicher Herrschaft abhängig von der Präsenz des Herrschers. Dem deutschen Reich fehlte eine Hauptstadt [141: A. SCHULTE, Anläufe; 115: W. BERGES], in der Erfüllung der ihm gestellten Aufgaben war der König, um ein viel zitiertes Wort von A. SCHULTE zu wiederholen, gezwungen, „sein hohes Gewerbe im Umherziehen zu betreiben" [ebd., 132]. Die ambulante Regierungsweise war strukturell bedingt und machte die intensive Nutzung des königlichen Grundbesitzes nötig, der damit zum wichtigsten materiellen Substrat königlicher Herrschaft wurde. Die Forschung hat sich sowohl in epochal bestimmten Überblicken [136: F. RANZI; 119: A. EGGERS; 142: M. STIMMING; 128: H. KRABUSCH; 145: E. WADLE] als auch in landes- und ortsgeschichtlich ausgerichteten Einzeluntersuchungen um eine Bestandsaufnahme des Reichsgutes bemüht und die Vielfalt der Erscheinungs-, Rechts- und Nutzungsformen unter bestimmten Kategorien zu ordnen gesucht. Die methodischen Schwierigkeiten ergeben sich dabei aus der Tatsache, dass – von ganz vereinzelten Ansätzen wie bei einem Bayern betreffenden Inventar von 1027 [MG Const. I. Nr. 439] abgesehen – aus nachkarolingischer Zeit keine Reichsguturbare erhalten (und wohl auch nicht angelegt) worden sind, der Fiskalcharakter eines Gutes häufig erst bei seiner Vergabe durch den König fassbar wird und der Gesamtbestand zudem durch Neuerwerb auf dem Wege über Konfiskation, Erbschaft, Kauf und Verfügung über herrenloses Gut oder durch Veräußerung und Verlust im Laufe der Zeit erheblichen Veränderungen unterworfen war [131: TH. MAYER, Wirkungsbereich, 31]. Ein Ergebnis dieser Arbeiten ist die zwar nicht ganz unproblematische [vgl. 145: WADLE, 24], aber ihrer Praktikabilität wegen allgemein anerkannte Aufgliederung des Reichsgutes in Krongut, Reichslehnsgut und Reichskirchengut. Das unterscheidende Merkmal ist die unmittelbare oder mittelbare Zuordnung zum König, d. h. also Fiskalbesitz, der von königlichen Amtsträgern selbst verwaltet wird, wozu auch die in Eigenwirtschaft des Königs betriebenen Tafelgüter gehören [149: C. BRÜHL, Fodrum, 181 ff.], und Reichsgut, das an Vasallen verlehnt oder an Reichskirchen ausgegeben ist. Einen wichtigen Bestandteil des Königsgutes bilden die Forsten, ausgedehnte Bannbezirke, in denen dem Begünstigten alle nicht anderweitig beanspruchten Aneignungsrechte, also Jagd, Behol-

2. Herrschaftsstruktur und Herrschaftspraxis 79

zungsrecht und Waldweide zustanden und Rodung Möglichkeiten zum Herrschafts- und Landesausbau bot [144: H. THIMME, Forestis; 116: K. BOSL, Pfalzen]. Bereits unter Liudolfingern und Saliern ist erkennbar, dass die Forsten von Pfalzen und Königshöfen her und auf diese hin organisiert wurden – wie etwa die Dreieich auf Frankfurt [139: M. SCHALLES-FISCHER, Frankfurt] oder die von den Ardennen bis in die Ville vor Köln in der sogenannten Waldgrafschaft (*comitatus nemoris*) zusammengefassten Waldungen auf Aachen hin [126: H. KASPERS] –, dass aber auch umfangreiche Forstbezirke aus unmittelbarer königlicher Verwaltung entlassen und Reichskirchen übertragen wurden.

Die Pfalzen als Orte königlicher Regierungsausübung haben schon früh die Aufmerksamkeit der Forschung geweckt [123: H. HEIMPEL, Erforschung]. Dabei standen zunächst eher bau- und kunstgeschichtliche Interessen im Vordergrund. Aber die Deutung der Pfalz als Repräsentationsbau, als steinernes „Herrschaftszeichen" sozusagen, enthält zugleich schon einen verfassungsrechtlichen Aspekt, und in diese Richtung verfassungsgeschichtlicher Untersuchung wurde die Forschung stärker gelenkt, seit W. BERGES und W. SCHLESINGER 1956 den Plan entwickelten, einen Katalog der deutschen Königspfalzen zu erstellen, und W. SCHLESINGER ein bestimmtes Bearbeitungsschema für die weitere Pfalzenforschung entwarf, das die historisch-geographische und topographische Beschreibung mit dem Aufweis der politisch-administrativen Funktionen verknüpfte [140: W. SCHLESINGER, Merseburg; vgl. auch 147: TH. ZOTZ, Vorbemerkungen]. Die wissenschaftlichen Bemühungen fanden ihre erste Zusammenfassung in den vom Max-Planck-Institut für Geschichte herausgegebenen Bänden über „Deutsche Königspfalzen" [117] und sind inzwischen eingemündet in die zügig fortschreitenden Arbeiten dieses Instituts am „Repertorium der Pfalzen, Königshöfe und übrigen Aufenthaltsorte der Könige" [118]. Dass die Beschränkung auf die Pfalz im eigentlichen Sinne zugunsten einer auch andere Aufenthaltsorte des Königs wie Bischofsstädte, Klöster und Adelssitze einbeziehenden Betrachtung hier aufgegeben worden ist und damit auch der Bezug zum Reichsgut nicht unbedingt gegeben sein muss, ist wesentlich durch die Erkenntnis bedingt, dass eine „scharf umrissene Definition des Begriffes" nicht möglich erscheint [140: SCHLESINGER, Merseburg, 158], der Quellenbegriff *palatium* eine große Bandbreite von Bedeutungen aufweist und zudem seit spätkarolingischer Zeit zur Kennzeichnung königlicher Aufenthaltsorte mehr und mehr hinter Begriffen wie *curtis, villa, castrum* zurücktritt. Dennoch lassen sich für die uns interessierende Zeit bestimmte Merkmale aufweisen, die die Pfalz im idealtypischen Sinne auszeichnen: Das

Marginalien: Pfalzen · Pfalzen, Königshöfe, Aufenthaltsorte des Königs · *palatium – curtis – castrum*

Vorhandensein von Baulichkeiten, auch repräsentativen Charakters, und kirchlichen Räumen (Kapelle) zur Aufnahme des königlichen Hofes, Abhaltung von Hoftagen und Feier der Hochfeste; die befestigte Anlage oder Burg, die seit spätkarolingisch-ottonischer Zeit üblich wird, und der Wirtschaftshof zur Sicherstellung der Versorgung und zur Vorratshaltung. Die Verknüpfung dieser drei Elemente, *palatium – curtis – castrum*, ist dabei nicht festgelegt [vgl. A. GAUERT in: 117: 2, 1–60]. Das unterscheidende Kriterium gegenüber den einfachen Königshöfen und den im Zuge der beginnenden Reichslandpolitik der Salier immer wichtiger werdenden Reichsburgen, die als Höhenburgen angelegt waren, ist vielleicht in der Möglichkeit zu sehen, Hoftage abzuhalten [140: SCHLESINGER, Merseburg, 201]. Dass den Zeitgenossen jedenfalls ein Unterschied bewusst war, macht das Urteil Brunos über die von Heinrich IV. erbaute Harzburg deutlich, von der er meint, dass sie als königliche Pfalz (*regale palatium*) geeignet gewesen wäre, wenn sie an geeigneter Stelle (*in loco competenti*) gelegen hätte [De bello Saxonico c. 29].

Reichsburgen

Pfalzenforschung und Itinerarforschung

Das Repertorium der Pfalzen verzeichnet die Lage des Ortes im regionalen und überregionalen Verkehrs- und Straßensystem und registriert die Zahl der königlichen Aufenthalte. Die Pfalzenforschung ist damit auch eingebunden in die Itinerarforschung, der unter dem Aspekt der ambulanten Regierungsweise des Königtums natürlich eine besondere Bedeutung zukommt. Auf der Grundlage des bereits in den Jahrbüchern der Deutschen Geschichte und den Regesta Imperii gesammelten Quellenmaterials sind die Reisewege (Itinerare) einzelner Herrscher rekonstruiert worden [131: TH. MAYER, Wirkungsbereich; 134: E. MÜLLER, Heinrich III.; 127: E. KILIAN, Heinrich IV.; 143: H. J. STÜLLEIN, Heinrich V.]; H.-J. RIECKENBERG [138: Königsstraße] hat die von Ottonen und frühen Saliern benutzten Straßen in ihrer Beziehung zur Lage des Reichsgutes untersucht, in anderen Arbeiten sind Berechnungen über die Reisegeschwindigkeit des Königshofes aufgestellt worden [129: F. LUDWIG; 120: R. ELZE; 137: M. REINKE]. Man wird davon ausgehen können, dass der König den Reiseweg vorausplante [138: RIECKENBERG, 120]; denn an den Aufenthaltsorten mussten die Amtsträger darauf vorbereitet sein, eine Hofgesellschaft zu versorgen, deren zahlenmäßige Stärke natürlich nicht exakt zu bestimmen ist, die sich aber durchaus nicht selten auf mehrere hundert und mehr als tausend Begleiter belaufen konnte. Die am Hoflager des Königs weilenden Großen mussten allerdings für sich und ihr Gefolge selbst aufkommen [149: BRÜHL, Fodrum, 168ff.].

Planung des Reiseweges

Beherbergung und Versorgung des Hofes beruhten auf den Leis-

2. Herrschaftsstruktur und Herrschaftspraxis

tungen der Krongüter und dem Königsdienst von Reichskirche und Adel, dem *servitium regis*, dessen Umfang, rechtliche Grundlagen und Entwicklung vor allem von B. HEUSINGER [151: Servitium regis]; W. METZ [152: Servitium; 153: Quellenstudien; 154: Tafelgut] und C. BRÜHL [149: Fodrum] untersucht worden sind. Prinzipiell unterlagen auch die weltlichen Großen der Gastungspflicht [vgl. Cont. Reginonis ad a. 931, ed. Kurze, 158; Lampert ad a. 1074, ed. Holder-Egger, 173], faktisch lässt sich ihre systematische Heranziehung zum *servitium* nicht nachweisen und ist wohl auch nicht anzunehmen [BRÜHL, ebd., 179]; die Hauptlast ruhte also auf den Krongütern und der Reichskirche. Für präzisere Berechnungen fehlt uns ausreichendes Quellenmaterial. Kontrovers wird die Frage diskutiert, ob zwischen abteilichem und bischöflichem *servitium* ein Unterschied in dem Sinne zu machen sei, dass die Bischöfe im Gegensatz zu den Klöstern einen ungemessenen Dienst zu leisten hatten. Die wenigen, dem 11. Jahrhundert angehörenden Quellen [Urbar der Abtei Werden; DD. H. IV. 264. 265 für Ober- und Niedermünster in Regensburg] erlauben aber – mit HEUSINGER und BRÜHL gegen METZ – den Schluss, dass das *servitium* der Reichsklöster fixiert war, ohne dass jedoch über den Zeitpunkt der Festlegung Genaueres auszumachen ist. Umfang und Häufigkeit der Inanspruchnahme der bischöflichen Leistungen waren dagegen in das Belieben des Königs gestellt.

servitium regis: Beherbergung und Gastung

Abteiliches und bischöfliches *servitium*

Die Itinerarforschung hat neue Impulse erhalten durch die Untersuchungen von E. MÜLLER-MERTENS zur Herrschaftspraxis Ottos des Großen [135: Reichsstruktur; vgl. DERS., in: 8: II, 139–158]. Er kritisiert an den bisherigen Arbeiten, dass die Erfassung lediglich der Zahl der Aufenthalte an einem bestimmten Ort kein wirklich repräsentatives Bild ergeben habe, und versucht statt dessen unter Einbeziehung der vorliegenden Studien zu den Königsstraßen und den Reisegeschwindigkeiten die Aufenthaltsdauer des königlichen Hofes an einem Ort zu ermitteln. Das Ergebnis bestätigt im Wesentlichen die Lehre TH. MAYERS von den „königlichen Kernlandschaften" [131: 34] und macht damit erneut deutlich, dass Reichsgut-, Itinerar- und Pfalzenforschung nicht Selbstzweck sind, sondern mit der Aufdeckung der Strukturen und des Wirkungsbereiches königlicher Herrschaft einen entscheidenden Beitrag zur Verfassungsgeschichte des Reiches leisten.

Neue Methoden der Itinerarforschung

Als Kernlandschaften mit intensiver königlicher Regierungstätigkeit kristallisieren sich in ottonischer Zeit der nordthüringisch-ostsächsische Raum, also die Heimat der Dynastie, sowie das Rhein-Main-Gebiet und der niederrheinische Raum um Aachen als ehemals karolingische Zentrallandschaften heraus; die Herzogtümer Bayern und

Kernlandschaften des Reiches

Alemannien, in denen das Reichsgut überwiegend in die Verfügungsgewalt der Herzöge gekommen war, blieben in frühottonischer Zeit von königlichen Regierungsmaßnahmen weitgehend ausgespart. Erst unter Heinrich II. gewinnt auch die Region um Regensburg, unter Ludwig dem Deutschen bevorzugte Königslandschaft, wieder an Bedeutung für das Königtum. Die Salier, selbst im mittelrheinischen Raum zu Hause, treten in das liudolfingische Erbe ein, doch hat die weitgehende Verdrängung des Königtums aus der Harzposition in den Auseinandersetzungen der Zeit Heinrichs IV. und Heinrichs V. den Norden des Reiches in verhängnisvoller Weise zu einer königsfernen Region werden lassen [131: TH. MAYER, 40].

Verdrängung aus der Harzposition

2.2 Reichsgut und Hausgut

Die Gegenüberstellung von königsnahen und königsfernen Landschaften wirft auch die Frage nach der Bedeutung des privaten Besitzes der regierenden Dynastie für die Herrschaftsausübung auf. Dass die Unterscheidung nach Hausgut und Reichsgut zwar den Handelnden bewusst gewesen ist, in der praktischen Politik jedoch keine Rolle gespielt hat, ist in der Literatur weitgehend unstrittig [130: TH. MAYER, Fürsten und Staat, 214ff.; 145: E. WADLE, Lothar III., 123ff.]. Die Terminologie der Quellen liefert keine sicheren Erkenntnisse [142: M. STIMMING, Königsgut, 7ff.], doch bringen einige wenige urkundliche Zeugnisse des 11. Jahrhunderts die Differenzierung unmissverständlich zum Ausdruck [DD. H. II. 433; H. IV. 165–167]. Zum politischen Kampfmittel konnte diese theoretisch-prinzipiell anerkannte Unterscheidung vor allem beim Dynastiewechsel werden. Das ist in der Tat nach 1125 bei der Auseinandersetzung Lothars von Supplinburg mit den Staufern als den Privaterben Heinrichs V. der Fall gewesen; diese Diskussion scheint in Ansätzen aber bereits 1024 geführt worden zu sein [145: WADLE, 100ff.].

Die Wirksamkeit transpersonaler Staatsvorstellungen

Mit der hier erörterten Problematik ist zugleich die Frage nach der Wirksamkeit transpersonaler Staatsvorstellungen aufgeworfen, die sich in ähnlicher Weise auch bei der Interpretation der berühmten Erzählung Wipos über den Konflikt Konrads II. mit den Pavesen stellt [Gesta Chuonradi c. 7, vgl. 331: H. BEUMANN]. Der Einlassung der Bürger, dass sie für die Zerstörung der Pfalz wegen des Interregnums nicht belangt werden könnten, hält der König die Unterscheidung von *domus regis* und *domus regalis* entgegen und charakterisiert die Pfalzgebäude als *aedes publicae ..., non privatae*. Mit dem Problemkreis Reichsgut –

Hausgut ist schließlich auch die Frage nach der Verfügungsgewalt des Königs über Reichsgut verknüpft. Auf der Grundlage der hier diskutierten Unterscheidung *(regni facultas, quae est res publica – res privata)* hat Gerhoch von Reichersberg zu Beginn der Regierungszeit Lothars III. sehr deutlich die Unveräußerlichkeit des Reichsgutes betont [De edificio Dei c. 21, MG Ldl III, 152]. H. C. FAUSSNER [121: Verfügungsgewalt] hat nachgewiesen, dass dieser Grundsatz prinzipielle Gültigkeit besaß, der König über Reichsgut nur in der Weise verfügen konnte, dass seinem Nachfolger die materielle Grundlage seiner Herrschaft nicht beeinträchtigt wurde [vgl. auch 122: D. V. GLADISS, Schenkungen; 124: H. HOFFMANN, Kronrechte]. Er kommt daher zu dem Schluss, dass der Umfang des Reichsgutes „grundsätzlich konstant" blieb und dieses sich lediglich in seiner Struktur verändern konnte [ebd., 447].

Die Verfügungsgewalt des Königs über Reichsgut

2.3 Servitium regis der Reichskirchen

Die Konsequenzen, die sich aus dieser Erkenntnis ergeben, hat bereits J. FICKER in seiner Studie „Über das Eigenthum des Reiches am Reichskirchengut" [Sbb. Akad. Wien. Phil-Hist. Kl. 72, 1872] deutlich gemacht. Die umfangreichen Übertragungen von Grundbesitz und Hoheitsrechten [u. a. Markt, Münze, Zoll; Grafschaften] an die Reichskirchen durch die Ottonen und Salier schmälerten die Einnahmequellen des Königtums nicht, denn das veräußerte Gut ging dem Reich nicht verloren, sondern lediglich in eine andere – oft effizientere – Verwaltung über. Damit waren aber auch die Voraussetzungen geschaffen für eine gesteigerte Inanspruchnahme des reichskirchlichen Königsdienstes (vgl. oben S. 81). Die Itinerarforschung hat einen Wandel der königlichen Gastungsgewohnheiten seit Heinrich II. feststellen können [151: HEUSINGER, 66ff.; 149: BRÜHL, 126ff.]. Während die Ottonen vor allem die Pfalzen aufsuchten und die Tafelgüter zum Unterhalt des Hofes heranzogen, hatten von nun an die Bischöfe und Äbte die Hauptlast der Versorgung zu tragen; die Bedeutung der alten Reichsabteien ging freilich infolge der Besitzschädigungen im Investiturstreit seit Heinrich IV. stark zurück [212: P. CLASSEN, Konkordat, 445ff.]. Wenn von den Leistungen der Reichskirche die Rede ist, muss schließlich auch – neben immateriellen wie dem Gebet für den Herrscher und das Reich [150: E. EWIG, Gebetsdienst; 156: A. SPRENGLER, Gebete] und bestimmten, z. B. diplomatischen Sonderaufgaben – die vom Lehnsrecht her zu begründende Heeresfolge erwähnt werden [148: L. AUER, Kriegsdienst], die trotz der kanonischen Kriegsdienstverbote und mancher kritischer Stimmen [155: F. PRINZ, Klerus, 27ff.; 342: M.

Schenkungen an die Reichskirchen

Steigende Inanspruchnahme der Reichskirchen

Kriegsdienst des Klerus

MINNINGER, Clermont, 68ff.] in der Regel widerspruchslos akzeptiert wurde.

2.4 Die Regalienfrage

Ob die gerichtlichen und fiskalischen Hoheitsrechte dem Begriff „Reichsgut" zu subsumieren sind, wird in der Forschung kontrovers diskutiert [vgl. 145: WADLE, 23 mit Literatur; 121: FAUSSNER, 444f.]. Die Gesamtheit der königlichen Rechte und Besitzungen wurde zunächst mit Begriffen wie *ius regale, ius publicum* belegt. Erst mit der Diskussion um die Rechtsgrundlage der Investitur der Geistlichen im Konflikt zwischen dem deutschen Königtum und dem Papsttum erfolgte in Italien, wohl auch in Nachwirkung römisch-staatsrechtlichen Denkens, eine Differenzierung, wurden bestimmte Reichsrechte unter dem Begriff *regalia* vom allgemeinen Königsrecht abgesondert [vgl. 160: H. THIEME, Regalien]. Die Regaliendefinition des Vertrages von Sutri 1111 umfasst Ämter, Grundbesitz und finanziell nutzbare Rechte wie Münze, Markt und Zoll [MG Const. I, Nr. 90]. J. FRIED aber hat aufzeigen können [157: Regalienbegriff; Auseinandersetzung mit 159: I. OTT], dass die Diskussion zwar auch auf das *regnum Teutonicum* übergriff, der Begriff seit der Jahrhundertwende vor allem im niederlothringischen Raum begegnet, aber gegenüber dem italienischen Verständnis hier von Anfang an eingeengt wurde auf das Reichskirchengut und wesentlich von eigenkirchenrechtlichem Denken geprägt war. Für das 10. und 11. Jahrhundert ist festzustellen, dass die deutschen Könige, aufbauend auf den karolingischen Grundlagen, ausgiebig über Markt, Münze und Zoll verfügten, diese Hoheitsrechte also energisch als königliche Rechte wahrnahmen [158: B. KLUGE, Münzgeschichte, 23ff.], aber, gerade indem sie diese Rechte an die Großen, vor allem die Bischöfe, ausgaben, auf Dauer eine territoriale Zersplitterung nicht zu verhindern vermochten [vgl. 161: E. WADLE, Münzrecht; HRG s. v. Markt, Münze; mit Literatur].

Vertrag von Sutri 1111

2.5 Verwaltung des Reichsgutes: Ministerialität

Über die Verwaltung des Reichsgutes durch *villici, iudices*, Vögte [142: STIMMING, 18ff.] sind wir nicht gut unterrichtet. Erst mit dem Aufkommen der Ministerialität, deren Bedeutung als Instrument königlicher Politik K. BOSL in mehreren grundlegenden Arbeiten aufgewiesen hat [zusammenfassend 162: Reichsministerialität; vgl. auch 163: J. B. FREED, Origins; TH. ZOTZ in: 8: III, 3–50], wird das Quellenmaterial aussagekräftiger. Die Anfänge der Königsministerialität liegen unter Konrad II., die wesentlichen Grundlagen für ihren politischen, wirtschaftlichen und sozialen Aufstieg sind unter Heinrich III. und Heinrich IV. geschaffen worden. Aus der Grundherrschaft hervorgegangen, in den Diplomen der frühen Salier durchweg noch als *servientes* und nur vereinzelt – nach kirchlichem Vorbild – als *ministeriales* bezeichnet, standen diese unfreien Dienstmannen in der strikten Verfügungsgewalt des Herrn, sonderten sich aber durch qualifizierten Dienst – in der Verwaltung, im Militär, am Hofe – von den übrigen hofrechtlich gebundenen Dienstleuten ab und erlangten mit der Zeit einen eigenen Rechtsstatus. Ihre enge Bindung an den Herrscher machte sie zu zuverlässigen Vertretern der Reichsinteressen [vgl. auch 166: M. PARISSE, Ministériaux; weiterführende landesgeschichtliche Forschung in 164: Pfälzer Raum; 165: Mittelrheinraum].

Anfänge der Königsministerialität

Unfreiheit und qualifizierter Dienst

2.6 Allgemeine Probleme der Herrschaftspraxis: Königliche Gesetzgebung – Institutionen und Personenverband – Lehnswesen

Die Forschung hat das ottonische Königtum immer auch an seinen karolingischen Vorgängern gemessen und dabei allgemein einen Verlust an legislativer und administrativer Zentralität sowie einen geringeren Grad an Institutionalisierung der Herrschaft festgestellt [K. J. LEYSER, Ottonian Government, in: 173, 69–101; 169–171: H. KELLER]. Ob die Liudolfinger allerdings bewusst „karolingische Organisationsprinzipien preisgaben" [170: KELLER, Grundlagen, 24], ist doch sehr die Frage; sie hatten ihre Herrschaft den veränderten politischen Bedingungen anzupassen und mit neuen Methoden erst zu konsolidieren. Dass dies zu einem wesentlichen Teil die Leistung bereits Heinrichs I. gewesen ist, wird immer deutlicher erkennbar.

Der Strukturwandel lässt sich in der Gesetzgebung fassen. Der König steht, dem Idealbild des *rex iustus* verpflichtet, weiterhin im Mittelpunkt der Rechtssetzung, aber diese vollzieht sich nicht mehr wie noch in der karolingischen Kapitulariengesetzgebung über den Erlass allgemeiner Gesetze, sondern auf dem Wege der Gewährung von Einzelprivilegien [172: H. KRAUSE]. Die Zahl der für das Reich erlassenen allgemeinen Gesetze ist in der ottonisch-salischen Epoche äußerst gering, aber mit der Verweisung auf das Gewohnheitsrecht (*consuetudo*) oder auf allgemein geltende Sachverhalte und andere Beispiele enthielt auch der Einzelakt bereits Ansätze zur verallgemeinernden Rechtssetzung, und die Möglichkeit der Beseitigung einer *mala consuetudo* schuf die Voraussetzungen auch für Neuschöpfung von Recht, die freilich nur

Gesetzgebung: nicht Kapitularien, sondern Einzelprivileg

Gewohnheitsrecht

im Einklang mit der Rechtsüberzeugung der Gesamtheit erfolgen konnte, d. h. die Zustimmung der Großen als deren Repräsentanten finden musste [31: F. KERN, Gottesgnadentum, 121ff.].

Die Grafschaftsverfassung [vgl. Forschungsbericht in: 2: HLAWITSCHKA, Studienbuch, 182ff.] blieb als eines der wesentlichen Elemente der karolingischen Reichsorganisation bestehen, aber der schon im 9. Jahrhundert einsetzende Prozess einer Umdeutung der Grafengewalt von königlichem Amtsauftrag in adelige Herrschaft beschleunigte sich. Die Ottonen haben offenbar die Erblichkeit der Grafenwürde prinzipiell anerkannt [170: KELLER, Grundlagen, 25f.], doch hat Otto der Große selbst der Tendenz zur Verherrschaftlichung entgegenzuwirken gesucht, indem er den Amtscharakter wieder stärker betonte. Ähnliches gilt für das Herzogtum. Die Wiederentstehung der herzoglichen Gewalt auf der Grundlage der Stämme, das jüngere Stammesherzogtum also [vgl. Forschungsbericht in: 2: HLAWITSCHKA, Studienbuch, 201ff.], war eine nicht zu korrigierende Tatsache; die Liudolfinger selbst waren von einer starken Herzogsgewalt zum Königtum aufgestiegen. Der Herzog war Führer, Repräsentant des Stammes, aber eine Voraussetzung für die Erringung dieser Stellung war – neben der eigenen Macht – das königliche Mandat (Graf, Markgraf) gewesen. Beide Elemente miteinander zu vereinbaren und das Herzogtum als eine Zwischengewalt mit der Funktion der Stellvertretung des Königs in die Reichsorganisation einzubauen, stellte an die Integrationskraft des Königtums besondere Ansprüche. Die ersten Liudolfinger sind dieser Aufgabe gerecht geworden. Sie haben die königliche Prärogative behauptet, gleichzeitig aber den Anspruch der Fürsten auf Teilhabe am Reich akzeptiert [130: TH. MAYER, Fürsten und Staat, 219f.; für die Gesamtentwicklung vgl. auch 181: G. TELLENBACH, Reichsadel]. Der König war in der Verwaltung des Reiches auf die Großen angewiesen; er lud sie selbst an seinen Hof, erwartete ihren Rat und ihre Hilfe. Das Maß ihres Einflusses hinwiederum hing wesentlich ab von der politischen Situation, denn der Hoftag/Reichstag *(conventus, colloquium, placitum)*, zu dem sie sich versammelten, war natürlich keine Institution mit fest abgegrenzten Kompetenzen [174: M. LINTZEL, Hoftage; 178: P. MORAW, Versuch]. Dass für einen Außenstehenden diese Regierungsweise durchaus auch als ein Zeichen der Schwäche erscheinen konnte, lässt das verständnislos-abfällige Urteil des Kalifen von Cordoba gegenüber einem Gesandten des Reiches erkennen [Vita Johannis Gorziensis c. 136, MG SS IV, 376f.].

In Auseinandersetzung mit der systematisierenden und institutionell ausgerichteten Sicht der älteren Rechtsgeschichte hat die jüngere

2. Herrschaftsstruktur und Herrschaftspraxis 87

Forschung gerade im Hinblick auf die Bindung mittelalterlicher Königsherrschaft an den Konsens der adeligen Führungsschicht in Kirche und Welt die entscheidende Bedeutung der personalen Beziehungen herausgestellt. Wesentliche Impulse werden dabei den Arbeiten von TH. MAYER verdankt, der dem im Hochmittelalter sich ausformenden „institutionellen Flächenstaat" die ältere Form des „Personenverbandsstaates" gegenüberstellte [175: Grundlagen; 130: Fürsten und Staat; vgl. 177: H. MITTEIS, Staat, 2ff.]. Mit Blick auf die von autogenen Herrschaftsrechten her begründete Führungsrolle des Adels ist dieser Staat als „aristokratisch" zu charakterisieren; seine „feudale" Spielart ist dadurch gekennzeichnet, dass die Rechte des Adels als von der Zentralgewalt abgeleitet erscheinen [175: 290f.]. In seiner überspitzten Form hat dieses Interpretationsmodell Widerspruch erfahren, indem zu Recht geltend gemacht wurde, dass auch der Personenverband nicht ohne Bezug auf ein Territorium zu denken, die königliche Herrschaft nicht nur personal bestimmt gewesen sei, sondern auch das Land einbezogen habe [180: W. SCHLESINGER, Herrschaft, 43f.; 179: Verfassungsgeschichte, 21f.]. Wir haben auf den räumlichen Aspekt oben bereits aufmerksam gemacht.

<small>Bedeutung der personalen Bindungen: „Personenverbandsstaat"</small>

Die Personenforschung, wesentlich bestimmt durch den von G. TELLENBACH begründeten „Freiburger Arbeitskreis", hat insbesondere unsere Kenntnis von Struktur und Selbstverständnis des frühmittelalterlichen Adels vertieft [vgl. Forschungsbericht in: 2: HLAWITSCHKA, Studienbuch, 233ff.]. In der Anwendung der prosopographischen Methode sind bisher weniger beachtete Quellen – Zeugnisse der Memorialüberlieferung (Nekrologien, Gebetsverbrüderungsbücher) – mit Gewinn ausgewertet worden, und dies nicht nur und in erster Linie unter genealogischen Aspekten, sondern vor allem auch zur weiteren Klärung verfassungsgeschichtlicher Probleme, nämlich Fragen der Herrschaftsmethoden, des Verhältnisses von Königtum und Adel und der politischen Beziehungen in der Führungsschicht des Reiches, wobei es freilich auch nicht an Stimmen der Kritik fehlt, die zu Recht vor der Überschätzung der Tragfähigkeit des Materials und der Methode gewarnt haben [vgl. LEYSER, German Aristocracy, in: 173: 168ff.; J. FRIED, in: ZfGO 135 (1987) 87–99].

<small>Personenforschung</small>

Dass das Lehnrecht das wichtigste Strukturprinzip der Reichsverfassung darstellt, gegenüber der spätkarolingischen Zeit in der uns interessierenden Epoche aber keine wesentliche Fortbildung erfahren hat, haben die grundlegenden Arbeiten von H. MITTEIS [176: Lehnrecht, 415ff.] deutlich gemacht. Doppeldeutigkeit des *fides*-Begriffes als Treue gegenüber dem Gefolgsherrn und gläubige Haltung des

<small>Das Lehnrecht</small>

<small>Doppeldeutigkeit des *fides*-Begriffes</small>

Christen gegenüber Gott hat der Treuebindung des Vasallen an den König-Senior im Lichte der Sakralität des Herrschertums eine religiöse Dimension gegeben, die von den Herrschern – z. B. in den Arengen ihrer Diplome – auch zum Ausdruck gebracht wurde [168: H. HELBIG]. Heinrich I. hat die Herzogsherrschaften mit Hilfe des Lehnrechts in das Reichsgefüge integriert; gleichzeitig haben er und sein Nachfolger sich bemüht, amtsrechtliche Vorstellungen durchzusetzen, die eine stärkere Verfügungsgewalt implizierten und damit geeignet waren, die untergeordneten Instanzen fester an die Zentralgewalt zu binden. Diese Tendenzen verstärkten sich noch unter Heinrich II. [205: ST. WEINFURTER] und den Saliern [74: BOSHOF, Krise, 280f.], so dass H. MITTEIS die Politik der salischen Herrscher geradezu als antifeudal charakterisieren zu können glaubte (177: 239).

Amtsrechtliche Vorstellungen

2.7 Herrschaft und Konflikt

Die Diskussion um den Charakter der die Reichsstruktur bestimmenden personalen Beziehungen zwischen Königtum und Adel ist durch die Arbeiten von G. ALTHOFF und H. KELLER [19; 169–171; 183–185], die für die Zeit Heinrichs I. auf der Grundlage der Memorialquellen eine breite „Bündnis-" oder „amicitia-Bewegung" ausmachen wollen, neu belebt worden. Der Liudolfinger habe seine Herrschaft durch Freundschaftsbünde gildeähnlichen Charakters, als deren konstituierende Elemente eidliche Bindung, gemeinschaftsstiftendes Mahl und Totenkult, Gebetsgedenken erscheinen, konsolidieren können, dafür allerdings gemäß den „Prinzipien der Verwandtschafts- und Freundschaftsmoral" ... „einige seiner königlichen Machtbefugnisse aufgeben bzw. hintanstellen müssen" [185: ALTHOFF, Konfliktbewältigung, 289f.]. Otto I. habe diese Konzeption mit seiner Rückkehr zu karolingischen Traditionen aufgegeben, *pacta mutua* mit den Großen abgelehnt – hier werden Gedanken aufgenommen, die bereits H. NAUMANN [190] in seiner Interpretation des Liudolf-Aufstandes entwickelt hatte [dagegen 186: F.-R. ERKENS, Opposition, 315ff.; 188: A. KALCKHOFF] – und diesen Bruch der Kontinuität mit dem Preis der durch mehrere Aufstände hervorgerufenen Krise des Reiches bezahlen müssen. Auf Einzelheiten – etwa die These von der Ritualisierung des Konfliktes oder die Vorstellung von einer Saalfeldener Schwurgenossenschaft [dazu 187: W. GLOCKER, 105ff.] – ist hier nicht einzugehen. Insgesamt ist die Betonung der personalen Elemente der Herrschaft sicher richtig, aber die pragmatischen und machtpolitischen Implikationen der Regierungspraxis der beiden ersten Liudolfinger – die notwendige Anpassung an gewachsene Macht-

Freundschaftsbünde zur Konsolidierung von Herrschaft?

strukturen und deren allmähliche Umgestaltung durch Heinrich I., die Durchsetzung der königlichen Prärogative durch Otto I. auf gefestigter Machtgrundlage in Verbindung mit einem gesteigerten Herrscherbewusstsein – werden zu schwach akzentuiert.

Dass die Konflikte der Jahre 937–954 als Auseinandersetzungen in der königlichen Familie um Erb- und Herrschaftsansprüche oder auch um den vorwaltenden Einfluss am Hofe zu deuten sind und die rebellierenden Mitglieder der *stirps regia* Unterstützung bei Adeligen fanden, die sich ihrerseits aus vielerlei Gründen in ihren Rechten irgendwie geschmälert fühlten und daher ein Widerstandsrecht geltend machten, ist zuletzt noch von K. J. LEYSER stark betont worden [189: Herrschaft, 20ff.]. Dahinter wird nun ein weiteres Problem sichtbar: die mit der Durchsetzung des Prinzips der Individualsukzession gegebene Notwendigkeit der Abschichtung der jüngeren, von der Thronfolge ausgeschlossenen Mitglieder der Dynastie [62: K. SCHMID, Thronfolge; 183: ALTHOFF, Coniurationes, 129f.; 189: LEYSER, Herrschaft, 30ff.; 19: ALTHOFF/KELLER, 109ff.]. Die Diskussion um die Unteilbarkeit des Reiches und die Bedingungen ihrer Verwirklichung ist hier nicht zu führen [vgl.: J. EHLERS, EdG 31]. Der Anteil des Königtums an diesem Prozess ist von dem anderer politischer Kräfte nicht zu sondern. Die erstarkte Herzogsgewalt jedenfalls ließ eine Teilung nach karolingischer Tradition nicht mehr zu; die Herzogtümer selbst aber stellten eine Verfügungsmasse dar, die es dem König möglich machte, die Ansprüche der jüngeren Söhne auf Teilhabe an der Königsherrschaft in gewissem Umfange zu befriedigen. Das erklärt die Vergabe herzoglicher Würden an Familienmitglieder durch Otto I. und seine Nachfolger.

Aufstände unter Otto I.

Die Niederschlagung des Liudolf-Aufstandes bedeutete die endgültige Konsolidierung der Herrschaft Ottos I. K. J. LEYSER hat als eine wesentliche Bedingung der nun gewonnenen Stabilität den „enormen Reichtum" der Dynastie [Ottonian Government, in: 173: 92], der aus der Verfügungsgewalt über Sachsen und die vorgelagerten Marken herrührte, herausgestellt. Die Opposition Heinrichs des Zänkers gegen Otto II. und die Thronkrise nach 982 [186: ERKENS, 338ff.] lassen aber auch erkennen, wie wenig gefestigt die Verhältnisse tatsächlich waren, und können daher als Warnung vor einer Überschätzung der Stärke der Zentralgewalt unter den drei Ottonen dienen.

Reichtum der Dynastie als Element der Konsolidierung

2.8 Das ottonisch-salische Reichskirchensystem

Mit dem Scheitern der Familienpolitik und der Beilegung der inneren Krise durch Otto I. ist in der älteren Forschung häufig der Aufbau der ottonischen Reichskirche oder des sogenannten „ottonisch-salischen Reichskirchensystems" in Zusammenhang gebracht worden [2: HLAWITSCHKA, Studienbuch, 212]. Dass die Reichskirche ein stabilisierendes Element der ottonischen Herrschaftsorganisation darstellte, ist seit langem Gemeingut der Forschung [systematische Darstellung: 194: L. SANTIFALLER; vgl. ferner 192: J. FLECKENSTEIN]. Die Ansprüche der Reichsgewalt waren in der Kirchenhoheit des Königs begründet, die, seit die Autonomie des bayerischen Herzogtums 938 endgültig beseitigt worden war, die gesamte Reichskirche erfasste. Sie legitimierte sich wesentlich aus der Sakralität des Königtums, wurde aber auch durch staatskirchliche Traditionen aus der Spätantike und durch Vorstellungen des Eigenkirchenrechts mitgetragen. Sie manifestierte sich in dem entscheidenden Einfluss des Königs auf die Wahl der Bischöfe und Reichsäbte [197: P. SCHMID, Wahl] und in deren Einsetzung, Investitur, durch den König, die durch einen symbolischen Akt, die Überreichung des Stabes, seit Heinrich III. zusätzlich auch des Ringes, vollzogen wurde [195: R. SCHIEFFER, Entstehung, 7ff.]. Die Ausstattung mit Grundbesitz und Hoheitsrechten durch den König schuf die Voraussetzung für das *servitium regis*. Nach dem Tode Bruns von Köln (965) übernahm die Hofkapelle, jene von den Karolingern geschaffene, für den Gottesdienst des Herrschers, vor allem aber auch für die Urkundenausfertigung, also die Kanzleigeschäfte, verantwortliche Institution, deren Mitglieder durch Vasalleneid eng an den König gebunden waren, mehr und mehr die Aufgabe, geeignete Kleriker für den Reichsdienst in den höchsten kirchlichen Stellen auszubilden [94: J. FLECKENSTEIN]. Sie stellte ein wichtiges Element der Zentralität und Kontinuität in der Reichsverwaltung dar.

Dies alles ist nicht umstritten. Eine Diskussion entzündete sich in den letzten Jahren aber am „System"-Begriff, der die Vorstellung eines planvollen Ausbaus einer in erster Linie als Gegengewicht gegen den Hochadel gedachten Reichskirche als königliches Herrschaftsinstrument nahelegt. T. REUTER [193] hat mit Hinweis auf die karolingische Tradition und ähnliche Entwicklungen in den anderen europäischen Staaten einen Sonderstatus der deutschen Reichskirche geleugnet, dabei zwar Überzeichnungen in der älteren Literatur korrigiert, für die prinzipielle Ablehnung des Begriffes aber zu Recht den Widerspruch von J. FLECKENSTEIN erfahren [192]. Eine eher vermittelnde Position nimmt R. SCHIEFFER [196] ein, der graduelle Unterschiede in der Heranziehung der Kirche zum Reichsdienst zwischen Ottonen, Heinrich II. und den frühen Saliern hervorhebt und im Übrigen der Auffassung

2. Herrschaftsstruktur und Herrschaftspraxis

von einem grundsätzlichen Antagonismus zwischen Hochadel und Episkopat entgegenhält, dass auch die Bischöfe sich aus der Aristokratie rekrutierten und ihre kirchliche Herrschaft als eine Form des adeligen Mitspracherechts im Reich anzusehen sei. Wir haben schon mehrfach betont, dass der König nicht gegen den Hochadel regieren konnte; es kam also auch hier darauf an, „ihn in förderlicher Weise an der Hoheit über die Kirche zu beteiligen" [ebd., 301]. Dass der Reichsepiskopat eine entscheidende Bedeutung für die sakrale Legitimierung des Königtums besaß, liegt auf der Hand; dass er zugleich ein wichtiges Element zur Festigung der Reichseinheit darstellte, ist auch durch die prosopographischen, „soziales Milieu" und Karrieren der Reichsbischöfe erhellenden Untersuchungen von A. FINCK VON FINCKENSTEIN [191] und H. ZIELINSKI [198] zu belegen. Im Übrigen sind weitere Erkenntnisse von Fallstudien zu den einzelnen Reichskirchen zu erwarten [vgl. bereits: 8: Die Salier, II]. Einig ist sich die Forschung darin, dass sich der Zugriff des Königtums auf die Reichskirche mit Heinrich II. in Besetzungspraxis und Einforderung des Reichsdienstes erheblich verstärkt hat.

Kein grundsätzlicher Antagonismus Episkopat – Hochadel

Reichskirche und Reichseinheit

2.9 Königtum und Herzogsgewalt unter Heinrich II. und den Saliern

Das Bild Heinrichs II. ist wesentlich durch TH. SCHIEFFER [204] geprägt worden, der im Vergleich des letzten Liudolfingers mit dem ersten Salier die Kontinuität in der Herrschaftspraxis und Kirchenpolitik betont hat und Heinrichs neue Herrschaftskonzeption einer Besinnung auf die Machtgrundlagen des *regnum Teutonicum* absetzt von Ottos III. weitgreifenden Plänen einer Erneuerung des römischen Reiches. Insofern stellt also nicht der Dynastiewechsel von 1024, sondern eher das Jahr 1002 eine Zäsur dar. In der Bullenlegende *Renovatio regni Francorum* (bis 1007 verwandt) sieht SCHIEFFER den programmatischen Ausdruck der neuen Politik Heinrichs II. H. J. DIEFENBACH [200] hat die Bemühungen des Herrschers um den Aufbau eines geschlossenen Königslandes mit dem von Heinrich gegründeten Bistum Bamberg als Zentrum mit dieser Formel in Verbindung gebracht. H. KELLER betont, dass erst mit Heinrich II., nach Ansätzen allerdings schon unter Otto III., die süddeutschen Herzogtümer wirklich ins Reich integriert werden konnten, indem die Herzogsgewalten nun auf eine Amtsfunktion reduziert worden seien [169: Reichsstruktur]. Die verschiedenen Forschungsansätze aufnehmend und weiterführend, hat ST. WEINFURTER die Herrschaftskonzeption Heinrichs II. als eine Fortsetzung und „Steigerung der in der Herzogsherrschaft (scil. in Bayern) entwickelten Ele-

Herrschaftskonzeption Heinrichs II.

Ausbau der Zentralgewalt

mente auf Königsebene" [205: 284] beurteilt. Mit der Entmachtung der großen Adelsherrschaften – der schwäbischen Herzogsgewalt der Konradiner, der Salier im Wormser Raum, der Schweinfurter Markgrafen in Bayern – und der Durchsetzung der amtsrechtlichen Interpretation der Grafen- und Herzogsgewalt hat der letzte Liudolfinger die Autorität der Zentralgewalt gefestigt und den Grund für die Herrschaftspraxis der Salier gelegt.

Königtum und Herzogsgewalt in der Zeit der Salier

Das Verhältnis des Königtums zu den herzoglichen Gewalten bildet auch ein Hauptthema der im Zusammenhang mit der Speyrer Salierausstellung entstandenen Untersuchungen [8; I]. Dabei kristallisiert sich als ein Ergebnis heraus, dass sich die Zentralisierungstendenzen unter den beiden ersten Saliern noch verschärften [vgl. 182: ST. WEINFURTER, Herrschaft, 44ff.]. Diese Politik stieß in Lothringen auf ein gestärktes Herzogtum. Der Versuch Gottfrieds des Bärtigen, erbrechtliche Ansprüche auf das gesamte ehemalige *regnum Hlotharii*

Opposition gegen die Zentralgewalt

durchzusetzen, führte zu einem schweren Konflikt mit der Zentralgewalt, in dem Heinrich III. zwar, unterstützt von Papst Leo IX., obsiegte, die Schwächung der Herzogsgewalt aber den Prozess der territorialpolitischen Zersplitterung der westlichen Grenzlande beschleunigte und sich daher für das Reich letztlich negativ auswirkte [199: BOSHOF, Lothringen; M. WERNER in: 8: I, 367ff.]. In Sachsen ergaben sich Spannungen aus der Rivalität zwischen dem Herzogtum der Billunger und den eigene sowie Reichsinteressen vertretenden Erzbischöfen von Hamburg-Bremen [G. ALTHOFF in: 8: I, 309ff.], die schließlich übergingen in den großen Aufstand der siebziger Jahre, in dem der Adel gegen eine ausgreifende königliche Territorialpolitik und den Versuch, im sächsisch-thüringischen Raum eine geschlossene Königslandschaft zu schaffen, seine Freiheit und Herrschaftsrechte verteidigte [202: W. GIESE, Sachsen, 148ff.; 201: L. FENSKE, Adelsopposition]. Gegenüber den süddeutschen Herzogtümern haben die ersten Salier den Anspruch auf amtsrechtliche Verfügungsgewalt voll durchsetzen können; zeitweise hat Heinrich III. sie unmittelbar selbst verwaltet, im Übrigen aber hat er Stammesfremde zu Herzögen eingesetzt [W. STÖRMER in: 8: I, 503ff.; 18: BOSHOF, Salier, 96f.]. Dabei zeigt der Sturz Herzog Ernsts II. von Schwaben durch Konrad II., dass der Zentralgewalt hier sogar noch der Zugriff auf die Untervasallen möglich war [182: WEINFURTER, 49ff.].

2.10 Politischer Prozess und Friedenswahrung

In den verschiedenen Auseinandersetzungen hat das salische Königtum auch das Instrument des „politischen Prozesses" zur Behauptung und Festigung seiner Autorität eingesetzt. Der Begriff ist von H. MITTEIS geprägt worden [209], der ihn nicht als juristische Kategorie versteht, sondern zur Kennzeichnung jener Prozesse verwendet, die als Lösung eines Konfliktes „unmittelbar auf die Fortentwicklung der Verfassung eingewirkt haben" [ebd., 7] und in der Regel als Kontumazialverfahren, gegründet also auf schuldhafte Säumnis des Angeklagten, ablaufen. Die Konfliktregelung war im 10. Jahrhundert, wie G. ALTHOFF [185: Konfliktbewältigung] – freilich mitunter zu stark systematisierend – herausgearbeitet hat, unter den Bedingungen personaler Bindungen auf Schonung des Beklagten und Wiederherstellung des Status quo angelegt; hier wird man natürlich auch die machtpolitischen Verhältnisse, d. h. die relative Schwäche der Zentralgewalt, zu berücksichtigen haben. Demgegenüber zielen die Gerichtsverfahren der salischen Epoche – etwa gegen Adalbero von Kärnten, Gottfried den Bärtigen, Konrad von Bayern, Otto von Northeim – auf die Durchsetzung der königlichen Strafgewalt ab. Dabei bereitet die Analyse der Verfahren große Schwierigkeiten, da die Einzelheiten nicht im Sinne moderner Prozessordnungen zwingend geregelt waren. Das Fazit der umfangreichen Untersuchung von A. KRAH [203] lautet, „dass bei jeweils gleichem Delikt kein normiertes Verhalten der Könige und Kaiser festgestellt werden konnte" [ebd., 377]; aber die „Freiheit von Formstrenge" [208: E. KAUFMANN, Königsgericht, 100] ist ein Kennzeichen schon des Königsgerichtsprozesses der fränkischen Zeit, und sie eröffnete – etwa in der Besetzung der Richterbank – dem König gerade erhebliche Möglichkeiten der Einflussnahme. Der Prozess wurde so zum Mittel der Durchsetzung königlicher Amts- und Disziplinargewalt [vgl. auch T. REUTER in: 8: III, 312ff.; 206: E. BOSHOF, Welfenprozesse, 340f.].

Ein ähnliches Bild bietet die königliche Friedenswahrung, ein zentrales Motiv der Regierungstätigkeit Heinrichs III. [211: K. SCHNITH]. Die Gottesfriedensbewegung und Treuga Dei hatten auf das Reich nicht übergegriffen; hier nahm der Herrscher diese Aufgabe selbst wahr. Die von ihm in den Jahren 1043 bis 1046 verkündeten Indulgenzen stellen sich im Kern als Sühneverträge *(foedera pacis)* dar, hinter denen das den Maßnahmen ihren unbedingt verpflichtenden Charakter gebende königliche Gebot steht. Die Verträge waren regional begrenzt, erfassten aber das ganze Reich [207: J. GERNHUBER, Landfriedensbewegung, 31ff.; E. WADLE in: 7: 158ff.]. Heinrichs III. Friedenspolitik war ein gerade-

Der politische Prozess als Herrschaftsinstrument

„Freiheit von Formstrenge"

Königliche Friedenswahrung

Die Indulgenzen Heinrichs III.

zu revolutionärer Versuch, das christliche Gebot zur Versöhnung in die politische Wirklichkeit umzusetzen, und dieser Versuch konnte nur gewagt werden, weil der Herrscher über eine gewaltige Autorität verfügte und sich dieser Autorität sicher war [18: E. BOSHOF, Salier, 114].

2.11 Die Krise des salischen Herrschaftssystems

Autokratischer Regierungsstil Heinrichs III.

Unverkennbar nimmt die Ausübung der Herrschaft unter Heinrich III. Züge eines autokratischen Regierungsstils an [74: E. BOSHOF, Krise, 287; 182: WEINFURTER, Herrschaft, 87ff.], der sich für ihn selbst auf eine letztmögliche Steigerung der Sakralität der Herrscherwürde und für alle Salier auf ein stark ausgeprägtes dynastisches Selbstbewusstsein [210: K. SCHMID, Memoria; DERS. in: 8: I, 21ff.] gründete. Das aber forderte den Widerstand des Adels heraus, der ein Recht auf Teilhabe an der Herrschaft geltend machte und seine eigene Herrschaftsbildung über den Ausbau von Allod und Vogteirechten, Rodung, Grafschaft und Burgenbau sowie nicht zuletzt in Verbindung mit der Kirchenreform intensivierte [ST. WEINFURTER in: 8: I, 7ff.; 182: 64ff.]. Von besonderem Interesse ist dabei, dass auch die Bischöfe sich dieser Entwicklung anschlossen, was für ihr Verständnis vom Amt und seiner Zuordnung zur königlichen Gewalt tiefgehende Konsequenzen haben musste [O. EN-

Diskussion um das rechte Verhältnis von *regnum* und *sacerdotium*

GELS in: 8: III, 533ff.]. Gleichzeitig setzte im lothringischen Raum die Diskussion um das rechte Verhältnis von königlicher und priesterlicher Gewalt, von *regnum* und *sacerdotium*, ein, und zum ersten Male wurde Kritik am königlichen Kirchenregiment laut. Das Reich geriet bereits in den letzten Regierungsjahren Heinrichs III. in eine Krise, die sich vornehmlich darstellt als eine Krise des salischen Herrschaftssystems [74: BOSHOF, Krise].

Offensive Königspolitik: Reichsgut – Ministerialität – Städte

Auf den sich abzeichnenden gesellschafts- und herrschaftspolitischen Wandel [vgl. 215: K. J. LEYSER, Crisis] reagierte das Königtum vor allem in Sachsen und Thüringen mit der Revindikation von Reichsgut, dem Ausbau des Reichslandes sowie der Mobilisierung neuer Kräfte, nämlich mit dem verstärkten Einsatz der Ministerialität und einer ersten Annäherung an das im Aufstieg begriffene städtische Bürgertum [H. BÜTTNER, H. MAURER, U. LEWALD in: 7; ferner: 8: III, und 217: B. SCHWINEKÖPER]. Aber gerade die Heranziehung der Ministerialen [vgl. auch 167: K. SCHMID, Gedenkstiftungen] verschärfte die Opposition des Hochadels, der sich durch diese Politik in seinen Rechten beeinträchtigt fühlte. Während der Regentschaft der Kaiserin Agnes

Regentschaft der Kaiserin Agnes

[222: JÄSCHKE, Gefährtinnen, 121ff.] hat sich die Erosion der königlichen Autorität und Integrationskraft noch beschleunigt; der sogenannte

2. Herrschaftsstruktur und Herrschaftspraxis

Staatsstreich von Kaiserswerth 1062 und eine verfehlte Parteinahme des Hofes im Schisma des Cadalus, die das Verhältnis zu den Vertretern der Kirchenreform schwer belastete [18: Boshof, Salier, 183ff.], sind dafür symptomatisch.

Die Wormser Synode vom 24. Januar 1076 führte den Bruch mit dem Papsttum herbei. Indem er Gregor VII. die Oboedienz aufsagte, reagierte der selbstbewusste Reichsepiskopat auf die nur mühsam ertragenen Versuche des Papstes, entscheidenden Einfluss auf die Reichskirche zu gewinnen. In Worms gingen Reichskirche und Herrscher ein Bündnis ein, als dessen geistige Triebkräfte Episkopalismus und im Sakralcharakter des Königtums begründetes Staatskirchentum erscheinen. Dass die – bereits vorher brüchige – Einheitsfront des Episkopates in den Wochen nach Worms so schnell auseinanderbrach, hat J. Fleckenstein [213] einleuchtend mit einer verfehlten Praxis Heinrichs IV. bei seinen Investituren erklärt, bei denen in steigendem Maße Gesichtspunkte der politischen Zuverlässigkeit des Kandidaten das Erfordernis der moralisch-religiösen Eignung für das Amt in den Hintergrund drängten, und dadurch wurden dem König gerade die der Reform zuneigenden Bischöfe entfremdet. Nun trat ein, was seit Beginn der Herrschaftskrise als die gefährlichste Konstellation zu befürchten gewesen war: das Bündnis der radikalen Fürstenopposition mit dem Parteiflügel des Episkopats, der sich dem hierokratischen, in der Absetzung Heinrichs IV. gipfelnden Angriff Gregors VII. auf das Königtum anschloss.

Bruch mit dem Reformpapsttum

Heinrich IV. hat trotz der Katastrophe von 1076/77 und trotz der Aufstände seiner Söhne Konrad und Heinrich die Substanz der Königsgewalt und die Herrschaft der salischen Dynastie behaupten können, da er den Söhnen nacheinander die Thronfolge sichern konnte, da ihm der Ausgleich mit der welfisch-zähringischen Opposition gelang und da er schließlich die Friedenswahrung wieder zu einer Angelegenheit der Zentralgewalt machen konnte. Die schwäbische Regelung, die 1098 neben das Amtsherzogtum der Staufer den „Staat der Herzoge von Zähringen" treten ließ [216: Th. Mayer] und gleichzeitig das welfische Titelherzogtum um Ravensburg/Weingarten akzeptierte [218: H. Werle, Titelherzogtum, 264ff.], zeigt ebenso wie die Entwicklung in Lothringen [M. Werner in: 8: I, 471f.] die fortschreitende Tendenz zur Territorialisierung der herzoglichen Gewalt. Mit dem Reichsfrieden von 1103 hat Heinrich IV. die Landfriedenswahrung als königliche Aufgabe für die Konsolidierung der salischen Monarchie einsetzen können [Wadle in: 7: 153ff.].

Behauptung der Substanz der Königsgewalt durch Heinrich IV.

Für die Zeit Heinrichs V. steht in der Forschung das Problem

II. Grundprobleme und Tendenzen der Forschung

Neue Konflikte unter Heinrich V.

der Beilegung des Investiturstreits im Vordergrund. Der Salier hat die Politik des Vaters in den Grundzügen fortgesetzt [21: A. WAAS; C. SERVATIUS in: 16: 135–154]: Bischofsinvestitur in traditioneller Form, Reichslandpolitik und Förderung der Ministerialität [162: BOSL, Reichsministerialität, 74ff.; TH. ZOTZ in: 8: III, 48f.]. Durch seine Territorialpolitik hat der König zwangsläufig einen neuen Konflikt mit den Fürsten heraufbeschworen, der durch Heinrichs verfehlten Versuch einer Lösung der Investiturfrage zusätzlich religiös-ideellen Sprengstoff aus dem kirchlichen Lager erhielt. Im Zentrum der Opposition standen Lothar von Supplinburg und die Erzbischöfe Friedrich von Köln und Adalbert von Mainz [H. BÜTTNER in: 7: 395ff.]. Symptomatisch an diesem Konflikt ist, dass nun auch die Reichsbischöfe begannen, gegenüber der Zentralgewalt Eigeninteressen zu verfolgen, eine eigene Territorialpolitik zu betreiben. Die Bindungen an den König lockerten sich, und es wuchs die Bereitschaft zur Solidarität mit den weltlichen Reichsfürsten – auch gegen das Königtum. Der schwere und langdauernde Konflikt Heinrichs IV. mit dem Papsttum tat seine Wirkung.

Haltung der Reichsbischöfe

Die vernichtende Niederlage des Kaisers in der Schlacht am Welfesholz bei Eisleben am 11. Februar 1115 bedeutete die Wende für die salische Herrschaft. Norddeutschland war dem Kaiser verloren. In den folgenden Jahren errang keine Partei einen durchschlagenden Erfolg. Als Heinrich V. schließlich die militärische Entscheidung gegen Adalbert von Mainz suchte, griffen die Fürsten ein und zwangen ihn auf den Weg des Kompromisses [18: BOSHOF, Salier, 295ff.; 182: WEINFURTER, Herrschaft, 139ff.]. Das Würzburger Friedensinstrument von 1121 kennzeichnet die Kräfteverhältnisse im Reich: Der Kaiser musste dem Druck der Fürsten nachgeben, die ihm als Verkörperung des Reiches gegenübertraten. Zum ersten Male wurde die Unterscheidung von „Kaiser und Reich", *imperator et regnum*, getroffen, und ihrem Selbstverständnis nach erschienen die Fürsten als das Reich. Das bedeutete aber auch, dass sie die Mitverantwortung für Recht und Ehre des Reiches, für den *honor regni*, übernahmen. Damit war der Weg zum Wormser Konkordat geebnet, dessen verfassungsrechtliche Bedeutung P. CLASSEN [212] überzeugend dargelegt hat: Die Berufung in das bischöfliche Amt war nun im Prinzip eine rein kirchliche Angelegenheit; das Verhältnis der Bischöfe zur Zentralgewalt bestimmte sich von lehnrechtlichen Kategorien her. Sie wurden Vasallen des Königs. In diesem Sinne kann man zu Recht von einer Feudalisierung der Reichskirche sprechen. Dass etwa seit der Jahrhundertwende einzelne Bischöfe nach dem Vorbild des Herrschers Thronsiegel zu führen begannen [214: M. GROTEN], ist pro-

„Kaiser und Reich"

Das Wormser Konkordat 1122

3. Minderjährigkeit des Königs und Herrschaft der Frau

grammatischer Ausdruck eines Selbstverständnisses, das den Wandel gegenüber der ottonisch-frühsalischen Zeit deutlich widerspiegelte.

3. Minderjährigkeit des Königs und Herrschaft der Frau

Der Erzbischof Agobard von Lyon (†840) hat die Rolle der Herrscherin einmal mit den Worten *adiutrix in regimine et gubernacione palacii et regni* [Libri duo c. 2, MG SS XV, 277] umschrieben, und die Forschung ist sich darin einig, dass die Verwaltung von Palast und Hof ihr Ansatzpunkte genug gab, Einfluss auch auf die Regierung des Reiches zu nehmen. Die liudolfingisch-salische Epoche gilt dabei geradezu als eine Blütezeit für eine führende Stellung der Frau im politischen Leben [223: P. KETSCH, Aspekte, 33ff.; vgl. aber 222: K.-U. JÄSCHKE, Gefährtinnen, 184ff.]. In seiner Untersuchung über die Heiligen der ottonischen Familie hat P. CORBET [219] darüber hinaus aufgezeigt, dass es die Frauen waren, an denen die Vereinbarkeit von Heiligkeit und Ausübung von Herrschaft exemplifiziert, dass von den heiligen Herrscherinnen, ihrer Frömmigkeit und ihren Tugenden her der Ruhm der Dynastie als *beata stirps* begründet wurde – wenn auch der Kult in der Regel nur kurzlebig war und auf Sachsen beschränkt blieb. Dass den großen Frauengestalten der Epoche eine bedeutende Rolle in der Umgebung von Herrschern und Päpsten zufiel, ist unumstritten; zu klären ist, inwieweit ihre Teilhabe an der Herrschaft rechtlich und institutionell verankert war.

palatium und Reich

Heiligkeit und Herrschaft

Die jüngere Diskussion wurde durch TH. VOGELSANG eröffnet, der die zur Kennzeichnung der Mitherrschaft verwandte *consors regni*-Formel zum Gegenstand einer eingehenden Untersuchung machte [231]. Diese Formel, aus antiker Tradition stammend und in karolingischer Zeit eine neue Blüte erlebend, wurde von Otto I. seit 962 wiederaufgenommen, um die Stellung seiner Gemahlin Adelheid zu umschreiben. Sie blieb in der frühen Salierzeit weiter in Gebrauch, wurde nun aber stärker mit dem Hinweis auf die Ehegemeinschaft verknüpft (z. B. *thori ac regni consors*). Mit der Krise des Investiturstreites verlor sie an Bedeutung. TH. VOGELSANG hat darüber hinaus auch schon die Einbeziehung der Herrscherin in die sakrale Sphäre, die sich in einem besonderen Krönungsordo [*benedictio reginae*; vgl. 88: C. A. BOUMAN, Sacring, 151; 232: A. WINTERSIG, Königinnenweihe; 230: A. SPRENGLER-RUPPENTHAL, Theologie] manifestierte, und ihre Darstellung im Herrscherbild hervorgehoben. Stärker als er hat F.-R. ERKENS [220] die rechtliche Seite des Problems berücksichtigt und in seinem Überblick gerade für die Stellung der Theophano die

Consors regni

Einbeziehung in die sakrale Sphäre

Ergebnisse der byzantinistischen Forschung [zusammenfassend 227: S. MASLEV] in seine Überlegungen einbezogen. Er vertritt wohl zu Recht die Auffassung, dass der Umfang der Teilhabe an der Herrschaft wesentlich von der Persönlichkeit der Herrscherin abhing, der *consors regni*-Titel also eher untechnisch verwandt wurde und einer exakten rechtlichen Bestimmung entbehrte.

Zum Testfall für die Stellung der Frau als Herrscherin wird das Problem des Königtums Minderjähriger. Da mit dem Begriff des Königs nach mittelalterlichen Rechtsvorstellungen die Fähigkeit zu regieren untrennbar verbunden war, galt auch der minderjährige König als vollgültiger Herrscher; die Institution der Regentschaft war mittelalterlichem Denken fremd. Natürlich gab es die privatrechtliche Regelung der Vormundschaft, die dem nächsten Schwertmagen zukam, und diese Institution konnte – wie das Beispiel Heinrichs des Zänkers gezeigt hat [vgl. auch 226: J. LAUDAGE, Vormundschaft] – zum Ausgangspunkt für weitergehende Ambitionen, selbst über die Regentschaft hinaus, werden. Anderseits brachte auch die Königinwitwe von ihrer hausherrschaftlichen Stellung her Voraussetzungen mit, die Regentschaft für den minderjährigen Sohn zu führen. Für sie sprach nicht zuletzt das Argument der Kontinuität und der Neutralität gegenüber divergierenden Adelsinteressen. Die ältere Forschung zusammenfassend, hat TH. KÖLZER [224] auch für die uns interessierende Epoche betont, dass für die Regentschaft feste Normen nicht erstellt worden sind. Eine weibliche Vormundschaft im Rechtssinne gibt es nicht; übernimmt die Königinmutter die Regentschaft, dann hängen Erfolg und Misserfolg wesentlich von ihren persönlichen Fähigkeiten und ihrem Durchsetzungsvermögen ab.

Theophano hat diese Fähigkeiten bewiesen. Gerade in ihrem Falle stellt sich die Frage nach der Wirksamkeit byzantinischer Rechtsvorstellungen, nach denen eine Frau prinzipiell zu selbständiger Herrschaft befugt ist, von selbst. Vor allem W. OHNSORGE [228] und M. UHLIRZ [229: Mitkaisertum] haben den byzantinischen Einfluss für die ottonische Epoche stark betont. R. HIESTAND [221] hat aber zu Recht den entscheidenden Unterschied zum byzantinischen Osten hervorgehoben: Nach westlichen Rechtsvorstellungen kann es die Herrschaft einer Frau kraft eigenen Rechts nicht geben; eine Frau (Königinwitwe, -mutter) kann Regentin sein, aber nicht eine autonome Herrschaftsgewalt ausüben. F.-R. ERKENS lässt im Gegensatz zu W. OHNSORGE die Frage, ob Theophano nach dem Vorbild der Eirene (797–802) ein „weibliches Hauptkaisertum" angestrebt habe, offen; es wäre jedenfalls im Rahmen der abendländischen Entwicklung ein absoluter Ausnahmefall gewesen.

Wie Theophano für Otto III., so hat die Kaiserin Agnes [23: M. L. BULST-THIELE; 222: JÄSCHKE, Gefährtinnen, 95ff.] für den minderjährigen Heinrich die Regentschaft geführt, aber das Format der Byzantinerin ging der Gemahlin Heinrichs III. ab. Sie hat sich ihrer Aufgabe nur notgedrungen unterzogen, obwohl es Papst Viktor II. sogar gelungen war, ihre herrschaftliche Stellung erheblich zu stärken. Auf seine Initiative hin haben die Fürsten ihr eidlich das Recht eingeräumt, bei einer Thronvakanz eine Designation vorzunehmen [72: W. BERGES, Designationsrecht]. Ihre Misserfolge haben sie jedoch schließlich veranlasst, die faktische Regentschaft den Fürsten zu überlassen. Ob ihr Versagen mitverantwortlich für den nun einsetzenden Rückgang der Bedeutung der Herrscherin im politischen Leben zu machen ist [vgl. 220: ERKENS, 259], bleibe dahingestellt. Ohne Zweifel aber fällt schwerer ins Gewicht, dass die Fürsten auf die Dauer ihren Anspruch auf Teilhabe an der Herrschaft festigen konnten und dass sich das transpersonale Element in den Vorstellungen vom Staate verstärkte.

Regentschaft der Kaiserin Agnes

4. Imperiales Königtum und Titelfrage

Die Hegemonialstellung des ostfränkisch-deutschen Königtums war die entscheidende Voraussetzung für die Erneuerung des Kaisertums durch Otto den Großen und die Vereinigung Deutschlands und Italiens im Imperium, das endgültig seit Konrad II. die Bezeichnung *imperium Romanum* führte. In der deutschen Forschung hat man den Begriff „imperiales Königtum" verwandt, um die hegemonialen Grundlagen zu kennzeichnen [234: H. BEUMANN; 19: G. ALTHOFF/H. KELLER, 158ff.]. Für Widukind hatte das liudolfingische Königtum diesen Status bereits mit Heinrich I. erreicht [BEUMANN, ebd., 251f.; DERS., 249: Widukind, 259ff.]. Wenn der sächsische Autor aus kritischer Distanz die römische Kaiserkrönung des Jahres 962 mit Stillschweigen überging, so hat Otto I. selbst sie ohne Zögern akzeptiert und sich mit der neu erworbenen Würde in die fränkisch-karolingische Tradition gestellt [24: C. BRÜHL, Deutschland, 550ff.]. Dem Versuch K.-U. JÄSCHKES [239], auch im Sprachgebrauch der Kanzlei vor 962 eine – allerdings staatsrechtlich nicht verbindliche – „imperialisierende Terminologie" nachzuweisen, begegnete die Forschung allerdings mit Skepsis [244: E. E. STENGEL] und Ablehnung [238: H. HOFFMANN, 38ff.].

Hegemonialstellung des ostfränkisch-deutschen Königtums

Das Kaisertum oder das Problem der Vorteile und Nachteile der Kaiserpolitik für die deutsche Geschichte ist nicht unser Thema. Allerdings erhebt sich die Frage nach einer möglichen Abgrenzung von königlicher und kaiserlicher Gewalt. Überwiegend wird das Verhältnis so gesehen, dass die kaiserliche Würde dem deutschen König keinen Zuwachs an realer Macht verschaffte [327: SCHRAMM, Herrscherbild, 189; DERS. in: 14: IV, 525; O. ENGELS in: 8: III, 538]; „die Königsvorstellung war auch der Kerninhalt der Kaiservorstellung" [135: E. MÜLLER-MERTENS, Reichsstruktur, 67]. Weder im Ideengut der Liturgie [268: R. ELZE, Ordines, XXVII; 93: C. ERDMANN, Ottonisches Pontifikale, 77] noch im Formular der Urkunden [239: JÄSCHKE, 167; 245: H. WOLFRAM, Intitulatio, 59] wird ein wesentlicher Unterschied zum Ausdruck gebracht. Freilich sind im Kaisertum begründete realpolitische Vorteile – z. B. die Konsequenzen der Verbindung zum Papsttum für das Verhältnis zur Reichskirche oder die integrative Wirkung auf die deutschen Stämme – nicht zu verkennen, doch jenseits aller dieser positiven Impulse hat das ottonisch-salische Königtum mit dem Erwerb der Kaiserkrone sicherlich vor allem eine Steigerung seiner Sakralität, eine tiefere Begründung des Gottesgnadentums erfahren [192: J. FLECKENSTEIN, Reichskirche, 87; 19: G. ALTHOFF/H. KELLER, 242ff.].

Die fortschreitende gedankliche Verschmelzung von Königtum und Kaisertum hat sich allmählich auch auf den deutschen Königstitel ausgewirkt. Im Bonner Vertrag von 921 traten sich der *rex Francorum orientalium* Heinrich und der *rex Francorum occidentalium* Karl als die Repräsentanten der beiden karolingischen Nachfolgestaaten gleichberechtigt gegenüber [24: C. BRÜHL, Deutschland, 172ff.]. In der Folgezeit führte der deutsche König – abgesehen von seltenen Sonderformen, die aus einer aktuellen politischen Situation oder regionalen Besonderheiten (Lothringien) zu erklären sind – den absoluten Titel [245: WOLFRAM, Intitulatio, 103ff.]. Besondere Aufmerksamkeit fand aber in der Forschung die seit Heinrich II. sporadisch auftauchende Titelform *rex Romanorum*. Nachdem man den Römerzusatz zunächst als eher unerheblich, als Irrtum des Notars oder gar als Fälschung abgetan hatte [236: J. FICKER; 235: R. BUCHNER], hat schließlich H. BEUMANN [233] die Belege diplomatisch besser abgesichert und aus der Beeinflussung durch den seit Otto II./Otto III. etablierten römischen Kaisertitel erklärt sowie als Bezeichnungen für den *futurus imperator* interpretiert. Er schließt sich der von E. MÜLLER-MERTENS [51: Regnum Teutonicum, 145ff.] vertretenen Auffassung an, dass die Verwendung der *rex Teutonicorum/Teutonicus*-Titulatur durch Gregor VII. als staatsrechtlich begründete und propagandistisch wirksame Leugnung der hegemonial-imperialen Qualität der salischen Königsherrschaft zu verstehen sei, und deutet daher die Einbeziehung des Römernamens in den Königstitel als Kanzleinorm seit Heinrich V.

als einen Gegenzug der Reichsregierung gegen die päpstliche Politik [ebd., 791]. W. Chr. Schneider [243] und B. Merta [241] haben demgegenüber die „Ereignisbezogenheit" [245: Wolfram, Intitulatio, 12] der Intitulatio stärker hervorgehoben und damit auch die These von einer als Angriff auf das ottonisch-salische Herrschaftsverständnis zu deutenden päpstlichen Titelpolitik relativiert. Nicht zu verkennen ist freilich, dass der nun übliche Normtitel, der auch seit 1110 auf Heinrichs V. zweitem Königssiegel erscheint [237: A. Gawlik], den Prozess der Imperialisierung der deutschen Königs- und Reichsauffassung wesentlich gefördert hat [vgl. dazu auch 240: G. Koch, Sacrum Imperium, 111ff., und 347: T. Struve, Romgedanke]. Imperialisierung der Königs-und Reichsauffassung

5. Ideengeschichte des Königtums

5.1 Die Historiographie als Quelle für die Ideengeschichte des Königtums

Angesichts der geringen institutionellen Ausgestaltung des frühmittelalterlichen Staates kommt der Frage nach den ideellen Grundlagen des Königtums im Hinblick auf die Beurteilung der inneren Festigkeit der Monarchie und ihrer Anerkennung durch die Beherrschten gesteigerte Bedeutung zu. Die Literaturgattung der karolingischen Fürstenspiegel, in denen eine Königsethik entwickelt und das Verhältnis von weltlicher und geistlicher Gewalt diskutiert worden war [246: H. H. Anton], findet in der uns interessierenden Epoche keine Fortsetzung und gelangt erst seit dem 12. Jahrhundert von einer veränderten Ausgangslage her zu neuer Blüte [247: W. Berges]. Lediglich gewissen Texten wie Wipos *Proverbia* und den *Gesta Chuonradi* oder der *Vita Mahthildis posterior* ist eine fürstenspiegelartige Intention oder Funktion zugeschrieben worden [254: L. Bornscheuer, 67f.; 219: P. Corbet, 207ff.]; für Corbet tritt an ihre Stelle in ottonischer Zeit die Heiligenvita. Vor allem aber spiegeln sich die Normvorstellungen der Epoche zunächst in der Historiographie wider, insofern es dieser in erster Linie nicht um die Schilderung individueller Persönlichkeiten und Schicksale, sondern um exemplarisches Handeln ging; dass sie damit zu einer wichtigen „Quelle für die Ideengeschichte des Königtums" wird, hat H. Beumann dezidiert dargelegt [248] und an repräsentativen Texten immer wieder aufgezeigt. Folgt man der von K. Hauck [250: Literatur, 172ff.] und seinem Schüler W. von Stetten [252] vertretenen Auffassung, dass die zentralen Werke der ottonischen Geschichtsschreibung als Zeug-

Ideelle Grundlagen des Königtums

Keine Fortsetzung der „Fürstenspiegel"

Die Historiographie als Quelle für die Ideengeschichte des Königtums

"Liudolfingische Hausüberlieferung"?

nisse einer „liudolfingischen Hausüberlieferung" zu verstehen sind, dann müsste man davon ausgehen, dass die Königsfamilie selbst auf die Geschichtsschreibung – etwa in legitimationsstrategischer Absicht – Einfluss genommen hat; doch hat E. KARPF [251: 187ff.] kritisch angemerkt, dass sich dafür überzeugende Belege nicht beibringen lassen, und demgegenüber in seiner eingehenden Untersuchung die Reichsbezogenheit der ottonischen Historiographie herausgearbeitet. Er kann darüber hinaus aufzeigen, dass das „familiäre Geflecht" für die Herrschaftsausübung in der Sicht der meisten Autoren eine wichtige Rolle spielt; doch geht er sicher zu weit, wenn er in diesem Zusammenhang von „familiärer Herrschaftsteilung" [ebd., 201] spricht. Auch wenn man mit K. J. LEYSER annehmen will, dass über den Herrscher hinaus den anderen Mitgliedern der königlichen Sippe eine gewisse Sakralität beigelegt wurde [189: Herrschaft, 138ff.], so ist doch an der herausragenden Stellung des regierenden Königs nicht zu zweifeln. Es hängt von den persönlichen Motiven und Bindungen des Autors ab, welche Bedeutung er anderen Mitgliedern der königlichen Familie zugesteht.

Reichsbezogenheit der ottonischen Historiographie

Neben die in ottonisch-frühsalischer Zeit nicht sehr umfangreiche Historiographie treten weitere, andersartige Quellenzeugnisse, die sich die Forschung erst allmählich für die Deutung königlicher Herrschaft erschlossen hat: Hierzu zählen die liturgischen Texte, im Besonderen die *Ordines* der Herrscherweihe, ferner die Reichsinsignien und Herrschaftszeichen sowie die Herrscherbildnisse, die in ihrer herrschaftstheologischen Aussage z. T. weit über das hinausgehen, was die karolingische Epoche darzustellen gewagt hatte. Die Umbruchzeit des Investiturstreites schließlich hat Traktate und Manifeste hervorgebracht, die C. ERDMANN [333] als „Anfänge der staatlichen Propaganda" charakterisiert hat.

5.2 Sakralcharakter und christozentrisches Königtum

Die sakrale Legitimierung der Herrschaft

Seit F. KERNS bahnbrechendem Werk [31: Gottesgnadentum] steht das Problem des Gottesgnadentums, die sakrale Legitimierung der Herrschaft, im Mittelpunkt des wissenschaftlichen Bemühens um ein tieferes Verständnis mittelalterlichen Königtums [vgl. 255: E.-M. EDSMAN]. Der Prozess der Verschmelzung antiker, christlicher und germanischer Traditionen gelangte in der Karolingerzeit zu einem gewissen Abschluss, die Verchristlichung der Königsidee fand ihren Ausdruck in der seit Pippins Staatsstreich eingeführten Salbung. Gerade in der deutschen verfassungsgeschichtlichen Forschung ist aber immer

5. Ideengeschichte des Königtums 103

wieder die Frage nach dem germanischen Erbe erörtert worden; auf das Königtum bezogen, bedeutet dies die Frage nach dem Fortleben magisch-sakraler Vorstellungen vorchristlichen Ursprungs, die im Begriff des „Königsheils" gefasst werden. Es ist hier nicht der Ort, das Problem der germanischen Kontinuität und den Begriff des Germanischen überhaupt grundsätzlich zu diskutieren [vgl. 262: H. W. KLEWITZ, Erbe; 26: F. GRAUS, Verfassungsgeschichte]; für das 10./11. Jahrhundert aber sind einige Schlüsseltexte wohl nicht anders als im Lichte fortwirkender Vorstellungen vom Königsheil zu interpretieren. H. BEUMANN hat Konrads I. Worte in Widukinds Bericht über die „Designation" Heinrichs I. [I, 25], dass *fortuna atque mores* auf den Liudolfinger übergegangen seien, so gedeutet [253: Legitimierung, 158ff.; 249: Widukind, 237ff.; zur Übersetzung vgl. auch 35: SCHLESINGER, Anfänge, 157; 262: KLEWITZ, 69], und daran wird auch unbeschadet des von BEUMANN selbst geführten Nachweises, dass diese Phrase aus Sallust entlehnt ist [HZ 195 (1962) 544 Anm. 4], festzuhalten sein. M. LINTZEL hat das in der *Vita Mahthildis posterior* für eine Thronkandidatur von Ottos I. Bruder Heinrich vorgebrachte Argument, dieser sei *in aula regali* [c. 9, SS IV, 289], d. h. als sein Vater bereits König war, geboren, mit den Vorstellungen vom Geblütsrecht und der Vererbung königlichen Heils in Verbindung gebracht [263]. Auch die Vorgänge in Lüttich, wo das Volk von dem toten Herrscher Heinrich IV. Erntesegen erwartete – und dies, obwohl der Salier im Kirchenbann verstorben war –, gehören in diese Vorstellungswelt [18: E. BOSHOF, Salier, 265; 264: H. K. SCHULZE, 184f.]. Man wird also davon ausgehen können, dass magisch-sakrale Auffassungen vom Heil des Königs, bei Widukind in antikes Formelgut gekleidet [249: BEUMANN, Widukind, 253f.], vor allem in den einfachen Schichten des Volkes noch fortlebten. Auch das Schlachtenglück (933, 955) kann als Beweis für dieses Heil aufgefasst worden sein [253: BEUMANN, Legitimierung, 164]; es ist aber zugleich Zeichen der Gotterwähltheit des Herrschers im christlichen Verständnis [19: G. ALTHOFF/H. KELLER, 90, 142]. Unterschiedliche Traditionen vereinen sich hier, sind nicht immer eindeutig zu sondern [vgl. auch 189: K. J. LEYSER, Herrschaft, 142ff.]; die christliche Umdeutung von Königsheil und Erbcharisma hätte ohne die tiefe Verwurzelung des „Königsmythos" in der Vorstellungswelt der *illiterati* vielleicht nicht eine so nachhaltige Wirkung und legitimierende Kraft gewinnen können [vgl. 253: BEUMANN, Legitimierung, 190; 264: SCHULZE].

Ein bereits christliches Charisma, angesichts fehlender Salbung Heinrichs I. als unmittelbares Gottesgnadentum verstanden, zeigt der Herrscher nach H. BEUMANN aber auch schon bei Widukind [249: Wi-

Das Problem des Königsheils

Christliche Umdeutung des Königsmythos

dukind, 242ff.; 253: Legitimierung, 152f.], und die Auffassung, dass die Ottonen unmittelbar durch Gott zur Herrschaft berufen und legitimiert worden seien, ist ebenso bei Liudprand von Cremona und Adalbert fassbar [259: K. HAUCK, Adalbert; kritisch aber 251: KARPF, 47ff.]. Ruotger weist der kirchlichen Legitimierung eine besondere Bedeutung zu; Otto ist „Gesalbter des Herrn" [*christus Domini*: Vita Brunonis c. 15]. Mit dem Begriff *regale sacerdotium* [c. 20] umschreibt der Autor jenen Synergismus von weltlicher und geistlicher Gewalt, der die von Otto begründete Reichsordnung charakterisiert [KARPF, ebd., 66ff.]. Frieden und Eintracht sind das Signum gottgewollter Herrschaft. Dass jedoch neben der kirchlich-sakralen Herrscherlegitimation auch dem Wählerwillen und dem Idoneitätsprinzip eine wichtige Funktion im politischen Denken der Zeit zukommt, hat E. KARPF [251] an mehreren Autoren der ottonischen Historiographie aufweisen können.

*„Christus domini"
und „regale sacerdotium"*

Unter dem von Hieronymus übernommenen Begriff *miseriae regum* untersucht L. BORNSCHEUER [254] die Darstellung der herrscherlichen Krisenerfahrung der ottonisch-salischen Zeit. Das Erlebnis des Leides wird zur *imitatio Christi*, die in der Bezeugung der zentralen Herrschertugend der Demut *(humilitas)* und der Erfahrung der Erhöhung Herrschaft legitimiert. Der Verfasser kennzeichnet dieses Deutungsmodell als „(christomimetische) Herrschaftstheologie" [kritisch H. GRUNDMANN in: DA 25 (1969) 583f.]. Nicht immer überzeugt seine Interpretation, aber zweifellos richtig ist die starke Betonung der christozentrischen Sicht der Herrschaft in dieser Epoche: Der König erscheint als „Stellvertreter Christi" *(vicarius Christi)* auf Erden. An den Beispielen des sog. Normannischen Anonymus und des Herrscherbildes im Aachener Liutharevangeliar (s. u.) hat E. KANTOROWICZ [261: Deus per naturam; 260: Two Bodies, 42ff.] diese Deutung noch vertieft.

Christozentrisches Königtum

Von den Herrschern der ottonisch-salischen Epoche ist nur Heinrich II. – aber erst durch Papst Eugen III. – kanonisiert worden [256: R. FOLZ, Saints rois, 84ff. sowie: 257; allgemein 258: F. GRAUS]. Die ottonische Hagiographie kennt den Typus des heiligen Königs nicht; die Heiligen der ottonischen Familie sind Frauen, und die Heiligkeit ist nicht durch Geblüt und Funktion begründet, sondern offenbart sich als individuelle Vorbildhaftigkeit [219: P. CORBET, Saints ottoniens]. In dieser Hinsicht stellt die Hagiographie nicht ein Element der Königsideologie dar, und die Herrscher haben offenbar auch nicht versucht, sie sich in diesem Sinne verfügbar zu machen. Dennoch kann die Heiligkeit eines Mitglieds der Dynastie eine gewisse legitimierende Funktion haben, indem sie diese als *beata stirps*, als *Deo dilecta familia* [Vita Brunonis, 42] ausweist.

Hagiographie und Königtum

5. Ideengeschichte des Königtums

5.3 Die Königsvorstellung in der Liturgie

In den herrschaftstheologischen Vorstellungen der Historiographie spiegelt sich auch die Stellung des Herrschers in der Liturgie; E. KANTOROWICZ spricht von einem „liturgischen Königtum" [„liturgical kingship" – 260: 78]. Dabei kommt den Krönungs*ordines* eine besondere Bedeutung zu. Die Verbindung von Krönung und Salbung und die damit seit dem 9. Jahrhundert einhergehende, vor allem im Westfrankenreich vorangetriebene Verkirchlichung des Thronerhebungsaktes hat am Ende des 9. und im Verlaufe des 10. Jahrhunderts zu einer Verfestigung des Rituals und einer Standardisierung der liturgischen Texte zur Königsweihe geführt. Der Bericht Widukinds von Korvey über Ottos I. Thronerhebung zu Aachen setzt in seiner Ausführlichkeit und Detailkenntnis sicherlich einen Krönungsordo voraus [dagegen 24: C. BRÜHL, Deutschland, 467ff.], doch lässt sich keiner der auf uns gekommenen liturgischen Texte als konkretes Vorbild fassen. So ist der in das nach geltender Forschungsmeinung um 950 bis 963/64 in St. Alban in Mainz entstandene sog. *Pontificale Romano-Germanicum* [274: VOGEL/ELZE] aufgenommene Krönungsordo [= Mainzer Ordo; ed. Nr. LXXII, 246ff.] der älteste deutsche *Ordo*; über dieses weit verbreitete „ottonische Pontifikale" [93: C. ERDMANN, 52ff.] gewann er größte Bedeutung für die liturgische Geschichte der Monarchie in Europa [111: P. E. SCHRAMM, Krönung, 62].

Krönungs*ordines*

Der *Ordo* gibt die Abfolge der Einzelakte bei der Königsweihe [ebd., 62ff.] wieder. Die liturgischen Anweisungen sind jeweils mit Segensformeln und Gebeten verknüpft, in denen eine klar formulierte Theorie vom Wesen königlicher Herrschaft und vom Verhältnis von weltlicher und geistlicher Gewalt zueinander zum Ausdruck kommt. Das alttestamentliche Königtum Davids [ebd., 127f.] und Salomons wird als Vorbild beschworen; Heil, Segen und Waffenglück werden auf den Geweihten herabgefleht. Dabei tritt die Vermittlerfunktion der Bischöfe sehr deutlich hervor: Sie vertreten die Stelle der Apostel und handeln in göttlichem Auftrag; aus ihrer Hand empfängt der nun – nach der Salbung – als König Bezeichnete die Krone, und die bei der Thronsetzung gesprochene *Sta et retine*-Formel verbindet kunstvoll das Erbrecht des neuen Herrschers mit dem göttlichen Mandat und dem Übertragungsakt der Bischöfe. Aber der König erscheint auch seinerseits als *vicarius Christi* [vgl. 267: DÜRIG] und der Apostel, als *typus* des Erlösers, und er wird durch die Weihe des bischöflichen Amtes teilhaftig. Der Gewaltendualismus ist die Grundlage dieser Herrschaftsvorstellungen: Herrschaft beruht auf göttlichem Auftrag;

Die königliche Herrschaft in der Sicht des Mainzer *Ordo*

in diesem Sinne ist der sakrale Charakter des Königtums fraglos und unbedingt akzeptiert, aber der König hat der Tatsache eingedenk zu bleiben, dass die Geistlichkeit dem Altare näher als jeder andere steht, und er hat sich daher für ihren *honor*, ihre Rechts- und Ehrenstellung, um so wirkungsvoller einzusetzen. Der *Ordo* ist damit zugleich ein Dokument des Selbstverständnisses und Selbstbewusstseins des Episkopats.

Probleme der Ordines-Forschung

Wenn die *Ordines* zur Darstellung der Herrscheridee der ottonisch-salischen Zeit herangezogen werden, ist freilich auch zu bedenken, dass der Mainzer *Ordo* das Werk eines Kompilators ist, der auf den ersten Blick nicht viel mehr tat, als die in der Tradition vorhandenen Einzelstücke zu einem Ganzen zu verknüpfen. Die moderne *Ordines*-Forschung hat ihren Anfang mit der im Jahre 1873 erschienenen Göttinger Akademieabhandlung von G. WAITZ genommen [276] und ist vor allem durch die Arbeiten von P. E. SCHRAMM [109–111; 273] wesentlich gefördert worden. C. ERDMANN [93: 54ff.] hat nachweisen können, dass der Redaktor von St. Alban zwei *Ordines* vereinigte: den frühesten, zu Beginn des 10. Jahrhunderts entstandenen deutschen Krönungs*ordo*, von ihm als Frühdeutscher *Ordo* bezeichnet [ebd., 83–87], und einen *Ordo* westfränkischen Ursprungs, der vor der Jahrhundertwende abgefasst worden sein dürfte und von ihm entsprechend seinem Aufbau „Ordo der sieben Formeln" [ebd., 87–89] genannt wird. C. A. BOUMAN [88] hat seine Ergebnisse in einer minutiösen Untersuchung der Entstehung der hier diskutierten Texte im Wesentlichen bestätigt und dabei sehr

Westfränkische Tradition

stark die westfränkische Tradition, in der also auch der Mainzer *Ordo* steht, betont. Er hat gleichzeitig deutlich gemacht, dass die Redaktoren der Texte in der Zusammenstellung der Formeln durchaus über einen größeren Spielraum verfügten, solange eine Vollform des *Ordo* noch nicht ausgebildet war, die Angleichung an das Ritual der Bischofsweihe daher nicht unbedingt einer herrschaftstheologischen Konzeption folgen musste, sondern auch den mehr äußerlichen Grund haben konnte, dass mit jenen Texten bereits geeignete Vorlagen existierten.

Nach der grundlegenden Arbeit von BOUMAN und den Editionen des *Pontificale Romano-Germanicum* durch C. VOGEL und R. ELZE sowie der *Ordines* für die Weihe und Krönung des Kaisers und der Kaiserin durch R. ELZE [268] ist die *Ordines*-Forschung erneut in Bewegung geraten durch die Untersuchungen von J. NELSON [103], die gegenüber der westfränkischen Tradition stärker die Bedeutung der in den von ihr früher als in der bisherigen Forschung angesetzten

Angelsächsisch-insulare Tradition

angelsächsischen *Ordines* fassbaren angelsächsisch-insularen Tradition hervorhebt. Auf diese Probleme ist hier nicht einzugehen [vgl. aber auch 106: J. PRELOG, Weihesalbungen]; eine künftige Gesamtedition der Königs*ordines* wird in diesen offenen Fragen Klarheit schaffen müssen. Als Fazit aber ergibt sich aus der bisherigen Forschung, dass bei der Interpretation des liturgischen Formelgutes der *Ordines* Vorsicht geboten ist. Zu beachten sind die Traditionsströme, die sich in diesen Texten vereinigen; zu beachten ist, dass der Nachweis der Benutzung eines auf uns gekommenen *Ordo* bei einer bestimmten Thronerhebung kaum möglich ist, abgesehen davon, dass nur der kirchliche Teil des Zeremoniells hier erfasst ist. Diese Texte haben nicht protokollarische Funktion, ihnen kommt nicht die Verbindlichkeit rechtlicher Vorschriften zu, zu unterstreichen ist ihr literarischer Charakter. Eine These, wie die von W. ULLMANN vertretene [275], der aus den *Ordines* eine mittelalterliche Souveränitätstheorie herausliest, nach der das theokratisch fundierte Königtum sich aus der Volksgemeinschaft gelöst habe, überfordert die Aussagekraft der Quellengattung. Sie ist schon in sich widersprüchlich, da sie den Klerus in seiner Vermittlerfunktion aus der königlichen Herrschaftsgewalt ausnimmt. Zu bedenken ist aber anderseits, dass diese Texte nicht abseits der politischen Wirklichkeit entstanden. Man wird davon ausgehen können, dass die Redaktionsarbeit im Mainzer Skriptorium unter höchster Aufsicht, vielleicht des Erzbischofs selbst stand [vgl. 274: XV], zumal wenn der Krönungs*ordo* tatsächlich für die Thronerhebung Ottos II. 961 zusammengestellt worden sein sollte [111: SCHRAMM, 70; 274: VOGEL/ELZE, XVII], was zumindest eine ansprechende Vermutung ist. Die große Bedeutung der Liturgie, die sinnenfällig die Verbindung des irdischen Bereichs mit dem jenseitigen herstellte und die Schranken des irdischen Daseins überwand, gibt gerade auch den liturgischen Texten ihre Autorität; wenn schon nicht das konkrete politische Handeln unmittelbar durch sie bestimmt wurde, so konnten sie gerade auch angesichts der großen Verbreitung des *Pontificale Romano-Germanicum* doch einen entscheidenden Einfluss auf das politische Denken vor allem der geistig führenden Schicht der Geistlichkeit, der sie überdies eine überragende Rolle im Zeremoniell zugestanden, ausüben. Das aus der Tradition überkommene Formelgut wurde ja nicht gedankenlos übernommen, sondern die Redaktoren und ihre Auftraggeber identifizierten sich damit, und in dieser Sicht haben die *Ordines*-Texte ihren hohen Rang sowohl als Zeugnisse für die fortschreitende Verkirchlichung oder Vergeistlichung der Thronerhebung wie auch im Sinne staatstheoretischer Äußerung als Belege für den Sakralcharakter des ottonisch-salischen Königtums, den theokratischen Amtsgedanken und den Synergismus von weltlicher und geistlicher Gewalt. In diesem Sinne sind sie von den

Literarischer Charakter der *Ordines*

Texte nicht losgelöst von der politischen Wirklichkeit

Zeugnis fortschreitender Verkirchlichung der Thronerhebung

Heinrizianern noch in den Traktaten des Investiturstreits verwandt worden [111: SCHRAMM, Krönung, 62; 240: G. KOCH, Sacrum Imperium, 82f.].

Salbung und Krönung sind ein einmaliger Akt; aber was sich hier manifestiert als Heraushebung des Herrschers über die Masse der Laien und als Einklang von Monarchie und Geistlichkeit, setzt sich fort in den Festkrönungen [99: KLEWITZ; 89: BRÜHL; s. 0.], im Zeremoniell des herrscherlichen Gottesdienstes an Festtagen oder zu besonderen Anlässen [265: K. J. BENZ], in der feierlichen Einholung des Herrschers beim Besuch eines Klosters [277: P. WILLMES], in Votivmessen *pro rege* und im liturgischen Gebet für König, Kaiser und Reich [266: L. BIEHL]. Zu den eindrucksvollsten Zeugnissen dieser Art gehören die Herrscher-*Laudes (Laudes regiae)*, die, wie B. OPFERMANN [271] und E. KANTOROWICZ [270] gezeigt haben, aus der Verschmelzung von spätantik-christlichen Herrscherakklamationen, irisch-angelsächsischen Heiligenanrufungen und fränkischer Hymnentradition entstanden sind und im Gottesdienst gesungen wurden [vgl. auch 269: R. ELZE]. Nicht demütig-hilfeflehend wie die üblichen Litaneien, sondern auf einen sieghaft-triumphalen Ton gestimmt, ordnet der Akklamationsteil nach der Triade: *Christus vincit, Christus regnat, Christus imperat* den irdischen Gewalten, Papst, König, königlicher Familie, Heer, die entsprechenden Vertreter der himmlischen Hierarchie, Apostel, Erzengel, Heilige, zu und steigert der christologische Teil die Lobpreisungen Christi zu einer – nur auf Christus als den Weltenherrscher bezogenen – Doxologie. Die Parallelisierung von irdischer und himmlischer Hierarchie spiegelt in dezidiert christozentrischer Sicht die Harmonie beider Welten wider [270: 56ff.]; dem König sind dabei gegenüber dem Papst die höherrangigen Heiligen zugeordnet [ebd., 44]. Es kommt nicht von ungefähr, dass die Überlieferungstradition in Deutschland mit der Zeit des Investiturstreits abbricht [ebd., 100].

5.4 Das Königskanonikat

Als eine besondere Manifestation des Sakralcharakters des Königtums gilt der Forschung das Königskanonikat, die Stellung des Königs als Kanoniker mit Sitz und Stimme sowie einer Pfründe in Stiftskirchen und Domkapiteln des Reiches. Auf diese Institution, in der sich geistliche und weltliche Elemente königlicher Herrschaft, *christus Domini* und *rector ecclesiae*, zu verbinden schienen, hat zuerst A. SCHULTE [283], der Heinrich II. als ihren Begründer ansah, den Blick gelenkt. J. FLECKENSTEIN [280: Rex canonicus; 94: Hofkapelle, 151ff., 230ff.]

hat demgegenüber die Anfänge schon für Otto III. nachzuweisen gesucht. Die geltende Auffassung ist jedoch von M. GROTEN [282] verworfen worden, der ein Königskanonikat als Institution erst für das 12. Jahrhundert annimmt und die vorher nachweisbaren Verbindungen des Königtums mit Dom-/Stiftskapiteln als Gebetsverbrüderungen interpretiert, die auch einen Anteil an der *prebenda* einschließen konnten. Seine Argumente sind durch H. FUHRMANN [281] und H. BOOCKMANN [278] nicht wirklich entkräftet worden; die Diskussion hat J. WOLLASCH [328] mit der Untersuchung von Gebetsverbrüderungen von Herrschern mit Klöstern fortgeführt. Eine wirkliche, auch terminologische Klärung steht trotz einer in diese Richtung gehenden Untersuchung von M. BORGOLTE [279], der die Institution erst dem 12. Jahrhundert zuordnen möchte, noch aus.

<small>Königskanonikat oder Gebetsverbrüderung</small>

5.5 *Herrschaftszeichen und Reichsinsignien*

Ein wichtiges Kapitel in der Ideengeschichte des Königtums stellt die Geschichte der Herrschaftszeichen und im Besonderen der Reichsinsignien *(insignia regalia)* dar. Sie werden in den Quellen in ihrer Gesamtheit auch als *ornatus* oder *apparatus regius* bezeichnet und in der Forschung als „Legitimationsmittel" gedeutet; dazu äußerte sich kritisch H. MITTEIS [32: Königswahl, 89ff.], der seinerseits aber auch – mit Bezug auf SCHRAMM [304: III, 122f.] – von „Festigung, Beglaubigung, Corroboratio" der Herrschaft durch die Übergabe spricht und damit einen Begriff aufnimmt, den schon Wipo zu 1024 in Gesta 2 verwandt hat. Widukind zählt zu ihnen schon für 919 außer der Krone noch Schwert, goldene Spangen *(armillae aureae)*, Mantel und – fälschlich – die Heilige Lanze [I, 25] und zu 936 außerdem Stab und Szepter [II, 1]. Der Mainzer *Ordo* führt darüber hinaus den Ring auf. In den späteren *Ordines* fallen die Armspangen, die sowohl bei Widukind als auch im *Ordo* unerklärt bleiben [vgl. 304: SCHRAMM: II, 538ff.], fort, und auch die Doppelung von Szepter und Stab wird aufgegeben, indem an die Stelle des Stabes seit dem 11. Jahrhundert mehr und mehr der Reichsapfel tritt [ebd., III, 77; 306: Sphaira]. Die Erforschung der Herrschaftszeichen verdankt dem großen Sammelwerk von P. E. SCHRAMM [304] entscheidende Impulse. Er hat den Begriff geprägt, die Bedeutung der Bildzeugnisse als gegenüber den Wortzeugnissen eigenständige Quelle für das Verständnis des mittelalterlichen Königtums herausgestellt und sich intensiv Fragen der methodischen Grundlegung der Disziplin, die in der Tradition der Rechtsaltertümer J. GRIMMs und der Rechtsarchäologie steht, gewidmet [307; 308: 665ff., 684ff.; 304 I: 1ff.]. Den

<small>Legitimationsmittel?</small>

„Staatssymbolik"

Germanische
Tradition und
byzantinische
Vorbilder

Probleme um die
„Heilige Lanze"

Begriff „Symbol" bewusst vermeidend, um der Gefahr ausschweifender Spekulation vorzubeugen, hat er gleichwohl den Herrschaftszeichen die „Staatssymbolik" zugeordnet, worunter er den Bereich der Bräuche, Gesten und Gegengesten versteht, in denen sich Verständnis und Selbstverständnis sowie Anspruch auf Herrschaft und ihre Anerkennung manifestieren. Die Kritik hat die große Sammelleistung und die Fülle neuer Erkenntnisse gebührend gewürdigt [vgl. 284: J. BAK], aber auch Bedenken gegen die der Rechtssystematik entbehrende Methode und die Gleichsetzung von Staat und Königtum vorgetragen [vgl. K. S. BADER u. F. VERCAUTEREN in: 304]. Auf Grundsätzliches zielen auch die Einwände von A. GRABAR [299] und J. DEÉR [290]. GRABAR wirft SCHRAMM vor, die historische Perspektive durch die Überbetonung der germanischen Tradition verzerrt zu haben, und legt seinerseits – wohl auch nicht immer ausgewogen – den Hauptakzent auf iranisch-byzantinische Vorbilder, also die Nachwirkung des antiken Herrscherkultes. DEÉR nimmt diese Kritik auf und sucht sie mit zahlreichen Einzelbeobachtungen zu untermauern. Auch hier stellt sich also die Frage nach dem Gewicht einer eigenständigen germanischen Tradition, und die Auffassungen liegen stellenweise noch weit auseinander.

Besondere Probleme wirft die „Heilige Lanze" auf [vgl. 302: A. HOFMEISTER; 304: SCHRAMM, II, 492ff.], die in der Historiographie bei Widukind als *sacra lancea* [I, 25] erscheint, von Liudprand [Antapodosis IV, 25] wohl wegen der „siegbringenden Nägel" *(victoriferi clavi)* vom Kreuze Christi, die in sie eingearbeitet waren [259: HAUCK, Adalbert, 315ff.; 312: H. TRNEK, 159ff.], vorsichtig mit Konstantin, von Brun von Querfurt dann mit Mauritius, dem Märtyrer der Thebäischen Legion und ottonischen Reichsheiligen, in Verbindung gebracht wird. Heinrich I. hat sie – der Zeitpunkt ist umstritten [eher 926 als 935 – 286: H. BÜTTNER, 50ff.] – von Rudolf II. von Burgund erworben und dafür auf einen Teil Schwabens mit Basel verzichtet. Da sie nach Liudprand dem König Rudolf von dem italischen Grafen Samson „geschenkt" worden war, hat man sie mit der Anerkennung der burgundischen Herrschaft im *regnum Italiae* verknüpft und als Kommendationssymbol gedeutet; mit der Lanze habe Heinrich symbolisch auch den Anspruch auf Italien übernommen [304: SCHRAMM, II, 534ff.]. SCHRAMM hat die Lanze als Herrschaftszeichen in germanische Tradition gestellt, jedoch O. HÖFLERS überzogene Deutung, die sie mit dem Speer Odins und damit wieder mit Königsheilvorstellungen in Zusammenhang brachte [300], deutlich zurückgewiesen. Auch in diesem Falle setzt DEÉR die Akzente anders; er vertritt die Auffassung [290: 63f.], dass die Heilige Lanze nach 962 eine Uminterpretation erfuhr, die sie zum Prozes-

5. Ideengeschichte des Königtums

sionsinsigne machte und als kaiserliche Lanze der byzantinischen Kaiserlanze – möglicherweise sogar im Aussehen – anglich. Bringt man die Mannigfaltigkeit der möglichen Sinnbezüge auf einen Nenner, so wird die Doppelnatur der *sacra lancea* als Herrschaftszeichen und heilbringende Christusreliquie deutlich [304: SCHRAMM, II, 505; 310: B. SCHWINEKÖPER, 207ff.]; dass sie in einer Ausnahmesituation auch als Investitursymbol bei der Erhebung des Herrschers verwandt wurde, ist bereits gesagt worden. Die Lanzenspitze erhielt nach 1024 in dem von Konrad II. gestifteten Reichskreuz [312: TRNEK, 155ff.], in dessen Querarm sie geborgen wurde, ein kostbares Reliquiar, das zu ihr, wie die den Sieg des Königs erflehende Widmungsinschrift zeigt, auch im Sinngehalt in enger Beziehung stand [310: SCHWINEKÖPER, 235ff.].

Herrschaftszeichen und Christusreliquie

Reichskreuz

Erst allmählich hat der Reichsapfel *(pomum)*, seiner Herkunft nach Abbild des Kosmos und der Erde *(sphaira, globus)* und damit Zeichen der Weltherrschaft, einen Platz unter den Insignien – und dabei vornehmlich, aber nicht ausschließlich, dem Kaiser zugeordnet – gefunden. P. E. SCHRAMM hat die Auffassung vertreten, dass er erst seit 1014, als Papst Benedikt VIII. Heinrich II. ein *pomum* schenkte, aus der Bildsphäre in die reale Existenz getreten sei, und dies von der *Renovatio*-Idee Ottos III. her erklärt, aber auch, da dem Reichsapfel ein Kreuz aufgesetzt ist, mit der christozentrischen Sicht der Herrschaft in Zusammenhang gebracht [306: 60ff.]. Die These von der bloßen Bildhaftigkeit der antiken und byzantinischen Zeugnisse hat DEÉR [292] nicht gelten lassen; nach ihm war der *globus* immer schon tatsächlich verwendetes Herrschaftszeichen und leitet sich der abendländische Reichsapfel von der byzantinischen *sphaira* her.

Reichsapfel

Den Thron hat SCHRAMM in die Tradition des germanischen Hochsitzes gestellt [304: I, 336ff.] und gefolgert, dass, ungeachtet der auch vorhandenen biblischen Sinnbezüge – etwa zum Throne Salomos –, die Thronsetzung und das mit ihr verbundene Krönungsmahl ohne die germanische Komponente aus antiker und christlicher Tradition allein nicht die Bedeutung erlangt hätten, die ihnen im deutschen Zeremoniell zukam [304: III, 794]. Dass damit auch der Problemkomplex der hausherrschaftlichen Elemente in der Königsherrschaft angesprochen ist, muss hier als Hinweis genügen [vgl. H. K. SCHULZE in: HRG I, 2030ff.].

Thron

Für die Staatssymbolik des Reiches hat der Karlsthron eine überragende Bedeutung gewonnen und der Aachener Pfalz den Rang eines Vorortes im Reich und Hauptsitz des Herrschers verschafft. Das erklärt auch, dass von deutschen Autoren bis ins 12. Jahrhundert der Thron eher als die Reichskrone als Staatsmetapher verwandt wurde [285: E. BOSHOF], während in anderen europäischen Ländern die Krone zum Symbol kö-

Der Aachener Karlsthron

niglicher und staatlicher Macht und Rechte wurde [288: CORONA REGNI; 301: H. HOFFMANN; 287: P. CLASSEN].

Bei der Betrachtung der Reichsinsignien steht natürlich seit jeher das schon Ende des 12. Jahrhunderts als Reichskrone *(des rîches krône)* bezeichnete und im Spätmittelalter auf Karl den Großen zurückgeführte Insigne im Vordergrund des Interesses. Sehen wir zunächst von seiner Bedeutung als Sinnträger ab und fragen nach der äußeren Geschichte des „Denkmals". Aufbauend auf den stilgeschichtlichen Untersuchungen von H. FILLITZ [296; 297] sind H. M. DECKER-HAUFF und P. E. SCHRAMM in einer grundlegenden, den Ausgangspunkt für alle weiteren Überlegungen bildenden Untersuchung [304 II: 560ff.] zu dem Ergebnis gelangt, dass die Krone vor 980 entstanden sein müsse. Die aus dem Vergleich mit bestimmten bildlichen Darstellungen sich ergebende relative Chronologie glaubte SCHRAMM durch ein schriftliches Zeugnis, nämlich die Nachricht in Liudprands *Historia Ottonis* [c. 3, ed. J. BECKER, 160], dass Otto I. *miro ornatu novoque apparatu* nach Rom gekommen sei, in dem Sinne präzisieren zu können, dass die Reichskrone für die Kaiserkrönung von 962 angefertigt worden sei [ebd. 578ff.; 14 III: 185ff.], doch scheidet dieser Beleg aus, da er, wie schon J. DEÉR [291: 181ff.] nachgewiesen hat, auf einer fehlerhaften Übersetzung beruht. Ein genauer Zeitpunkt für die Herstellung der Insignie ist nicht auszumachen; dementsprechend sind verschiedene historische Anlässe, die vielleicht in Frage kämen, erörtert worden: von der Frühdatierung 955/961/962 [FILLITZ; 303: G. J. KUGLER, 47f.] über 967 [311: R. STAATS, mit Betonung der Rolle Bruns von Köln], 973/978/980 [254: L. BORNSCHEUER, 213ff.; 313: H. WOLFRAM], 996 [319: K. HOFFMANN, Taufsymbolik, 57ff.] bis hin zum freilich indiskutablen Spätansatz 1137/38 [295: H. C. FAUSSNER, mit haltlosen Spekulationen über die Rolle Wibalds von Stablo]. Keiner dieser Zeitansätze hat allgemeine Zustimmung gefunden; die Frühdatierung stieß häufig auf Skepsis. Sicher erschien nur, dass Konrad II. nach seiner Thronerhebung an der achteckigen Plattenkrone jene Veränderungen habe vornehmen lassen, die ihr ihre endgültige Gestalt gaben. Ein neuer Bügel zwischen Stirn- und Nackenplatte ersetzte einen älteren, der vielleicht beschädigt war oder dem Zeitgeschmack nicht mehr entsprach. Die aus Perlen gestaltete Inschrift hebt den Auftraggeber hervor: *CHVONRADUS DEI GRATIA ROMANORV(m) AVG(ustus).* Gleichzeitig sei auf die Stirnplatte ein neues Kreuz aufgesetzt worden, das wohl ursprünglich, vom Meister des Reichskreuzes gefertigt, als Brustkreuz gedient habe und nun auf der Rückseite mit einer Darstellung der Kreuzigung in Nielllotechnik verziert wurde. Gegenüber den

5. Ideengeschichte des Königtums

auf stilkritischen Analysen und ideengeschichtlichen Überlegungen beruhenden Zeitansätzen kommt M. SCHULZE-DÖRRLAMM [309] in einer eingehenden archäologischen Untersuchung zu dem Ergebnis, dass die Reichskrone in den Jahren 1024/27 von einem in byzantinischer Manier arbeitenden Goldschmied angefertigt worden sei, der die wohl aus Italien stammenden Senkschmelzplatten mit dem Kronreif verband. Kronenbügel und Stirnkreuz wurden nachträglich – aber auch noch unter Konrad II. – hinzugefügt. Als Werkstatt komme Mainz oder eines der großen Reichsklöster in Frage. Dadurch, dass Heinrich III. sich keine eigene Krone mehr anfertigen ließ, erlangte das Insigne seines Vaters überpersönliche Geltung als die Reichskrone schlechthin.

Reichskrone unter Konrad II. angefertigt?

Die Neudatierung, die sich im Übrigen auf ältere Arbeiten berufen kann [vgl. ebd., 23], inzwischen aber schon Widerspruch erfahren hat [22: H. WESTERMANN-ANGERHAUSEN, II, 204ff.], macht die mannigfachen Bemühungen um die Deutung des Symbolgehaltes der Krone nicht hinfällig; von einem spezifisch ottonischen Kronenprogramm wird man vielleicht nun nicht mehr sprechen können, aber die Konzeption ist insgesamt Ideengut der ottonisch-salischen Zeit. Aus der Vielfalt der Sinnbezüge – Abbild des himmlischen Jerusalems in Form und Edelsteinschmuck, Verbindung von Königtum und Prophetentum, weltlicher und geistlicher Gewalt, irdischer und himmlischer Herrschaft in den Kronenplatten – kristallisiert sich als Kerngedanke das christozentrische Verständnis der Königsherrschaft heraus. Es wird formuliert im Zitat der *Maiestas Domini*-Platte: *Per me reges regnant* [Prov. 8, 15] und kommt zum Ausdruck in dem die Krone überhöhenden Kreuz.

Der Symbolgehalt der Krone

Das Insigne war Königs- und Kaiserkrone zugleich [307: SCHRAMM, Geschichte, 14; 303: KUGLER, 15]. Ob sie jedesmal bei einer Krönung in Aachen oder Rom verwandt wurde, lässt sich nicht sagen. Zu beachten ist jedenfalls, dass ein Herrscher über mehrere Kronen verfügte, womit auch die zunächst vielleicht irritierenden Nachrichten eine zwanglose Erklärung finden, dass Heinrich II. eine Krone, die er bis zur Kaiserkrönung getragen hatte, als Votivgabe über dem Altar des Apostelfürsten aufhängen ließ [Thietmar VII, 1] und dem Kloster Cluny anscheinend einen ganzen Krönungsornat schenkte [Ademar v. Chabannes III c. 37, MG SS IV, 133; vgl. SCHRAMM: 304 II, 627], Heinrich III. sogar eine Krone dem Kloster Hersfeld verpfändete, die er später wieder einlöste [D.H.III. 302].

5.6 Das Herrscherbild

Das Herrscherbild in den liturgischen Codices

Für die Ideengeschichte des Königtums hat die Forschung zunehmend die bildlichen Darstellungen der Herrscher, neben Münz- und Siegelbildern [317: W. GOEZ, Thronsiegel] in erster Linie die Dedikations-, Huldigungs- und Krönungsbilder, in den liturgischen Prachthandschriften der ottonisch-salischen Zeit ausgewertet. Unter kunsthistorischem Aspekt als Glanzleistungen der frühmittelalterlichen Buchmalerei zu betrachten, gewinnen sie für den Historiker grundlegende Bedeutung als Widerspiegelung der die Epoche bestimmenden Vorstellungen von königlich-kaiserlicher Herrschaft, deren metaphysischem Sinngehalt und deren Verortung im Gesamtgefüge der Weltordnung. Stellvertretend für den Herrscher selbst gemahnen sie die geistliche Gemeinschaft an den Gebetsdienst für ihn und das Reich [328: J. WOLLASCH]; zugleich bilden sie wie das kostbare Buch überhaupt und die prunkvolle Ausfertigung wichtiger Diplome, aber auch die Urkunde ganz allgemein [325: P. RÜCK] einen wesentlichen Bestandteil der auf herrscherliche Repräsentation gerichteten Hofkunst [318: H. HOFFMANN, Buchkunst].

Relativ spät erst hat das Herrscherbild Aufmerksamkeit gefunden. M. KEMMERICH [323] ging es noch, als er einen Katalog der Porträts deutscher Kaiser und Könige zusammenstellte, um die Erfassung des Individuellen im Bild. Dass diese Sicht, die zudem methodisch nur unzulänglich abgesichert war, den Intentionen frühmittelalterlicher Personendarstellung nicht entspricht, hat dann P. E. SCHRAMM [327] aufgewiesen, indem er den Künstlern, zumal den bedeutenden, das Streben nach Porträtähnlichkeit zwar nicht völlig absprach, aber das Herrscherbild in erster Linie als ein Dokument der Idee von Herrschaft und ihrer verfassungsrechtlichen Ausprägung im Wandel der Zeit verstand. Er hat auch in einem großen Sammelwerk [15a] das Material kommentierend zusammengestellt, das nun die Voraussetzung schuf für weitere Untersuchungen.

Probleme der Bilddeutung

Es versteht sich, dass eine behutsame Interpretation viel sachliche Vorarbeit – Aufweis der historischen Entwicklung eines Motivs, Zuweisung zu einem bestimmten Skriptorium, Feststellung von Abhängigkeiten – erfordert. Wie sehr eine ungezügelte Phantasie in der Kombination zahlloser angeblicher oder tatsächlicher ikonographischer Parallelen, Analogien und Zitate den Zugang zum richtigen Verständnis eines Bildes verstellen kann, zeigt die Arbeit von K. HOFFMANN über Taufsymbolik im mittelalterlichen Herrscherbild [319; Rez. L. FALKENSTEIN in: ZAGV 80/81 (1970/71) 263ff.]. Ob aus Gesamtkonzeption eines Bildes und Gestik der Dargestellten tatsächlich gesellschaftlich-

5. Ideengeschichte des Königtums 115

politische Zustände oder erwartete Verhaltensweisen, etwa des Herrschers, zu erschließen sind, die Bilddeutung also für die historische Verhaltensforschung nutzbar gemacht werden kann, wie A. NITSCHKE [324] sich aufzuweisen bemüht hat, bedarf weiterer Untersuchungen. Auch die Diskussion um die Bedeutung des Augustus-Kameo im Aachener Lotharkreuz – Darstellung Christi oder Ottos III. als des Stifters, dem die siegbringende Kraft des Kreuzes zukommen sollte – verdeutlicht, dass selbst eine so ausgewogene Interpretation wie die von J. DEÉR [315] nicht schon als abschließendes Urteil gelten muss [vgl. 321: TH. JÜLICH, Gemmenkreuze, 201ff. Abb. S. 161]. Als kühnste Versinnbildlichung ottonischen Gottesgnadentums hat die Darstellung Ottos III. im Liuthar-Evangeliar des Aachener Domschatzes, hergestellt auf der Reichenau um 1000, in der Forschung besondere Beachtung gefunden [15a: SCHRAMM, Nr. 107; dazu 260: E. KANTOROWICZ, Two Bodies, 61ff.; 261: Deus per naturam; 326: W. CHR. SCHNEIDER, Imago Christi; 314: C. BAYER; 316: J. FRIED – mit historischer Einordnung der Nebenfiguren]. Dem in der Mandorla – also dem üblichen Attribut Christi – thronenden, von den Evangelistensymbolen eingerahmten Herrscher setzt die Hand Gottes die Krone auf. Die Angleichung an Christus geht hier weiter als in allen anderen Herrscherbildern: Otto erscheint als *christomimetes (imago Christi);* er hat Anteil am irdischen wie am himmlischen Bereich und erfüllt damit eine Funktion, die über das, was die Formeln des Krönungs*ordo* im Begriff des *mediator cleri ac plebis,* des Mittlers zwischen Klerus und Volk, fassen, noch hinausgeht. Die Grenze zur Vergöttlichung aber hat der Künstler nicht überschritten: Seine Herrschaft empfängt der König/Kaiser von Gott.

Otto III. im Liuthar-Evangeliar

Der Herrscher als „mediator cleri ac plebis"

Im Herrscherbild der ottonischen Epoche gewinnt all das sinnfälligen Ausdruck, was wir über den sakralen Charakter königlicher Herrschaft und ihr christozentrisches Verständnis gesagt haben [vgl. auch 322: H. KELLER, Herrscherbild]. Die Zeit der Salier ist über diese Darstellungen nicht mehr hinausgekommen; unter Heinrich III. treten – vor allem im Typus des Dedikationsbildes [vgl. 15a: Nr. 143, 157] – stärker dynastische Bezüge hervor, was dem Regierungsstil des Saliers völlig entspricht [74: E. BOSHOF, Krise]. Der Ausbruch des großen Konfliktes zwischen Heinrich IV. und Gregor VII. hat schließlich aber die Auffassungen in Frage gestellt, die das Herrscherbild im liturgischen Codex trugen. Es kommt also nicht von ungefähr, dass dieser Bildtypus verschwand [318: HOFFMANN, Buchkunst, 36f.]. Die königliche Partei hielt an ihren Vorstellungen fest, aber sie vertrat sie nun auf andere Weise. An die Stelle des exklusiven Bildes, das den König, den Liturgen und Gott miteinander verband, traten Manifeste und Streitschriften, mit

Auslaufen des Bildtypus

denen man eine größere, letztlich allerdings immer noch begrenzte Öffentlichkeit erreichen konnte. C. ERDMANN [333] hat darin die „Anfänge staatlicher Propaganda" gesehen.

5.7 Die königliche Gewalt in den Traktaten des Investiturstreits

Das Ringen beider Gewalten miteinander, das auch mit dem Tode Gregors VII. nicht beendet war, sich nun aber allmählich versachlichte, da eher praktische und rechtliche Fragen in den Vordergrund traten [342: M. MINNINGER], entband auf beiden Seiten gewaltige geistige Kräfte. In der Propaganda für Heinrich IV. hatte zunächst die königliche Kanzlei die Hauptlast zu tragen. Unter den ansonsten anonym bleibenden Helfern des Königs hat die Forschung Gottschalk von Aachen als einen der führenden Notare identifizieren können [334: ERDMANN/GLADISS]; er hat die Zwei-Schwerter-Theorie zur Verteidigung der gottgewollten Ordnung des gleichberechtigten Nebeneinanders der weltlichen und geistlichen Gewalt entwickelt [338: H. HOFFMANN, Schwerter, 82ff.]. Seit etwa 1080 meldete sich verstärkt eine königstreue Publizistik zu Wort.

Königliche Kanzlei und Propaganda

Zwei-Schwerter-Theorie

Die Edition eines Großteils der Streitschriften in den MGH [Libelli de lite 1–3, 1891/97] bot der Forschung die Voraussetzungen für eine intensive Beschäftigung mit der Kontroversliteratur, die C. MIRBT 1894 mit seinem Überblick über die „Publizistik im Zeitalter Gregors VII." eröffnete [343]. Seit dem Buch von A. FAUSER [335] sind zahlreiche Untersuchungen zu einzelnen Traktaten erschienen [vgl. W. HARTMANN EdG]. Dass im lothringischen Raume schon unter Heinrich III. Kritik an der königlichen Kirchenhoheit geäußert, die Wesensverschiedenheit von weltlicher und geistlicher Gewalt in einem das *regnum* abwertenden Sinne formuliert wurde – und dies bei einem im Übrigen durchaus loyalen Bischof wie Wazo von Lüttich –, dass schließlich in dem Traktat „*De ordinando pontifice*" der Sakralcharakter des Königtums negiert wurde, das alles hat die Forschung als Symptome einer tiefen Krise des salischen Herrschaftssystems gewertet [74: E. BOSHOF; 330: H. H. ANTON, Traktat]. Über Humbert von Silva Candida und Manegold von Lautenbach [dazu 336: H. FUHRMANN] hat B. TÖPFER [349] die Entwicklungslinie der Entsakralisierung der königlichen Herrschaft bis zu Gregor VII. gezogen, der mit der Herleitung der weltlichen Gewalt aus der *humana superbia*, aus Hoffart und Sündhaftigkeit [vgl. 345: W. STÜRNER], und der Unterordnung des Herrschers in der sakralen Hierarchie unter den niedersten kirchlichen Weihegrad die Grundlagen der

Kritik an der königlichen Kirchenhoheit

Entsakralisierung der königlichen Herrschaft

5. Ideengeschichte des Königtums

frühmittelalterlichen theokratischen Ordnung zerstörte [348: G. TELLENBACH, Libertas, 175ff.].

Dem hatte die königliche Propaganda nicht viel mehr entgegenzusetzen als die überlieferten Vorstellungen des gelasianischen Gewaltendualismus, der Gottunmittelbarkeit der königlichen Würde und der Sakralität des Herrschertums [vgl. 240: G. KOCH, Sacrum Imperium; 346: T. STRUVE, Theorie]. Auf beiden Seiten focht man mit den gleichen Autoritäten aus Hl. Schrift und Patristik sowie historischen Exempla [350: J. ZIESE; 337: H.-W. GOETZ]; die Zitate ließen sich in der Regel in dem einen wie dem anderen Sinne – als Rechtfertigung des Widerstandes gegen den König oder als Begründung für unbedingten, auch duldenden Gehorsam gegenüber dem von Gott eingesetzten Herrscher – verwenden [344: I. S. ROBINSON, Authority]. Die grundsätzliche Schwäche der heinrizianischen Positionen aber ist nicht zu verkennen. Für die Begründung der Sakralität war das Königtum auf die Weihe, also die sakramentalen Funktionen des Priestertums angewiesen; die Zweischwerterlehre wurde von kurialer Seite in papalistischem Sinne umgebogen, indem dem Papst die Verfügungsgewalt über beide Schwerter zugesprochen wurde. Und wenn – nun zugespitzt auf die Problematik der Investitur – in den auf die Namen der Päpste Hadrian I. und Leo VIII. gefälschten Privilegien Karl dem Großen und Otto dem Großen das Recht, den Papst zu ernennen und den Bischöfen die Investitur zu erteilen, für alle Zeit zugestanden wurde [340: C. MÄRTL, Investiturprivilegien, 72ff.], so war auch dies eine zweischneidige Waffe: denn, was altes Gewohnheitsrecht sein sollte, bezog seinen Rechtsgrund hier aus päpstlicher Verleihung.

Die königliche Propaganda

Die Schwächen der heinrizianischen Position

Freilich tauchen – vor allem bei italischen Publizisten und dann auf die Kaiserwürde bezogen – auch neue, zukunftsweisende Gedanken auf. Die Verteidigungsschrift des sogenannten Petrus Crassus für Heinrich IV. [329: H. H. ANTON, Beobachtungen] vertrat auf der Grundlage des römischen Privatrechts die Theorie vom Erbkaisertum, und in den falschen Investiturprivilegien erscheint die antike Lex-Regia-Lehre in der Verknüpfung mit einem unter dem Namen des Johannes Chrysostomus laufenden frühen homiletischen Werk in der Form, dass das (römische) Volk dem Herrscher die volle Staatsgewalt unwiderruflich übertragen habe [346: STRUVE, Theorie, 234ff.]. Dass die Rom-Ideologie unter den ersten Saliern neue Impulse erhielt, hat T. STRUVE aufgewiesen [347]. Die Wiederbelebung des römischen Rechtes kam aber nicht nur dem Kaisertum zugute, sondern musste letztlich auch die königliche Position stärken. Auf solchen Vorstellungen ließ sich künftig vielleicht eine neue, säkularisierte Legitimation der Monarchie

Zukunftsweisende Ideen: der Rückgriff auf das römische Recht

begründen. P. MILLOTAT [341] hat sich unter Betonung des kirchlichen Amtsgedankens bemüht, ein starkes transpersonales Denken in den Auseinandersetzungen des Investiturstreites aufzuweisen [vgl. allgemein auch 331: H. BEUMANN]. Jenseits aller Theorien aber haben sich in breiten Schichten des Volkes zweifellos Vorstellungen vom Königsheil gehalten [264: H. K. SCHULZE, Königsherrschaft, 185f.], und die mit dem Frontalangriff Humberts und Gregors VII. eingeleitete Entsakralisierung der königlichen Würde war nicht so radikal, dass dem Gottesgnadentum nicht auch für das hochmittelalterliche Königtum noch Bedeutung zugekommen wäre [349: B. TÖPFER, Entsakralisierung, 170f.]. Gleichwohl verlief die Entwicklung in Deutschland anders als in Frankreich, wo nun erst eine eigentliche *religion royale* allmählich ausgebildet wurde, wie P. E. SCHRAMM [110: 145ff.] und M. BLOCH [332; mit den von J. LE GOFF: 339 vorgebrachten Korrekturen] aufgezeigt haben.

6. Nachtrag zur 3. Auflage

6.1 Königsherrschaft und fürstliche Teilhabe am Reich

Der kulturwissenschaftliche Paradigmenwechsel in der mediävistischen Forschung der letzten beiden Jahrzehnte hat vor allem unser Bild von der Ottonenzeit inhaltlich wie in den methodischen Ansätzen erheblich verändert und bereichert. Hinzu kommt, dass in der deutschen Forschung die Frage nach der Entstehung des deutschen Reiches und dem Beginn der deutschen Geschichte unvermindert intensiv und z. T. kontrovers diskutiert wird. Eine neue Blüte hat auch die literarische Gattung der Herrscherbiographie erlebt, nachdem sie unter der Dominanz struktur- und mentalitätsgeschichtlicher Fragestellungen lange als wissenschaftlich überholt angesehen worden war.

Die Forschungsdiskussion wird zur Zeit beherrscht von den Schlagwörtern Oralität, Ritual, nonverbale, symbolische Kommunikation, konsensuale und inszenierte Herrschaft und Spielregeln der Politik – und das in einem Maße, dass diese Begriffe längst zu Modewörtern geworden sind. In zahlreichen Studien hat G. ALTHOFF, nachdem bereits K. J LEYSER [398: Ritual] das Thema aufgegriffen hatte, diese Phänomene mit dem Ziel untersucht, ein neues Bild vom Mittelalter zu entwerfen und – speziell auf die königliche Herrschaft bezogen – gegenüber der älteren rechts- und institutionsgeschichtlich ausgerichteten Forschung die „Rahmenbedingungen und Erscheinungsformen der mittelalterlichen Machtausübung" von Ritualen und politischen Spielregeln her zu erklären [351; 352; 353; 354]. Rituale sind in dieser Sicht ein Regelwerk mit verpflichtendem Charakter, Instrumente der Herrschaft, die eine herrschaftsstabilisierende Funktion haben, die Aufrechterhaltung von Ordnung und deren Wiederherstellung im Konflikt garantieren. Mit der rituellen Kommunikation zwischen König und Magnaten sind notwendig verbunden Beratung, Planung, Vermittlung in Konflikten, und dies alles soll sich in rituellen Formen abspielen. Da ALTHOFF anderseits aber einräumen muss, dass Rituale sich verändern [380: Veränderbarkeit], situationsbedingt gemacht, nicht beachtet, missbraucht werden und mehrdeutig sein können, dürfte es mit dem verbindlichen Charakter nicht so weither sein. Das Problem politischen Handelns ist damit wieder auf die Ebene der Durchsetzbarkeit, sprich der Ausübung von Macht verschoben, und die Schlussfolgerung ist unabweisbar, dass Rituale keine Macht hatten [vgl. H. VOLLRATH, in: HZ 284 (2007) 385–400]. Zweifellos hat die intensive Erforschung von Gesten, symbolischen Handlungen, Ritualen uns manche Aktionen und Ereignisse besser zu verstehen gelehrt, aber die Auffassung, dass sich nahezu das gesamte öffentliche Leben in einer oralen Gesellschaft in ritualisierten Formen vollzogen habe und man über die Deutung von Ritualen zu einem besseren oder gar richtigen Verständnis politischer Ordnungen gelangen könne, lässt sich nicht plausibel begründen. Im Übrigen müsste auch der Begriff „Ritual", etwa abgesetzt gegen „Zeremoniell", präziser gefasst werden; er hat letztlich einen religiösmagischen Hintergrund und bedeutet sicher mehr als bloßes Rollenspiel [353: Macht, 192] oder Inszenierung [vgl. auch 384: PH. BUC, Dangers]. Dabei geht ALTHOFF grundsätzlich von der Faktizität des Berichteten aus, obwohl bei der Schilderung der meisten politischen Handlungen Interessen des Berichterstatters im Spiele sind, was er selbst deutlich in seiner Untersuchung über die causa scribendi am Beispiel historiographischer Werke herausgearbeitet hat [354: Herrschaft, 52–77]. Schließlich ist auch zu fragen, ob die an fremden Kulturen gewonnenen Ergebnisse sozioethnologischer Forschung ohne weiteres auf das europäische Frühmittelalter zu übertragen sind.

In einer weit ausholenden Untersuchung zur Friedensstiftung und Vermittlung kommt H. KAMP zu dem Ergebnis, dass Vermittlung im Frühmittelalter ein „weithin unspezifisches Tun" war [395: Friedensstifter, 129]. Vermittlung hat sich erst im hohen Mittelalter institutionalisiert. Das Problem der Konfliktregelung wird man in weiteren Studien auch auf regionaler Ebene untersuchen müssen.

Konfliktregelung

Die Inszenierung politischer Aktionen im Wechselspiel von König und Großen, die Formen gütlicher Konfliktbeilegung und notwendiger Beratung hat G. Althoff letztlich vom Modell der konsensualen Herrschaft [dazu 406: B. Schneidmüller, Herrschaft] her zu begründen versucht. Dass das frühmittelalterliche Königtum auf das Zusammenwirken mit den Großen angewiesen war und die Stärke der Zentralgewalt nicht überschätzt werden darf, ist keine neue Erkenntnis (s.o. S. 5, 86f.). Althoff unterschätzt mit der Überbetonung des konsensualen Moments ohne Zweifel das Konfliktpotential in der frühmittelalterlichen Gesellschaft und die machtpolitischen Implikationen im Verhältnis von Königtum und Hochadel. Die „Zeitverhaftung" der neueren Sicht hat auch B. Schneidmüller eingeräumt [406: Herrschaft, 64].

Quellenkritische Fragen zur Historiographie

Die Rekonstruktion der Ereignisgeschichte der ottonischen Anfänge hat durch die Fundamentalkritik von J. Fried an der Glaubwürdigkeit der zentralen historiographischen Quellen und die damit verknüpften grundsätzlichen Fragen der Quellenkritik eine neue Dimension gewonnen [389: Königserhebung]. Im Mittelpunkt der Kritik steht die Sachsengeschichte Widukinds von Korvey, aber auch Liudprand von Cremona, der Continuator Reginonis und Hrotsvith von Gandersheim sind in gleicher Weise betroffen. Da die Berichte über die Königserhebung Heinrichs I. Jahrzehnte nach den Ereignissen verfasst wurden, sind sie von mündlicher Tradition geprägt und unterliegen nach Fried den Grundbedingungen der Überlieferung in einer weithin oralen Gesellschaft, nach denen Erinnerung sich wandelt, nie abgeschlossen ist und, angepasst an aktuelle Bedürfnisse, ständig verformt wird. Unter diesen Prämissen, die Fried auch theoretisch von Forschungsergebnissen der Neurobiologie und Psychologie her zu untermauern sich bemüht hat [Der Schleier der Erinnerung. Grundzüge einer historischen Memorik, München 2004], müsste man letztlich auf jeglichen Versuch einer Darstellung der Regierung Heinrichs I. verzichten. So weit geht Fried freilich nicht, auch er hat trotz seiner Skepsis die Grundzüge der Herrschaft des Liudolfingers in eher traditioneller Sicht geschildert.

Verformung durch mündliche Tradition?

Gegenüber solcher Hyperkritik haben G. Althoff und andere zu Recht die bewährten Regeln der Quellenkritik ins Feld geführt [354: G. Althoff, Herrschaft, 78–104; 373: Neuanfänge, 151–169; 393: H. Hoffmann, Fragen, 60ff.; 362: W. Giese, Heinrich I., 11–21]. Dass das historische Geschehen durch mündliche Tradition verformt wird, ist nicht zu leugnen. Aber Formung und Verformung geschehen nicht willkürlich, sondern verfolgen bestimmte Ziele, die als solche erkennbar oder zu erschließen sind. Der Korveyer Mönch schrieb nicht isoliert in seiner Zelle seine Geschichte nieder; er hatte Gewährsleute, die den Ereignissen u. U. noch sehr nahe standen, er selbst stand in Verbindung zum Hofe und wandte sich an Leser, die ihrerseits mit den Geschehnissen vertraut waren. Wichtige Sachverhalte, die Geschichte und Selbstverständnis der Dynastie betrafen, konnten nicht einfach beliebig ausgestaltet werden; insofern haben Verformungen „häufig ausgesprochen argumentativen Charakter" [382: G. ALTHOFF, Geschichtsschreibung, 151–169, hier 158].

Die Frage nach der Glaubwürdigkeit Widukinds hat H. KELLER am Beispiel des Berichts über die Aachener Krönung Ottos I. diskutiert [396] und im Einzelnen nachweisen können, dass der Korveyer Mönch „über ungewöhnlich gute und detaillierte Nachrichten verfügte". Wie ALTHOFF verweist auch er auf den intentionalen Stil der Darstellung. In Einzelfragen kann es durchaus unterschiedliche Deutungen der Geschehnisse geben. Wenn man die hyperkritische Haltung gegenüber Widukinds Sachsengeschichte in der derzeitigen Forschung bedenkt, bleibt unerfindlich, wieso J. FRIED [389: Königserhebung, 317f.], aber auch H. KELLER ausgerechnet den verworrenen und zum Teil nachweisbar falschen Angaben der Annales Lausannenses (s.o. S. 62) im Zusammenhang mit der sog. Hausordnung von 929 [dazu kritisch auch 390: W. GEORGI, Bischof] einen so großen Kredit einräumen und H. KELLER sogar eine Königsweihe des Thronfolgers in Erwägung zieht. Dass 930 die Salbungstradition der deutschen Könige begründet worden sein soll, ist völlig undenkbar und quellenmäßig nicht wirklich nachweisbar, zumal eine Salbung des Thronfolgers sicher Rangprobleme mit dem ungesalbten König-Vater aufgeworfen hätte [dazu auch 393: H. HOFFMANN, Fragen, 53–60]. Auch die Auffassung von einer Gestaltung des Berichts Widukinds zu 936 nach dem Vorbild der Thronerhebung Ottos II. von 961 ist spekulativ; über diese wissen wir weniger als über Wahl und Weihe des Vaters. Letztendlich darf man zu dem Schluss kommen, dass Widukind unter Berücksichtigung der causa scribendi ein zutreffendes Bild von dem Aachener Ereignis des Jahres 936 gezeichnet hat. Zur vieldiskutierten Ablehnung der Salbung durch Heinrich I. hat F.-R. ERKENS zu Recht erneut auf die fehlende Salbungstradition im ostfränkischen Reich hingewiesen und eine von der kirchlichen Zeremonie unabhängige Tradition des sakralen Herrschaftsverständnisses belegen können [451: Herrscher].

Widukinds Bericht glaubwürdig?

Für ALTHOFF und KELLER stellt die Regierungszeit Heinrichs I. einen Neubeginn dar, der als solcher erst durch eine grundlegende Revision des traditionellen Geschichtsbildes erkannt worden sei. Die Regierungspraxis des ersten Liudolfingers sei bestimmt gewesen durch Friedensstiftung auf der Grundlage von Freundschaftsbündnissen statt

Neubeginn unter Heinrich I.

durch Anwendung herrschaftlicher Gewalt. Methodischer Ansatz ALTHOFFS [378: Amicitiae] ist die Auswertung der Memorialquellen, die er für die politische Geschichte nutzbar zu machen versucht, indem er für die Zeit Heinrichs einen Zusammenhang zwischen bestimmten Gruppeneinträgen in einzelnen Verbrüderungsbüchern vor allem süddeutsch-lothringischer Klöster mit den in den erzählenden Quellen erwähnten *amicitiae*/Bündnissen/Einungen nachweisen will. Der Adel sei durch Freundschaftsbündnisse befriedet worden; dass Otto I. von dieser Konzeption des Vaters abging, erkläre die Probleme, die er vor allem in der Anfangszeit seiner Regierung gehabt habe. In der jüngeren Forschung haben diese Thesen breite Resonanz gefunden [zuletzt vorsichtig 362: W. GIESE, Heinrich I., 145ff.], aber auch angesichts einer äußerst schmalen Quellenbasis vehemente Kritik erfahren [393: H. HOFFMANN, Fragen]. Die Memorialquellen bleiben natürlich nicht

Memorialquellen stumm [381: G. ALTHOFF/J. WOLLASCH, Libri Memoriales] – die das ganze Reich überspannenden Einträge bezeugen beispielsweise die stämmeverbindende Wirkung der Gebetsbünde –, aber für eine angeblich neue Herrschaftskonzeption des Liudolfingers geben sie nichts her. Wenn der Herrscher eine *amicitia* mit den Herzögen schließt, geht eine *deditio*/Lehnsbindung voraus – die angebliche Königserhebung Arnulfs von Bayern hat R. DEUTINGER [385: „Königswahl"] neuerdings als Fehlinterpretation Liudprands entlarvt –, die königliche Prärogative ist, das muss auch ALTHOFF einräumen [S. 97], eindeutig gewahrt. Wir bleiben bei unserer Auffassung (s.o. S. 5 und 87), dass Heinrich zwar wenige Jahre nach seiner Thronerhebung den Großen gegenüber noch vorsichtig agieren musste, dass er aber die königliche Position konsequent ausbaute, sobald sich ihm dazu die Möglichkeit bot.

„Königsherrschaft ohne Staat"? G. ALTHOFF hat die Ergebnisse seiner Forschungen in seinem Buch über die Ottonen zusammengefasst. Den plakativen Untertitel „Königsherrschaft ohne Staat" rechtfertigt er im Vergleich mit der auf Kapitulariengesetzgebung und Ämterwesen aufbauenden karolingischen Staatlichkeit und verweist auf die Bedeutung personaler Beziehungen zwischen Königtum, Adel und Kirche in der ottonischen Epoche sowie auf die Formen nonverbaler, ritueller Kommunikation, die Verbindlichkeit implizierten. Wenn er diese aber als „vorstaatliche" Herrschaftsformen kennzeichnet, setzt er offenbar einen von modernen Vorstellungen bestimmten Staatsbegriff als Maßstab, statt diese nur schwach institutionalisierte, aber nicht ohne Institutionen auskommende [beispielsweise Hofkapelle] Herrschaft der Ottonen als eine spezifisch frühmittelalterliche Form von Staatlichkeit zu akzeptieren.

Das Bemühen um eine Deutung der „ottonischen Neuanfänge" impliziert auch die Frage nach den Traditionsbezügen zum 9. Jahrhundert. R. SCHIEFFER [401: Platz] hat Otto den Großen geradezu als einen „fränkischen Teilkönig" charakterisiert, der freilich auf der Basis einer gefestigten Macht im Inneren seine Herrschaft zu einer imperialen ausweiten konnte und so über die übrigen fränkischen Teilkönige hinauswuchs. R. DEUTINGER hat in seiner Untersuchung der „Königsherrschaft im ostfränkischen Reich" [386: Königsherrschaft] die These vertreten, dass die Staatlichkeit unter den Spätkarolingern sich nicht grundsätzlich von der des ottonischen Reiches unterschieden habe, und dies vom Modell der konsensualen Herrschaft her zu belegen versucht. Gleichzeitig haben sich die Teilnehmer einer Fuldaer Tagung intensiver mit der Regierungszeit Konrads I. als der Gelenkstelle zwischen ostfränkischen Karolingern und Liudolfingern befasst [367]. Zur Ereignisgeschichte waren angesichts der dürftigen Quellenlage keine neuen Ergebnisse zu erwarten; in der Bewertung Konrads I. schwanken die Urteile zwischen einer entschiedenen Aufwertung [L. KÖRNTGEN] und der traditionellen Sicht vom letztendlichen Scheitern des Königs [R. SCHIEFFER].

Fränkische Tradition

Die Diskussion über die Regierungszeit Konrads I. und die „ottonischen Neuanfänge" erhält ihre historische [und politische] Tiefenschärfe von der Frage nach der Entstehung eines deutschen Reiches und dem Beginn der deutschen Geschichte, auf die hier nicht näher eingegangen werden kann [knappe Forschungshinweise bei 362: W. GIESE, Heinrich I., 34ff.; zuletzt 405: R. SCHNEIDER, Anfänge]. Im Bestreben, das Bild vom ottonischen Reich zu „entnationalisieren", wird der Begriff „deutsch" durchweg aus der Diskussion verbannt und betont, dass eine deutsche Geschichte jenseits der Denkkategorien der Ottonen lag. Dass das 10. Jahrhundert von wesentlicher Bedeutung im Entstehungsprozess eines deutschen Reiches gewesen ist und die Ottonen für die Integration der Stämme (wobei dieser Begriff – allerdings nicht konsequent – auch vermieden und durch „deutschsprachige Völker", *regna*, Großgruppen, Provinzen u.dgl. ersetzt wird) in ein gemeinsames politisches Gebilde eine entscheidende Rolle gespielt haben, wird allerdings nicht ernsthaft bezweifelt. Zu fragen ist, warum die Einheit des Reiches in den Krisen von 911 und 919 nicht auseinanderbrach. Das war sicher einmal dem Machtwillen der Liudolfinger zu verdanken, lässt sich aber ohne die Annahme der Existenz eines historisch gewachsenen Gemeinschafts-/Wirbewusstseins nicht hinreichend erklären.

Entstehung des deutschen Reiches

Neben Otto dem Großen, dessen historische Leistung im Entstehungsprozess des deutschen Reiches R. SCHIEFFER [401: Platz] gewürdigt und dem J. LAUDAGE eine Biographie gewidmet hat [369], treten derzeit die Nachfolger aus der Dynastie stärker in den Vordergrund des wissenschaftlichen Interesses. Die kurze Regierungszeit und die durch seinen plötzlichen Tod hervorgerufene Reichskrise erschweren ein Urteil über Otto II., der bereits von den Zeitgenossen kritisch und von der älteren Forschung überwiegend negativ gesehen worden ist. Gleichwohl lassen die politischen Maßnahmen in der Auseinandersetzung mit Heinrich dem Zänker – dessen Griff nach der Krone F.-R. ERKENS [388: Legitimation] zuletzt als den zumindest von einem Teil seiner geistlichen Anhänger favorisierten Versuch der Errichtung eines Mitkönigtums nach byzantinischem Vorbild interpretiert hat – und seine Italienpolitik erkennen, dass es ihm um die Stärkung der königlichen Prärogative noch über die Politik des Vaters hinaus und um die Durchsetzung universaler Ansprüche ging und dass er mit diesem Konzept auch Erfolge aufweisen konnte, wie H. SEIBERT [408: Sohn] überzeugend nachgewiesen hat.

Ob der Übergang der Herrschaft von Otto III. auf Heinrich II. [zu ihm 376: St. WEINFURTER] eine Wende u. a. in der Herrschaftskonzeption darstellte, war Thema eines Bamberger Symposiums im Juni 1996 [372]. Die Ergebnisse der Tagung zusammenfassend, zeigt ST. WEINFURTER [415] Kontinuitäten auf und betont, dass das Jahr 1002 nicht einen konzeptionellen Neuanfang bedeutete, sich aber unter sich verändernden Rahmenbedingungen konzeptionelle Verschiebungen ergaben, die das Verhältnis zur Reichskirche und das Verständnis des Kaisertums betrafen. Während Otto III. sich stärker von der Kaiseridee leiten ließ, hat Heinrich II. sich um eine „bemerkenswerte Intensivierung der Königsherrschaft" bemüht – in unserer Sicht nicht eine neuartige Politik, sondern die logische Konsequenz aus dem Erstarken der Adelsherrschaften, gegen die der letzte Liudolfinger wie vor ihm schon Otto der Große die königliche Autorität durchzusetzen sich bemühte.

Die Thronerhebung Heinrichs II. bleibt weiterhin ein umstrittenes Thema. ST. PATZOLD [400] hat das Modell der Ritualität und Spielregeln auf den Konflikt zwischen den Thronbewerbern anzuwenden versucht und an der älteren Forschung von H. Mitteis bis E. Hlawitschka und A. Wolf kritisiert, dass sie die besondere „Rechtsmentalität" des 10. und 11. Jahrhunderts nicht erkannt habe. Im Streit sei es nicht um die Durchsetzung abstrakter Rechtsnormen, die so nicht existiert hätten, sondern um Spielregeln, die Beachtung forderten, gegangen. Wer jedoch die Quellen unvoreingenommen liest, kann nicht übersehen, dass hier mehr oder weniger deutlich erbrechtliche Vorstellungen und Fragen der Königsverwandtschaft diskutiert werden und das D. H. II. 34 präzise von Wahl und erblicher Thronfolge spricht (s.o. S. 65f.). Auch L. KÖRNTGENS Versuch [397: Funktion], die

„verfassungsrechtliche Engführung" bei der Interpretation des – wohl auf Eigendiktat des Königs beruhenden – Diploms zu überwinden, indem er die Situationsbezogenheit der für die Straßburger Kirche ausgestellten Urkunde aufzuweisen sich bemüht, wird der grundsätzlichen Bedeutung des Dokuments nicht gerecht. Noch immer kontrovers werden die genealogischen Probleme [Liudolfingerverwandtschaft; Konradinerfrage] diskutiert; E. HLAWITSCHKA [365: Ahnen] hat seine einschlägigen Forschungen in Auseinandersetzung mit entgegenstehenden Forschungspositionen in einem umfangreichen „kommentierten Tafelwerk" zusammengefasst, das zu einem Standardwerk der sich mit den mittelalterlichen Königsdynastien befassenden genealogischen Forschung geworden ist.

Die Renovatio-Konzeption Ottos III., die P. E. Schramm aus der Anknüpfung an antike Vorbilder mit der Zielsetzung, Rom zur Hauptstadt des Imperiums zu machen, gedeutet hat, stellt K. GÖRICH [363] stärker in die Tradition bisheriger Ottonenherrschaft in Italien und erklärt sie aus dem Bestreben des Kaisers, das Papsttum gegenüber dem stadtrömischen Adel zu stärken und die Kirchenreform voranzubringen. G. ALTHOFF hat in seiner Biographie des Ottonen [356] grundsätzlich jegliche Programmatik bei Otto III. wie für mittelalterliche Herrscher generell in Frage gestellt. Für ihn sind solche Deutungen nichts anderes als Konstrukte moderner Forschung. Aus den in den Quellen berichteten Taten und Ereignissen lässt sich in seiner Sicht nicht auf Motive und Konzeptionen schließen. Die Kritik ist ihm hier nicht gefolgt [387: F.-R. ERKENS, Mirabilia]; in der Tat lässt sich die These durch viele Zeugnisse königlicher und kaiserlicher Politik [beispielsweise Verhältnis zum Papsttum, zu den europäischen Nachbarstaaten, zur Kirchenreform, zum Kaisertum usw.] widerlegen.

Renovatio-Konzeption Ottos III.

Für die Beschäftigung mit der salischen Epoche hat die große Speyerer Ausstellung von 1992 eine Zusammenfassung der geltenden Forschung erbracht und Weichen gestellt. Die Ereignisgeschichte ist weitgehend aufgearbeitet [18: E. BOSHOF, Salier; 370: J. LAUDAGE, Salier; 377: ST. WEINFURTER, Jahrhundert]. Heinrich III. [zu diesem vgl. 368: J. LAUDAGE] und Heinrich V. (für dessen Regierung die Diplomataedition noch ein schmerzliches Desiderat ist) haben noch keine moderne Biographie erhalten. Dagegen steht Heinrich IV. weiterhin im Brennpunkt des Interesses. Zu ihm, der wie kein anderer mittelalterlicher Herrscher bei Zeitgenossen und späteren Beobachtern umstritten ist, hat G. ALTHOFF eine Biographie vorgelegt, die ganz dezidiert gegen „quasi kanonisierte Interpretationsmuster" [357: Heinrich IV., 11] der älteren Forschung, sprich angebliche Stilisierung des

Salische Epoche

Saliers zu einem strahlenden Helden, die massiven Vorwürfe in den zeitgenössischen Quellen und damit die Schattenseiten im Charakter Heinrichs nicht ausblenden will. Wie nicht anders zu erwarten, stellt er als das wesentliche Vergehen des Saliers – neben angeblichen sexuellen Exzessen – den bewussten – also doch wohl konzeptionellen (!) – Bruch mit der „überkommenen Praxis konsensualer Herrschaft" [Ebd.: 292] heraus, gründet aber die eigene Sicht nahezu ausschließlich auf die tendenziösen Stimmen der erbitterten Gegner des Saliers. T. STRUVE hat dem Herrscher mehr Gerechtigkeit widerfahren lassen [411; vgl. auch DERS.: 410] und erneut seine für die Behauptung der königlichen Autorität positiven Leistungen, u. a. auch die in seiner Regierungszeit sich abzeichnende Wiederanknüpfung an das römische Recht [409: Salier], herausgestellt.

Canossa   Das Ereignis von Canossa beschäftigt die Wissenschaft nach wie vor [418: ST. WEINFURTER]. Die auf T. Reuter zurückgehende These von G. ALTHOFF, dass Heinrich in der mathildischen Burg nicht eine Kirchenbuße, sondern einen weltlichen Unterwerfungsakt [*deditio*] vollzogen habe, ist von W. GOEZ [392: Canossa] zu Recht verworfen worden. Unter verschiedenen Aspekten wird das Thema in dem Tagungsband, der anlässlich einer Paderborner Ausstellung erschienen ist [358], behandelt. Speziell zum Königtum ist auf die Aufsätze von F.-R. ERKENS zur Frage der Entsakralisierung (s.u.) und G. ALTHOFF [Ebd.: 79–92], der die Regierungen der letzten Salier negativ beurteilt, da die königlichen Bemühungen um Machterhalt und Machtausbau für ihn letzten Endes ein Irrweg waren, hinzuweisen. In seiner Einleitung zieht B. SCHNEIDMÜLLER das angesichts der Quellenlage ernüchternde Fazit, dass es „die wahre Geschichte von Canossa nicht geben wird" [Ebd.: 42].

Heinrich IV. – Gregor VII.: ein grundsätzlicher Konflikt?   In Anwendung des Althoffschen Spielregeln-Modells hat M. SUCHAN [412: Königsherrschaft] den Konflikten der Zeit Heinrichs IV. eine neue Deutung zu geben versucht, in der der Auseinandersetzung zwischen *regnum* und *sacerdotium* keine grundlegende Bedeutung mehr zugeschrieben wird. Die Konfrontation zwischen dem Salier und Gregor VII. fügt sich für sie in die Vielzahl von Konflikten in der Regierungszeit Heinrichs IV. ein, die durch strukturelle Probleme des Herrschaftssystems und Fehlverhalten des Königs bedingt gewesen seien und sich letztlich aus Rangstreitigkeiten erklären ließen. Dass der frühmittelalterlichen Herrschaftsordnung strukturelle Probleme immanent waren und der autokratische Regierungsstil des Saliers diese verschärfte, ist keine neue Erkenntnis, dass aber der Zusammenstoß von weltlicher und geistlicher Gewalt, die Absetzung und Exkommunikation eines sakralen Herrschers mit allen ihren rechtlichen und ideellen Konsequenzen bereits von den Zeitgenossen als ein grundsätzlicher Konflikt verstanden wurde, ist nicht zu bezweifeln [vgl. 364: W. GOEZ, Kirchenreform, 130ff., 190ff.]. Wenn sich also der Interpretationsansatz von M. SUCHAN nicht halten lässt, so führt ihre Untersuchung der schriftlichen Quellen unter dem Gesichtspunkt der „pragmatischen Nutzung von Schriftlichkeit" weiter, indem sie die Funktion der Kanonessammlungen, Briefe, Streitschriften und (eher fraglich) der Historiographie und Viten nicht als programmatisch-propagandistische Instrumente interpretiert [so aber neuerdings wieder – ohne Auseinandersetzung mit Suchan – 399: O. MÜNSCH, Fortschritt], sondern als Instruktionen für Vermittler zur Vorbereitung von Verhandlungen deutet. Die Probleme des Verhältnisses von salischem Königtum und Fürsten sind schließlich unter Heinrich V. endgültig im Sinne einer künftig unverzichtbaren Mitwirkung der Großen an der Regierung des Reiches gelöst worden. [413: M. SUCHAN, Opposition; 404: J. SCHLICK, König]. Auch E. SCHUBERT hat im Anschluss an M. SUCHAN die Auffassung von einem Grundsatzstreit zwischen *regnum* und *sacerdotium* abgelehnt [407: Königsabsetzung, 117ff.]. Für ihn steht das Verhältnis zu den Fürsten, insbesondere zu den Sachsen, deren Forderung nach der Rechtsbindung des Königs entscheidend gewesen sei, im Zentrum der Auseinandersetzungen. Der päpstliche Bannspruch habe keine neuen Realitäten – sprich Infragestellung des Sakralcharakters – geschaffen. Das hier gezeichnete Bild lässt sich – weder was die Absetzung, noch was die grundsätzliche Bedeutung des Bannspruchs angeht – mit den Quellen nicht vereinbaren. Sicherlich stellten die Sachsen die Kerntruppe des Widerstandes dar [dazu 383: M. BECHER, Auseinandersetzung], aber erst der 1076 ausbrechende grundsätzliche Konflikt hat dem fürstlichen Widerstand neue Nahrung gegeben und der königlichen Autorität letztlich ihre entscheidende Legitimation – die Sakralität – entzogen.

Das Bild der Persönlichkeit Heinrichs V. wird überschattet von seinem gewaltsamen Vorgehen gegen den Vater 1104/06 [vgl. auch 414: G. TELLENBACH, Frage; 407: E. SCHUBERT, Königsabsetzung, 160ff.; zu Heinrichs Bruder Konrad als Mitkönig vgl. 391: E. GOEZ, Thronerbe] und den Papst Paschalis II. 1111. War der Salier ein unberechenbarer Machtpolitiker? Handelte er aus wohlverstandenem dynastischen Interesse? Oder stand er gar der Kirchenreform nahe? Eine moderne Biographie liegt nicht vor; sie wird man wohl auch bis zum Erscheinen einer kritischen Edition der Diplomata Heinrichs zurückstellen müssen. ST. WEINFURTER [416: Reformidee] hat den letzten Salier – ohne die starken

Heinrich V.

Bündnis mit dem Reformadel?

dynastischen Motive seines Handelns zu leugnen – in einer engen Beziehung zu einer von ihm dem Reformadel zugerechneten Adelsgruppe gesehen, die ihre Empörung gegen Heinrich IV. primär religiös begründet habe. Dieses Bündnis von Reformkräften, dem sich auch die führenden Reformbischöfe anschlossen, sei mit Heinrichs Zustimmung zu der vom Papst vorgeschlagenen Radikallösung des Investiturproblems 1111 zerbrochen, wodurch das Scheitern des Kaisers eingeleitet worden sei. Dann wäre also der Salier, da sich gerade die Bischöfe dem Reformplan von 1111 widersetzten und offenbar eigene Machtinteressen vertraten, mit seinem Eingehen auf den päpstlichen Vorschlag der eigentliche Vertreter der Reformideen gewesen – eine schlüssige Erklärung für das Geschehen von S. Maria in Turri bis Ponte Mammolo und dessen Konsequenzen ist auch mit dieser These nicht gegeben.

Das Wormser Konkordat

Dass Heinrich unbeirrt die königlichen Rechte gegenüber dem Papsttum zu verteidigen versucht hat, zeigt das von C. ZEY [419: Romzugsplan] minutiös geschilderte Ringen um eine Friedenslösung nach 1119. Die Verfasserin vertritt die Auffassung, dass das Wormser Konkordat nicht geschlossen worden sei, weil die Legaten eine vollgültige Papsturkunde nicht hätten ausstellen können. Die Bedeutung des Wormser Geschehens sei daher in erster Linie in der Wiederaufnahme des Kaisers in die kirchliche Gemeinschaft zu sehen; der Vollzug der dort ausgehandelten Friedensbedingungen mit der Aushändigung der Calixturkunde an den Kaiser sei für das Laterankonzil von 1123 geplant gewesen, dann aber nicht zustande gekommen, da Calixt II. den geplanten Romzug Heinrichs verhindert habe. Durch die [widerwillige] Akzeptierung des Verhandlungsergebnisses auf dem Konzil sei aber Rechtssicherheit hergestellt worden. Dieser Auffassung ist B. SCHILLING [403: Konkordat; vgl. auch 402: DIES., Guido, 500ff.] entgegengetreten, indem sie in einer eingehenden Diskussion der verfahrenstechnischen Gepflogenheiten der Zeit aufzeigen kann, dass der Legat *nomine papae* durchaus eine vollgültige Urkunde ausgestellt habe, die der Papst auf dem Laterankonzil, obwohl der Legat seine Kompetenzen in einzelnen Fragen offenbar überschritten hatte, aus eigenem Ermessensspielraum gegen den Widerstand zahlreicher Konzilsteilnehmer ratifizierte. Das Wormser Konkordat ist also tatsächlich geschlossen worden; es hat ein Einzelproblem – die Investiturfrage – gelöst, nicht aber das grundsätzliche Ringen zwischen *regnum* und *sacerdotium* entschieden.

6.2 Herrschaftsstruktur und Herrschaftspraxis

Die Auffassung vom Lehnsrecht als Strukturprinzip der Reichsverfassung und Herrschaftsinstrument des Königtums (s.o. S. 87) im frühen und hohen Mittelalter ist durch die Fundamentalkritik von S. REYNOLDS [433: Fiefs; 434: Afterthoughts] an der von H. Mitteis, F. L. Ganshof und anderen vertretenen Lehrmeinung in Frage gestellt worden. Die britische Historikerin bestreitet eine seit dem 9. Jh. sich vollziehende Verbindung von persönlichem (Vasallität) und dinglichem (Lehen) Element und sieht im Lehnswesen ein Konstrukt der Forschung („postmedieval constructs"), das wesentlich mit der seit dem 12. Jh. beginnenden und in der frühen Neuzeit fortgesetzten Systematisierung und Umdeutung unterschiedlicher Formen der Landleihe durch akademisch geschulte Juristen zu einem in herrscherlichem Interesse stehenden Rechtsinstitut geprägt worden sei. Die Thesen haben vehementen Widerspruch durch J. FRIED [German Hist. Inst. London, Bulletin XIX, Nr. 1 (1997) 28–41; Antwort REYNOLDS, ebd. Nr. 2, 30–40] und K.-F. KRIEGER [HZ 264 (1997) 174–179], aber auch prinzipielle Zustimmung [B. KASTEN: DA 51 (1995) 307] erfahren. Angesichts des Mangels an einschlägigen Quellen im frühen Mittelalter erscheint die Warnung der Autorin vor generalisierenden und systematisierenden Urteilen und die Forderung nach einer präzisen Begrifflichkeit berechtigt, aber selbst die wenigen von der karolingischen Epoche bis ins 12. Jh. vorliegenden Quellenzeugnisse wecken erhebliche Zweifel an der Tragfähigkeit ihrer Thesen. Stärker als bisher wird sich die Forschung jedoch konkreten Einzelfällen und Phänomenen in ihrem Verhältnis zu anderen als vasallitischen Formen personaler Bindung zuwenden müssen [vgl. etwa 424: R. DEUTINGER, Mehrfachvasallität, oder 421: M. BECHER, Subjectio, der die mit dem Handgang verbundene Königshuldigung nicht lehnrechtlich interpretiert, sondern als einen allein dem Herrscher vorbehaltenen, der byzantinischen Proskynese entsprechenden „Unterordnungsgestus" verstehen will]. Der mit reichem Quellenmaterial ausgestattete Forschungsüberblick von K.-H. SPIESS [439: Lehenswesen] legt den Schwerpunkt auf das Spätmittelalter.

Lehnswesen

Für die Geschichte des Königtums behält die historische Grundlagenforschung, wie sie das „Repertorium" der Königspfalzen und -höfe (118) repräsentiert, ihren unverzichtbaren Wert. Nachdem die ältere Forschung [Jahrbücher des Deutschen Reiches, Regesta imperii] das Faktenmaterial in großem Umfange aufgearbeitet hat, geht es hier um die eingehende Untersuchung der einzelnen Aufenthaltsorte des am-

Pfalzenforschung

bulanten Königshofes, ihre wirtschaftliche und strategische Bedeutung für das Königtum, die regionalen Bedingungen der königlichen Herrschaft und die lokalen – auch baugeschichtlichen [423: G. BINDING, Königspfalzen] – Gegebenheiten. Das Projekt hat kontinuierliche Fortschritte gemacht, wie C. EHLERS am aktuellen Stand von 2002 aufzeigen kann [371: Orte, mit Spezialbibliographie; für den weiteren Fortgang sind die jeweiligen Anzeigen im DA zu vergleichen]. Die Reihe der Sammelbände „Deutsche Königspfalzen" [117] ist mit den Bänden 4: Pfalzen – Reichsgut – Königshöfe [425] und 5: Splendor Palatii (2001) fortgesetzt worden. Aus Vorarbeiten zum Projekt und der Auswertung des Materials sind zahlreiche Einzelstudien hervorgegangen, die dem Bilde der königlichen Regierungspraxis Tiefenschärfe verleihen. Hier können nur einige wenige Beispiele aufgeführt werden. R. SCHIEFFER [371: Orte, 11–23] erörtert am Beispiel des Itinerars Heinrichs II. im Jahre 1017 grundsätzliche Fragen der Itinerarforschung und der Bedeutung des „Repertoriums". Neben Detailstudien zu einzelnen Plätzen [beispielsweise C. EHLERS zu Goslar: DA 53 (1997) 45–79, sowie die Aufsätze in 425: Königspfalzen, 4] bleibt das klassische Thema von königsnahen und königsfernen Landschaften von unvermindertem Interesse. Dabei ist auch die Frage der Schwerpunktverlagerung königlicher Herrschaft im Hinblick auf politische Ziele und wirtschaftliche Ressourcen der jeweils herrschenden Dynastie ein wichtiger Aspekt [vgl. z. B. 437: H. K. SCHULZE, Raum; TH. ZOTZ, in: 371, Orte, 85–105, und 431: E. KUPFER, Königsgut]. Mit den von E. MÜLLER-MERTENS entwickelten Methoden der Itineraranalyse (s.o. S. 81) untersucht D. ALVERMANN [420: Königsherrschaft] unter Einbeziehung Italiens die Regierungszeit Ottos II. Die Beispiele müssen genügen, um das weite thematische und räumliche Spektrum der Forschung anzudeuten. Wenigstens hingewiesen sei auf ähnliche Forschungen im europäischen Umfeld [432: Palais royaux; darin zu Deutschland TH. ZOTZ mit umfangreicher Bibliographie].

Königsnahe und königsferne Landschaften

Die Bedeutung der Gegenwart des Herrschers als Garantie für Frieden und Gerechtigkeit und als integrationsstiftendes Element der Reiseherrschaft hat TH. ZOTZ [441] im Vergleich zwischen Otto III. und Heinrich II. herausgearbeitet und dabei für den letzten Liudolfinger nach Ansätzen unter seinem Vorgänger Tendenzen der Ausweitung und Intensivierung aufweisen können. Während so die Wirksamkeit der Herrschaft in Abhängigkeit von der Präsenz des Königs gesehen wird, hat A. KRÄNZLE [430: König] gleichsam die Kehrseite der Medaille untersucht und – wie ansatzweise bereits Müller-Mertens – nach dem Funktionieren von Herrschaft unter dem Aspekt der Abwesenheit des

Die Gegenwart des Herrschers

Königs gefragt. Durch Intervention in Konflikten, Einflussnahme auf Bischofs- und Abtserhebungen und Informationsaustausch durch Boten und Briefe hat der König, auch wenn er abwesend war, seine Aufgabe der Einbindung der verschiedenen Herrschaftsträger in die Administration des Reiches erfüllen können. Die Unterschiede zwischen königsnahen und königsfernen Landschaften werden so bis zu einem gewissen Grade eingeebnet.

Auch in der Itinerarforschung tritt die Wichtigkeit der Reichskirche für die Verwaltung des Reiches deutlich zutage. Unbeschadet der oben zitierten Kritik (S. 90f.) ist am Begriff „ottonisch-salisches Reichskirchensystem" festzuhalten, wenn man darunter die auf kirchlicher Anerkennung der sakralbegründeten königlichen Kirchenhoheit einerseits und der Ausstattung der Reichskirchen mit Immunität, Königsschutz und Hoheitsrechten durch den König anderseits beruhenden Beziehungen und die damit verbundenen beiderseitigen Verpflichtungen und Leistungen versteht, die in dieser Form ein wesentliches Element der Reichsverfassung darstellen. Die Grundstrukturen sind durch die ältere Forschung aufgewiesen worden, jüngere Arbeiten haben dem Bilde schärfere Konturen gegeben, indem sie die Verhältnisse in den Einzelkirchen genauer untersucht und sich mit führenden Persönlichkeiten näher befasst haben [vgl. etwa 436: R. SCHIEFFER: Burchard von Worms]. Mit ihrer Arbeit über die Quellengattung der Bischofsbiographien hat ST. HAARLÄNDER [427] dafür wichtige Voraussetzungen geschaffen. Dass persönlichkeitsbedingte Gegebenheiten für eine bei aller Übereinstimmung im Grundsätzlichen unterschiedliche Kirchenpolitik der Herrscher verantwortlich sein konnten, hat H. HOFFMANN [428: Mönchskönig] in der Gegenüberstellung von Heinrich II. und Konrad II. aufgewiesen.

Gegenüber T. Reuter hat H. HOFFMANN [429: König] im Vergleich zwischen dem ottonisch-salischen Reich und dem kapetingischen Frankreich aufzeigen können, dass die politisch-gesellschaftlichen Grundbedingungen in beiden Ländern im Fortwirken karolingischer Traditionen ähnlich geartet waren, dass aber in der Praxis im Hinblick auf Raumerfassung und Einforderung kirchlicher Servitialleistungen das Kirchenregiment der Kapetinger an Effizienz dem Zugriff der Ottonen und Salier auf die Reichskirche erheblich nachstand. In einer perspektivenreichen Studie hat R. SCHIEFFER [435: Ort] die Stellung der Reichskirche in die Entwicklung der weltlich-kirchlichen Beziehungen seit der „konstantinischen Wende" eingeordnet, die kennzeichnenden Elemente in ihren historischen Voraussetzungen beschrieben und vor diesem Hintergrund aufgezeigt, dass die Ottonen und frühen Salier

Bedeutung der Reichskirche

Deutschland – Frankreich

nicht eine neuartige Konzeption entwickelt haben, gleichwohl für qualitative Neuansätze verantwortlich waren und insgesamt die gleichartigen Instrumente konsequenter und wirksamer eingesetzt haben als die benachbarten Monarchien.

Stellung der Reichsabteien   Zur Stellung der Reichsabteien im Gefüge des Reichskirchensystems hat TH. VOGTHERR [440] eine ertragreiche Untersuchung vorgelegt und dabei vor allem auch das Problem des *servitium regis* erörtert. Danach stellt die ottonische Epoche bis zur Jahrtausendwende eine Blütezeit im Verhältnis des Königtums zu den (etwa 90) Reichsklöstern dar – was im Übrigen auch durch die großen Leistungen der Buchmalerei bestätigt wird. Mit der Regierungszeit Heinrichs II. (über dessen Förderung des Mönchtums und der Mönchsreform aus religiösen und herrschaftlichen Motiven vgl. 438: H. SEIBERT, Herrscher), die den Höhepunkt der Inanspruchnahme der klösterlichen Servitialleistungen bedeutete, setzte ein Wandel ein, der zu einer fortschreitenden Marginalisierung der Reichsabteien in der Reichsverfassung führte. Aufbauend auf den Vorarbeiten von Rieckenberg, Metz, Müller-Mertens und Brühl, hat J. W. BERNHARDT [422: Kingship] die Funktion der Reichsabteien und -stifte in Sachsen, Westfalen, Hessen und Thüringen im Itinerar der Ottonen und Salier untersucht und dabei die von den Klöstern abhängigen Propsteien und weltlichen Außenstellen an den Verbindungsstraßen in die Betrachtung einbezogen. Er hat so ein Netz von Itinerarstationen rekonstruieren können und damit unsere Kenntnisse über die Versorgung des reisenden Königshofes erheblich erweitert.

6.3 Die Frau als Herrscherin; Minderjährigkeit des Königs

Im Zuge einer prononcierten Frauen-/Genderforschung ist auch die Stellung der Herrscherin stärker ins Blickfeld gerückt. In den letzten Jahren sind zahlreiche Einzelstudien zu verschiedenen Problemen erschienen. A. FÖSSEL [444: Königin] hat mit ihrer das 10. bis 15. Jh. überspannenden Monographie das Thema auf breiter Quellen- und Literaturbasis mit dem Ziel, „institutionalisierte Züge" weiblicher Regierungsteilhabe aufzudecken, bearbeitet. Ausgehend von der Itinerarforschung und dem durch Krönung, Titel, Dotierung und Hofstaat gekennzeichneten Status der Herrscherin, behandelt sie die unterschiedlichen Aufgabenbereiche und Beziehungsgeflechte und bestätigt insgesamt die von der älteren Forschung (s.o. S. 104) vertretene Auffassung, dass „die Königin im Reich nie aus eigenem Recht regieren *consors regni* konnte" [444: 385], ihre informellen aus dem *consortium* [dazu 443: F.-R. ERKENS, *Consortium regis*] herrührenden Einflussmöglichkeiten, die sich in Interventionen, Petitionen, Regentschaft, Pflege der Memoria realisieren ließen, zwar nicht gering waren, letztlich aber wesentlich von individuellen Voraussetzungen abhingen. In diesem Sinne hat beispielsweise die Kaiserin Agnes nach den „quellenkritischen Studien" von M. BLACK-VELDTRUP [442] in der Reichspolitik, vor allem in der Phase der Regentschaft, sowohl im Verhältnis zum Hochadel wie in der Förderung der Kirchenreform, anscheinend eine wesentlich aktivere Rolle gespielt, als die ältere Forschung [23: M. L. BULST-THIELE] ihr zugeschrieben hat. Die differenziertere Beurteilung der Gemahlin Heinrichs III. stützt sich nicht zuletzt auf die Auswertung des Itinerars [tabellarische Übersicht in 442: 62–100] und der von der älteren Forschung noch nicht berücksichtigten Memorialquellen.

Das Problem der Regentschaft hat T. OFFERGELD [445: Reges pueri] in einem weit ausholenden Überblick untersucht. Gegenüber den bis in die jüngste Zeit diskutierten Problemen der Vormundschaft, Hausherrschaft, Sippe und Regentschaft bemüht er sich um eine präzise Klärung der Begriffe und hat, aufbauend auf der Untersuchung von TH. KÖLZER [224], die oben (S. 98) knapp formulierten Ergebnisse bestätigt. Der minderjährige König handelt in eigenem Namen; daher gibt es keine rechtlichen Normen für die Institution der Regentschaft. Die vom nächsten Schwertmagen wahrgenommene Vormundschaft ist in den Quellen nur spärlich belegt; auf der Ebene der königlichen Herrschaft spielt sie keine Rolle, da es die Rechtsfigur des unmündigen Königs nicht gibt. Die Frage der Herrschaftsausübung durch eine faktische Regentschaft geistlicher und/oder weltlicher Großer ist letztlich nur machtpolitisch zu klären, wobei allerdings der Königin-Mutter dank ihres Ranges und der vor dem Tod ihres Gemahls geschaffenen personalen Beziehungen eine gewisse Führungsrolle zukommen kann.

Regentschaft

6.4 Ideengeschichte des Königtums

Dass das als „Sakralität" begriffene Nahverhältnis des Herrschers zu Gott, das im Herrscherbild sinnenfälligen Ausdruck gefunden hat und in einem quer durch alle Quellengattungen verwandten Formelgut artikuliert worden ist, die entscheidende Legitimationsgrundlage des ottonisch-frühsalischen Königtums darstellt, ist in der Forschung im Wesentlichen unbestritten. Auf das Abbrechen der karolingischen Tradition der theoretischen Erörterung der Grundlagen der Königsherrschaft beispielsweise in Fürstenspiegeln und Synodalakten zu Beginn des 10. Jh.s hat R. SCHIEFFER [463: Mediator] erneut hingewiesen, gleichzeitig aber deutlich gemacht, dass sich traditionelle Vorstellungen in neuen Kommunikationsformen (Arengen, Herrscherbild usw.) ausdrückten, vermittelt durch Geistliche und damit geistlichen Einfluss widerspiegelnd. Gegenüber einer ausufernden Verwendung des Begriffes „Sakralität", die auch für eine gewisse begriffliche Unschärfe verantwortlich zu machen ist, hat die jüngere Forschung für eine vorsichtige, die unterschiedlichen Interessen der Autoren berücksichtigende Interpretation der historiographischen Werke plädiert [455: L. KÖRNTGEN, Königsherrschaft] und, darüber hinausgehend, den Begriff „Sakralkönigtum" einer grundsätzlichen Kritik unterzogen [450: J. I. ENGELS, Wesen]. Eine solche Fundamentalkritik wird freilich dem Phänomen nicht gerecht. In einer weit ausgreifenden, vom altorientalischen Königtum bis Canossa reichenden Synthese hat F.-R. ERKENS [452: Herrschersakralität] Voraussetzungen und Wirksamkeit herrschaftstheologischer Vorstellungen untersucht und diese Sicht in Einzelstudien weiter vertieft [451: Herrscher; 453: Rex; vgl. dazu auch 448: E. BOSHOF, Vorstellung, und 468: ST. WEINFURTER, Sakralkönigtum]. Die Vorstellung, Herrschaft sei ein von Gott verliehenes Amt, bedeutet jenseits aller propagandistischen Indienstnahme für den Herrscher Legitimation, aber auch sittliche Verpflichtung und Einsicht in die Grenzen seiner Macht. Dieses frühmittelalterliche Herrschaftsverständnis hat unter Heinrich III. eine letzte Aufgipfelung erfahren, wurde aber mit Absetzung und Exkommunikation seines Sohnes durch Gregor VII. grundsätzlich in Frage gestellt. Die „Wende von Canossa" hat freilich nicht unmittelbar die umstürzende Wirkung gehabt, die ihr häufig zugeschrieben worden ist. Die beiden letzten Salier und ihre Nachfolger haben über das Hochmittelalter hinaus an der Vorstellung vom Gottesgnadentum festgehalten [453: F.-R. ERKENS, Rex]. In der weiteren Entwicklung haben dann rechtliche Aspekte im Sinne einer herrscherlichen Garantie des Rechts ein größeres Gewicht erhalten, und die beginnende Rezeption des römischen Rechts hat den Boden bereitet für die Ausformung einer „säkularen Herrschaftstheorie" [409: T. STRUVE, Salier], die mit sakralen Vorstellungen angereichert war.

Wende von Canossa?

Herrscherbild

Die Bedeutung des Herrscherbildes als Visualisierung von Herrschaftstheologie und christozentrischem Verständnis kaiserlich-königlicher Herrschaft hat diesen Erzeugnissen der Buchmalerei das unverminderte Interesse der Forschung gesichert. Es kommt nicht von ungefähr, dass dem Liuthar-Evangeliar weiterhin besondere Beachtung geschenkt wird. Gegen eine Deutung vorrangig als Ausdruck der Herrschaftsauffassung Ottos III. hat sich zuletzt ST. PATZOLD [458: Anima] gewandt, der die Beischrift auf dem Dedikationsbild des Doppelblattes direkt zum Herrscherbild in Bezug setzt und in schwer nachvollziehbarer Einengung auf Röm. 13,14 das Bild als eine Mahnung des Reichenauer Mönchs an den Herrscher zur Übung der [monastisch begründeten] Tugenden als Voraussetzung für die Wahrnehmung der herrscherlichen Funktion der Stellvertretung Christi interpretiert. Das entspricht im Übrigen einer sich in jüngster Zeit artikulierenden Skepsis gegenüber einer vorwiegend „staatssymbolischen" Interpretation der Herrscherbilder. Stattdessen wird auf die „Pragmatik der Bilder" und ihre Ortsbezogenheit verwiesen. Danach geht es nicht, oder nicht nur, um eine Demonstration königlichen Gottesgnadentums, sondern wesentlich um die Intention des Stifters und die Memorialfunktion des Bildes. Dem Künstler bleibt Gestaltungsfreiraum, und seine Erzeugnisse sind daher nicht als offiziöse Propaganda zu werten [455: L. KÖRNTGEN, Königsherrschaft]. Man wird dieser Skepsis eine gewisse Berechtigung nicht absprechen wollen (s.o. S. 114f.). Eine lediglich auf Ortsbezogenheit oder Memorialfunktion ausgerichtete Deutung aber greift sicher zu kurz. Sie verkennt, dass die Entstehungsorte der liturgischen Prachthandschriften mit den geistig-kulturellen Zentren des Reiches identisch sind und hinter dem Motiv der Memoria der Auftraggeber selbst steht, der im Bild auch sein Selbst- und Herrschaftsverständnis zum Ausdruck bringen wollte. Dabei kam es natürlich nicht in erster Linie auf propagandistische Wirkung an, sondern auf die Selbstvergewisserung des Herrschers vor Gott in der Liturgie und den Konsens der geistigen Elite im Herrschaftsverständnis. Die ottonische Herrscherikonographie geht dabei über die karolingischen Beispiele, wie sie uns etwa in der Darstellung Karls des Kahlen in der sog. Vivianbibel oder im Codex aureus von St. Emmeram vorliegen [447: E. BOSHOF, Karl der Kahle, 147ff.], weit hinaus.

„Pragmatik der Bilder"?

Der Konflikt zwischen *regnum* und *sacerdotium* ist auch für die Buchkunst nicht ohne Folgen geblieben [446: ST. BEULERTZ, Ansichten]. Nun tritt vor allem in den historiographischen Werken das „Geschichtsbild", die illustrierende Darstellung bedeutender historischer Ereignisse, in den Vordergrund – freilich in der Regel nicht als objektive Wiedergabe des Geschehens, sondern als Kommentar aus der Sicht des Autors. Der Verzicht auf die Darstellung der herrscherlichen Sakralität im Bild spiegelt das neue Verständnis von Herrschaft in den Reformklöstern wider, deren Skriptorien nun die alten Reichsklöster in der Führungsrolle abzulösen beginnen [H. WOLTER-VON DEM KNESEBECK, in: 358, Canossa, 431–447; mit reichen Literaturangaben]. Einen eigenen Bildtyp stellt die Bildgenealogie dar, d.h. die Darstellung des Stemmas der Herrscherdynastie. Dass es sich hierbei um ein eigen-

Investiturstreit und Buchkunst

ständiges, vollgültiges Quellenzeugnis handelt, hat K. SCHMID [464: Stemma] am Beispiel der sog. „Bamberger Tafel" aufgewiesen.

Die Reichskleinodien

Die Bedeutung der Reichskleinodien als „Erinnerungsort" der deutschen Geschichte, ihr Symbolgehalt und ihr hoher künstlerischer Wert erklären das fortdauernde Interesse von Wissenschaft und Öffentlichkeit an dem in der Wiener Hofburg aufbewahrten Reliquienschatz und den Herrschaftszeichen [H. TRNEK, in: 360; 454: H. FILLITZ].

Reichskrone

Der Reichskrone kommt dabei eine zentrale Rolle zu. Ihr Symbolgehalt steht außer Frage; umstritten bleibt die Entstehungszeit. Gegenüber der Frühdatierung in die ottonische Zeit (mit Veränderungen unter Konrad II.) hat H. M. SCHALLER [462: Reichskrone], die Ansätze von H. C. FAUSSNER [295] weiterführend, alle bisherigen Datierungsvorschläge als Hypothesen verworfen und auf der Grundlage einer paläographischen Analyse der Inschriften der Bildplatten und der Untersuchung der Textzitate für eine Entstehung unter Konrad III. plädiert [vgl. auch 465: S. SCHOLZ, Reichskrone]. Die Neudatierung hat erhebliche Konsequenzen für die Deutung des Symbolgehaltes, der für Schaller auf ein schwaches, vom Priestertum abhängiges [Hiskia-Platte!] Königtum verweist. Angesichts der Spannweite der unterschiedlichen Datierungsvorschläge macht sich Skepsis breit. Da Textquellen, die eindeutig auf die „Wiener Krone" zu beziehen sind, frühestens aus dem 12. Jh. vorliegen und bildliche Darstellungen erst dem Spätmittelalter angehören, kann vielleicht nur noch die archäologische Methode zu verlässlichen Ergebnissen führen [vgl. auch 457: J. OTT, Krone]. Selbst die gängige Deutung des Waisen, so wie er bei Walther von der Vogelweide als Argument für die Legitimität Philipps von Schwaben verwandt wird, erscheint neuerdings – freilich kaum überzeugend – zweifelhaft [456: A. MENTZEL-REUTERS, Krone].

Heilige Lanze

Ohnehin gilt für die ottonisch-salische Zeit, dass die Krone im Rang hinter der Heiligen Lanze [dazu 469: P. WORM] und dem Reichskreuz zurücktrat. Die Silbermanschette, die Heinrich IV. am Lanzenblatt anbringen ließ, weist die Waffe mit dem Hinweis auf die Kreuzreliquie und den hl. Mauritius (*clavus Domini – lancea sancti Mauricii*) als Doppelreliquie aus; im Spätmittelalter nahm sie dann noch die Tradition der Longinuslanze auf und wurde damit endgültig zur Passionsreliquie.

Reichsschwert

Auch das Reichsschwert wurde seit dem Spätmittelalter im Zuge der „Verkirchlichung des deutschen Reichsschatzes" [467: M. SCHULZE-DÖRRLAMM, Reichsschwert, 10] mit der Mauritiustradition in Verbindung gebracht und als Mauritiusschwert angesehen.

Die symbolgeschichtlich und nach älterer Forschungsmeinung

auch verfassungsgeschichtlich so herausragende Bedeutung des Wiener Insignienschatzes ist in jüngeren Arbeiten von einem funktions- und wirkungsgeschichtlichen Ansatz her relativiert worden [459; 460; 461: J. PETERSOHN]. Als eine geschlossene Objektgruppe, als Sonderbestand im Besitz des Reiches, werden die Reichsinsignien erst seit dem 12. Jh. fassbar, und die Auffassung, dass sie als die „echten" Reichszeichen für die Begründung der königlichen Herrschaft unabdingbar notwendig gewesen seien, ist nicht haltbar. Die Verwendung der Wiener „Reichskrone" bei der Königs-/Kaiserkrönung ist nur in wenigen, relativ späten Fällen zu belegen. Die einzelnen Herrscher hatten ihren je eigenen Insignienschatz, darin z. B. auch mehrere Kronen, der bei den jeweiligen Regierungsakten und öffentlichen Auftritten verwandt wurde. Für die Thronerhebung kam den Wiener Insignien keine rechtliche Bedeutung zu; entscheidend für die Rechtsgültigkeit waren der richtige Coronator und der richtige Ort: Aachen mit dem „Karlsthron" (s.o. S. 72), der nach den jüngsten Untersuchungen wahrscheinlich mit der Erbauung der Marienkirche („Pfalzkapelle") errichtet worden ist, dann also tatsächlich als karolingisch gelten dürfte [466: S. SCHÜTTE, Thron; dagegen 449: K. CORSEPIUS, Karlsthron: Planung und Ausführung stehen in Zusammenhang mit der Öffnung des Karlsgrabes durch Otto III.]. Wenn auch den Wiener Reichsinsignien keine konstitutive Funktion bei der Thronerhebung zukam, so war ihr Besitz doch sinnenfälliger Ausdruck der Legitimität und Sakralität des Herrschers, seiner Gewere am Reich. Es kommt nicht von ungefähr, dass der Wiener Insignienschatz im Spätmittelalter mitunter auch als daz rîche (*regnum, imperium*) bezeichnet wurde.

Marginalien: „Echte" und „falsche" Insignien; „Karlsthron"

III. Quellen und Literatur

Falls nicht anders angegeben, gelten die Abkürzungen der Historischen Zeitschrift.

AUF	= Archiv für Urkundenforschung
Fs.	= Festschrift
GGA	= Götting. Gelehrte Anzeigen
HRG	= Handwörterbuch zur deutschen Rechtsgeschichte
mal.	= mittelalterlich
Sbb.	= Sitzungsberichte
Stud.	= Studien
WaG	= Die Welt als Geschichte
ZAGV	= Zs. des Aachener Geschichtsvereins
ZfGO	= Zs. für die Geschichte des Oberrheins
ZRG Germ. Abt.	= Zs. für Rechtsgeschichte. Germanistische Abteilung
Zs.	= Zeitschrift

1. Quellen

1.1 Quellen und Sammelbände

Erzählende Quellen und Urkunden werden jeweils am Ort nach den kritischen Ausgaben der Monumenta Germaniae Historica zitiert. Die Quellen zur Thronerhebung sind zusammengestellt in:

1. Die deutsche Königserhebung im 10.–12. Jahrhundert. Heft 1: Die Erhebungen von 911–1105. Eingel. u. zusammengest. v. W. Böhme. Göttingen 1970.

Handbücher werden hier nicht im Einzelnen aufgeführt. Für Forschungsüberblicke, die mit unserem Thema mittelbar in Zusammenhang stehen, vgl.:

2. E. Hlawitschka, Vom Frankenreich zur Formierung der europäischen Staaten- und Völkergemeinschaft 840–1046. Ein Studienbuch. Darmstadt 1986 (mit reichen Literaturangaben).

Sammelbände u. Festschriften, in denen mehrere zitierte Abhandlungen erschienen oder wieder abgedruckt worden sind (Ersterscheinungsjahr in Klammern):

3. Die Entstehung des Deutschen Reiches. Deutschland um 900. Ausgew. Aufsätze. Hrsg. v. H. Kämpf. Darmstadt 1956.
4. Herrschaft und Staat im Mittelalter. Hrsg. v. H. Kämpf. Darmstadt 1956.
5. Königswahl und Thronfolge in ottonisch-frühdeutscher Zeit. Hrsg. v. E. Hlawitschka. Darmstadt 1981.
6. Otto der Große. Hrsg. v. H. Zimmermann. Darmstadt 1976.
7. Investiturstreit und Reichsverfassung. Hrsg. v. J. Fleckenstein. Sigmaringen 1973.
8. Die Salier und das Reich. Bd. I–III. Hrsg. v. St. Weinfurter. Sigmaringen 1991.
9. H. Beumann, Wissenschaft vom Mittelalter. Ausgew. Aufsätze. Köln/Wien 1972.
10. 10. J. Deér, Byzanz und das abendländische Herrschertum. Ausgew. Aufsätze. Hrsg. v. P. Classen. Sigmaringen 1977.
11. M. Lintzel, Ausgewählte Schriften. Bd. II. Berlin 1961.
12. W. Schlesinger, Beiträge zur deutschen Verfassungsgeschichte des Mittelalters. Bd. I. u. II. Göttingen 1963.
13. H. Patze/F. Schwind (Hrsg.), Ausgew. Aufsätze von Walter Schlesinger 1965–1979. Sigmaringen 1987.
14. P. E. Schramm, Kaiser, Könige und Päpste. Ges. Aufsätze zur Geschichte des Mittelalters. Bd. I–IV. Stuttgart 1968–1971.

1.2 Herrscherbilder, Dynastien und Herrscherbiographien

15. 15a. P. E. Schramm, Die deutschen Kaiser und Könige in Bildern ihrer Zeit: 751–1190. Neuaufl. hrsg. v. F. Mütherich. München 1983.
    15b. P. E. Schramm /F. Mütherich, Denkmale der deutschen Könige und Kaiser. Bd. I. 2. Aufl. München 1981.
16. Kaisergestalten des Mittelalters. Hrsg. v. H. Beumann. München 1984.

17. H. BEUMANN. Die Ottonen. 3. Aufl. Stuttgart/Berlin/Köln 1994.
18. E. BOSHOF, Die Salier. 3. Aufl. Stuttgart/Berlin/Köln 1995.
19. G. ALTHOFF/H. KELLER, Heinrich I. und Otto der Große. Neubeginn und karolingisches Erbe. Göttingen/Zürich 1985.
20. E. BOSHOF, Heinrich IV. Herrscher an einer Zeitenwende. 2. Aufl. Göttingen 1990.
21. A. WAAS, Heinrich V., Gestalt und Verhängnis des letzten salischen Kaisers. München 1967.
22. Kaiserin Theophanu. Begegnung des Ostens und Westens um die Wende des ersten Jahrhunderts. Bd. II. Hrsg. v. A. VON EUW u. P. SCHREINER. Köln 1991.
23. M. L. BULST-THIELE, Kaiserin Agnes. Leipzig/Berlin 1933.
24. C. BRÜHL, Deutschland-Frankreich. Die Geburt zweier Völker. Köln/Wien 1990.
25. E.-W. BÖCKENFÖRDE, Die deutsche verfassungsgeschichtliche Forschung im 19. Jahrhundert. Berlin 1961.
26. F. GRAUS, Verfassungsgeschichte des Mittelalters, in: HZ 243 (1986) 529–589.

2. Literatur

2.1 Die Thronerhebung des deutschen Königs

2.1.1 Der Gesamtakt: Verschränkung von Erbrecht und Wahl – Das Problem des Geblütsrechts

27. O. VON DUNGERN, Thronfolgerecht und Blutsverwandtschaft der deutschen Kaiser seit Karl dem Großen. 2. Aufl. Papiermühle S.-A. 1910.
28. H. C. FAUSSNER, Die Rechtsgrundlage des passiven Königswahlrechtes in ottonisch-salischer Zeit, in: Fs. L. Carlen. Hrsg. v. L. C. Morsak u. M. Escher. Zürich 1989, 133–156.
29. S. HAIDER, Die Wahlversprechungen der römisch-deutschen Könige bis zum Ende des zwölften Jahrhunderts. Wien 1968.
30. E. HLAWITSCHKA, Untersuchungen zu den Thronwechseln der ersten Hälfte des 11. Jahrhunderts und zur Adelsgeschichte Süddeutschlands. Sigmaringen 1987.
31. F. KERN, Gottesgnadentum und Widerstandsrecht im früheren Mittelalter. 1914. 2. Aufl. Münster/Köln 1954.

32. H. Mitteis, Die deutsche Königswahl. Ihre Rechtsgrundlagen bis zur Goldenen Bulle. 2. Aufl. Brünn/München/Wien 1944.
33. Ders., Die Krise des deutschen Königswahlrechts (1950), in: 5, 216–302; dazu Rez. W. Schlesinger in: HZ 174 (1952) 101–106.
34. F. Rörig, Geblütsrecht und freie Wahl in ihrer Auswirkung auf die deutsche Geschichte. Untersuchungen zur Geschichte der deutschen Königserhebung (911–1198) (1948), in: 5, 71–147.
35. W. Schlesinger, Die Anfänge der deutschen Königswahl (1948), in: 3, 313–385 und 12, I, 139–192.
36. U. Schmidt, Königswahl und Thronfolge im 12. Jahrhundert. Köln/Wien 1987.
37. G. Tellenbach, Die geistigen und politischen Grundlagen der karolingischen Thronfolge, in: Frühmal. Stud. 13 (1979) 184–302.

2.1.2 Die Einzelakte I: Designation – Huldigung – Wahl und Kur

38. H. Kuhn, Die Grenzen der germanischen Gefolgschaft, in: ZRG Germ. Abt. 73 (1956) 1–83.
39. M. Lintzel, Miszellen zur Geschichte des zehnten Jahrhunderts (1953), in: 11, 220–296 und 5, 309–388.
40. A. Nitschke, Die Einstimmigkeit der Wahlen im Reiche Ottos des Großen, in: MIÖG 70 (1962) 29–59.
41. J. O. Plassmann, Princeps und Populus. Die Gefolgschaft im ottonischen Staatsaufbau nach den sächsischen Geschichtsschreibern des 10. Jahrhunderts. Göttingen 1954.
42. U. Reinhardt, Untersuchungen zur Stellung der Geistlichkeit bei den Königswahlen im fränkischen und deutschen Reich (751–1250). Marburg 1975.
43. U. Reuling, Die Kur in Deutschland und Frankreich. Göttingen 1979.
44. Ders., Zur Entwicklung der Wahlformen bei den hochmittelalterlichen Königserhebungen im Reich, in: Wahlen und Wählen im Mittelalter (VuF 37). Sigmaringen 1990, 227–270.
45. B. Schreyer, Zum Begriff der Designation bei Widukind, in: ZRG Germ. Abt. 67 (1950) 407–416.
46. U. Stutz, Der Erzbischof von Mainz und die deutsche Königswahl. Weimar 1910.
47. G. Wolf, Über die Wort- und Rechtsbedeutung von „designare" im 9. und 10. Jahrhundert, in: ZRG Germ. Abt. 75 (1958) 367–372.

2.1.3 Die Königswahlen 919–1077

48. H. C. FAUSSNER, Zum Regnum Bavariae Herzog Arnulfs (907–938), in: Österr. Akad. der Wissenschaften Phil.-Hist. Kl., Sitzungsberichte, 426. Bd. (1984) 1–33.

49. M. LINTZEL, Zu den deutschen Königswahlen der Ottonenzeit (1948), in: 5, 199–215.

50. DERS., Zur Designation und Wahl König Heinrichs I. (1943), in: 5, 46–70.

51. E. MÜLLER-MERTENS, Aufkommen und Regnum Teutonicum. Verbreitung der deutschen Reichs- und Königsauffassung im früheren Mittelalter. Wien/Köln/Graz 1970.

52. K. REINDEL, Herzog Arnulf und das Regnum Bavariae (1954), in: 3, 213–288.

53. W. SCHLESINGER, Die Königserhebung Heinrichs I., der Beginn der deutschen Geschichte und die deutsche Geschichtswissenschaft, in: HZ 221 (1975) 529–552.

54. DERS., Die Königserhebung Heinrichs I. zu Fritzlar im Jahre 919 (1974), in: 13, 199–220.

55. G. WOLF, Das sogenannte „Gegenkönigtum" Arnulfs von Bayern 919, in: MIÖG 91 (1983) 375–400.

56. H. ZIELINSKI, Zur Aachener Königserhebung von 936, in: DA 28 (1972) 210–222.

57. W. GIESE, Zu den Designationen und Mitkönigserhebungen der deutschen Könige des Hochmittelalters (936–1237), in: ZRG Germ. Abt. 92 (1975) 174–183.

58. E. HLAWITSCHKA, Die Ottonen-Einträge der Lausanner Annalen, in: Roma renascens. Fs. I. Opelt. Hrsg. v. M. Wiessemann. Frankfurt/Bern/New York/Paris 1988, 125–148.

59. H. HOFFMANN, Zur Geschichte Ottos des Großen (1972), in: 6, 9–45.

60. H. JAKOBS, Zum Thronfolgerecht der Ottonen, in: 5, 509–528.

61. W. OHNSORGE, Die Idee der Mitregentschaft bei den Sachsenherrschern (1972), in: DERS., Ost-Rom und der Westen. Darmstadt 1983, 117–127.

62. K. SCHMID, Die Thronfolge Ottos des Großen (1964), in: 5, 417–504.

63. DERS., Neue Quellen zum Verständnis des Adels im 10. Jahrhundert, in: ZfGO 108 (1960) 185–202; Wiederabdr. des Abschnitts I: 5, 389–416.

64. A. Graf Finckenstein, Beobachtungen zur Königswahl nach dem Tode Ottos III., in: DA 34 (1978) 512–520.
65. E. Hlawitschka, Die Thronkandidaturen von 1002 und 1024. Gründeten sie im Verwandtenanspruch oder in Vorstellungen von freier Wahl? (1985), in: Ders., Stirps regia. Ausgew. Aufsätze. Frankfurt/Bern/New York/Paris 1988, 495–510.
66. Ders., „Merkst Du nicht, daß Dir das vierte Rad am Wagen fehlt?" Zur Thronkandidatur Ekkehards von Meißen (1002) nach Thietmar, Chronicon IV c. 52, in: Geschichtsschreibung und geistiges Leben im Mittelalter. Fs. f. H. Löwe. Hrsg. v. K. Hauck u. H. Mordek. Köln/Wien 1978, 281–311.
67. H. Keller, Schwäbische Herzöge als Thronbewerber: Hermann II. (1002), Rudolf von Rheinfelden (1077), Friedrich von Staufen (1125), in: ZfGO 131 (1983) 123–162.
68. W. Schlesinger, Die sogenannte Nachwahl Heinrichs II. in Merseburg (1974), in: 13, 255–271.
69. Ders., Erbfolge und Wahl bei der Königserhebung Heinrichs II. 1002 (1972), in: 13, 221–253.
70. R. Schneider, Die Königserhebung Heinrichs II. im Jahre 1002, in: DA 28 (1972) 74–104.
71. A. Wolf, Königskandidatur und Königsverwandtschaft. Hermann von Schwaben als Prüfstein für das „Prinzip der freien Wahl", in: DA 47 (1991) 45–117.
72. W. Berges, Gregor VII. und das deutsche Designationsrecht, in: Studi Gregoriani 2 (1947) 189–209.
73. H. Beumann, Das Imperium und die Regna bei Wipo (1960), in: 9, 175–200.
74. E. Boshof, Das Reich in der Krise. Überlegungen zum Regierungsausgang Heinrichs III., in: HZ 228 (1979) 265–287.
75. H. Gericke, Die Wahl Heinrichs IV. Eine Studie zum deutschen Königswahlrecht, in: ZfG 3 (1955) 735–749.
76. M. Lintzel, Zur Wahl Konrads II. (1952), in: 11, 421–430.
77. G. Scheibelreiter, Der Regierungsantritt des römisch-deutschen Königs (1056–1138), in: MIÖG 81 (1973) 1–62.
78. H. Thomas, Erzbischof Siegfried I. von Mainz und die Tradition seiner Kirche. Ein Beitrag zur Wahl Rudolfs von Rheinfelden, in: DA 26 (1970) 368–399.
79. H. Bruns, Das Gegenkönigtum Rudolfs von Rheinfelden und seine zeitpolitischen Voraussetzungen. Diss. phil. Berlin 1939.
80. E. Hlawitschka, Zur Herkunft und zu den Seitenverwandten des

Gegenkönigs Rudolf von Rheinfelden – Genealogische und politisch-historische Untersuchungen, in: 8, I, 175–220.
81. W. SCHLESINGER, Die Wahl Rudolfs von Schwaben zum Gegenkönig 1077 in Forchheim, in: 7, 61–85 und 1, 273–296.
82. U. SCHMIDT, Die Wahl Hermanns von Salm zum Gegenkönig 1081, in: Ex ipsis rerum documentis. Fs. H. Zimmermann. Hrsg. v. K. Herbers/H. H. Kortüm/C. Servatius. Sigmaringen 1991, 477–491.
83. D. UNVERHAU, Approbatio-Reprobatio. Studien zum päpstlichen Mitspracherecht bei Kaiserkrönung und Königswahl vom Investiturstreit bis zum ersten Prozeß Johanns XXII. gegen Ludwig IV. Lübeck 1973.

2.1.4 Die Einzelakte II: Krönung – Thronsetzung – Herrscherweihe – Krönungsmahl – Umritt

84. A. ANGENENDT, Rex et Sacerdos. Zur Genesis der Königssalbung, in: Tradition als historische Kraft. Hrsg. v. N. Kamp, J. Wollasch. Berlin/New York 1982, 100–118.
85. H. BEUMANN, Grab und Thron Karls des Großen zu Aachen (1967), in: 9, 347–376.
86. E. BOSHOF, Köln, Mainz, Trier – Die Auseinandersetzung um die Spitzenstellung im deutschen Episkopat in ottonisch-salischer Zeit, in: Jb. d. Köln. Gesch. vereins 49 (1978) 19–48.
87. DERS., Erstkurrecht und Erzämtertheorie im Sachsenspiegel, in: HZ Beiheft 2 N.F. (1973) 84–121.
88. C. A. BOUMAN, Sacring and Crowning. The development of the Latin ritual for the anointing of kings and the coronation of an emperor before the eleventh century. Groningen/Djakarta 1957.
89. C. BRÜHL, Fränkischer Krönungsbrauch und das Problem der „Festkrönungen" (1962), in: DERS., Aus Mittelalter und Diplomatik. Ausgew. Aufsätze Bd. I. Hildesheim/München/Zürich 1989, 351–412.
90. DERS., Kronen- und Krönungsbrauch im frühen und hohen Mittelalter (1982), in: Ausgew. Aufsätze (wie 89), 413–443.
91. H. BÜTTNER/I. DIETRICH, Weserland und Hessen im Kräftespiel der karolingischen und frühen ottonischen Politik, in: Westfalen 30 (1952) 133–149.
92. C. ERDMANN, Der ungesalbte König (1938), in: DERS., Ottonische Studien. Darmstadt 1968, 1–30.
93. DERS., Königs- und Kaiserkrönung im ottonischen Pontifikale, in:

Forschungen zur politischen Ideenwelt des Frühmittelalters. Hrsg. v. F. Baethgen. Berlin 1951, 52–91.
94. J. FLECKENSTEIN, Die Hofkapelle der deutschen Könige. II: Die Hofkapelle im Rahmen der ottonisch-salischen Reichskirche. Stuttgart 1966.
95. H. FUHRMANN, Die Synode von Hohenaltheim (916) – quellenkundlich betrachtet, in: DA 43 (1987) 440–468.
96. K. HAUCK, Rituelle Speisegemeinschaft im 10. und 11. Jahrhundert, in: Studium Generale 3 (1950) 611–621.
97. K.-U. JÄSCHKE, Frühmittelalterliche Festkrönungen? Überlegungen zu Terminologie und Methode, in: HZ 211 (1970) 556–588.
98. E. KARPF, Königserhebung ohne Salbung. Zur politischen Bedeutung von Heinrichs I. ungewöhnlichem Verzicht in Fritzlar (919), in: Hess. Jb. f. LG 34 (1984) 1–24.
99. H. W. KLEWITZ, Die Festkrönungen der deutschen Könige, in: ZRG Kan. Abt. 28 (1939) 48–96; separat: Darmstadt 1966.
100. R. KOTTJE, Studien zum Einfluß des Alten Testaments auf Recht und Liturgie des frühen Mittelalters. Bonn 1964.
101. M. LINTZEL, Heinrich I. und die fränkische Königssalbung (1955), in: 11, 583–612.
102. E. MÜLLER, Die Anfänge der Königssalbung im Mittelalter und ihre historisch-politischen Auswirkungen, in: JHb. 58 (1938) 317–360.
103. J. L. NELSON, Politics and Ritual in Early Medieval Europe. London 1986; darin u. a.: National Synods, Kingship as Office, and Royal Anointing (1971), 239–257; Symbols in Context: Rulers' Inauguration Rituals in Byzantium and the West in the Early Middle Ages (1976), 259–281; Ritual and Reality in the Early Medieval ordines (1975), 329–339; The Earliest Royal Ordo: Some Liturgical and Historical Aspects (1980), 341–360.
104. P. OPPENHEIM, Die sakralen Momente in der deutschen Herrscherweihe bis zum Investiturstreit, in: Ephemerides Liturgicae 58 (1944) 42–49.
105. O. OPPERMANN, Der fränkische Staatsgedanke und die Aachener Königskrönungen des Mittelalters. Utrecht 1929.
106. J. PRELOG, Sind die Weihesalbungen insularen Ursprungs?, in: Frühmal. Stud. 13 (1979) 303–356.
107. G. SCHEIBELREITER, Der Regierungsantritt des römisch-deutschen Königs (1056–1138), in: MIÖG 81 (1973) 1–62.
108. R. SCHMIDT, Königsumritt und Huldigung in ottonisch-salischer

Zeit, Vorträge und Forschungen 6. Konstanz/Stuttgart 1961, 97–233.
109. P. E. SCHRAMM, Die Krönung bei den Westfranken und Angelsachsen von 878 bis um 1000, in: ZRG Kan. Abt. 33 (1934) 117–242; überarb. und ergänzt in: 15 II, 140–248.
110. DERS., Der König von Frankreich. Das Wesen der Monarchie vom 9. zum 16. Jahrhundert. 2. Aufl. Darmstadt 1960.
111. DERS., Die Krönung in Deutschland bis zum Beginn des Salischen Hauses (1028), in: ZRG Kan. Abt. 24 (1935) 184–332; überarb. und ergänzt in: 14 II, 287–305; 14 III, 33–87 u. 108–134.
112. U. STUTZ, Die rheinischen Erzbischöfe und die deutsche Königswahl, in: Fs. H. Brunner. Weimar 1910, 57–78.
113. DERS., Zur Geschichte des deutschen Königswahlrechts im Mittelalter. 1. Inthronisation vor der Krönung? 2. Der Rangstreit von Mainz und Trier, in: ZRG Germ. Abt. 44 (1924) 263–282; 282–288.
114. H. WOLTER, Das Privileg Leos IX. für die Kölner Kirche vom 7. Mai 1052 (JL. 4271), in: E. Boshof/H. Wolter, Rechtsgeschichtlich-diplomatische Studien zu frühmittelalterlichen Papsturkunden. Köln/Wien 1976, 101–151.

2.2 Herrschaftsstruktur und Herrschaftspraxis

2.2.1 Kernlandschaften und königliches Itinerar

2.2.2 Reichsgut und Hausgut

115. W. BERGES, Das Reich ohne Hauptstadt, in: Jb. f. Gesch. des dt. Ostens 1 (1952) 1–29.
116. K. BOSL, Pfalzen und Forsten, in: 150, I, 1–29.
117. Deutsche Königspfalzen. Beiträge zu ihrer historischen und archäologischen Erforschung. Bd. 1–3. Hrsg. v. Max-Planck-Institut für Geschichte Göttingen 1963. 1965. 1979.
118. Die deutschen Königspfalzen. Repertorium der Pfalzen, Königshöfe und übrigen Aufenthaltsorte der Könige im deutschen Reich des Mittelalters. Hrsg. v. Max-Planck-Institut für Geschichte Göttingen 1983ff.
119. A. EGGERS, Der königliche Grundbesitz im 10. und beginnenden 11. Jahrhundert. Weimar 1909.
120. R. ELZE, Über die Leistungsfähigkeit von Gesandtschaften und Boten im 11. Jahrhundert (1980), in: 293, XIV 3–10.

121. H. C. Faussner, Die Verfügungsgewalt des deutschen Königs über weltliches Reichsgut im Hochmittelalter, in: DA 29 (1973) 345–449.
122. D. v. Gladiss, Die Schenkungen der deutschen Könige zu privatem Eigen, in: DA 1 (1937) 80–137.
123. H. Heimpel, Bisherige und künftige Erforschung deutscher Königspfalzen, in: GWU 16 (1965) 461–487.
124. H. Hoffmann, Die Unveräußerlichkeit der Kronrechte im Mittelalter, in: DA 20 (1964) 389–474.
125. H. Jankuhn, Die mittelalterlichen Königspfalzen als archäologisches Forschungsproblem, in: Varia archaeologica. Fs. W. Unverzagt. Hrsg. v. P. Grimm. Berlin 1964, 323–335.
126. H. Kaspers, Comitatus nemoris. Die Waldgrafschaft zwischen Maas und Rhein, in: ZAGV Beiheft 2, 1957.
127. E. Kilian, Das Itinerar Kaiser Heinrichs IV. Karlsruhe 1886.
128. H. Krabusch, Untersuchungen zur Geschichte des Königsgutes unter den Saliern (1024–1125). Diss. phil. masch. Heidelberg 1949.
129. F. Ludwig, Untersuchungen über die Reise- und Marschgeschwindigkeit im XII. und XIII. Jahrhundert. Diss. phil. Straßburg 1897.
130. Th. Mayer, Fürsten und Staat. Studien zur Verfassungsgeschichte des deutschen Mittelalters. Weimar 1950.
131. Ders., Das deutsche Königtum und sein Wirkungsbereich (1941), in: Ders., Mittelalterliche Studien. Sigmaringen 1959, 28–44.
132. W. Metz, Staufische Güterverzeichnisse. Berlin 1964.
133. Ders., Probleme der fränkischen Reichsgutforschung im sächsischen Stammesgebiet, in: Niedersächs. Jb. f. LG 31 (1959) 77–126.
134. E. Müller, Das Itinerar Kaiser Heinrichs III., Berlin 1901.
135. E. Müller-Mertens, Die Reichsstruktur im Spiegel der Herrschaftspraxis Ottos des Großen. Berlin 1980.
136. F. Ranzi, Königsgut und Königsforst im Zeitalter der Karolinger und Liudolfinger und ihre Bedeutung für den Landesausbau. Diss. phil. Leipzig 1939.
137. M. Reinke, Die Reisegeschwindigkeit des deutschen Königshofes im 11. und 12. Jahrhundert nördlich der Alpen, in: Bll. f. dt. LG 123 (1987) 225–251.
138. H.-J. Rieckenberg, Königsstraße und Königsgut in liudolfingischer und frühsalischer Zeit (919–1056), in: AUF 17 (1941) 32–154; sep. Darmstadt 1965.

139. M. SCHALLES-FISCHER, Pfalz und Fiskus Frankfurt. Eine Untersuchung zur Verfassungsgeschichte des fränkisch-deutschen Königtums. Göttingen 1969.
140. W. SCHLESINGER, Merseburg (Versuch eines Modells künftiger Pfalzbearbeitungen), in :117, I, 158–206.
141. A. SCHULTE, Anläufe zu einer festeren Residenz der deutschen Könige im Hochmittelalter, in: HJb. 55 (1935) 131–142.
142. M. STIMMING, Das deutsche Königsgut im 11. und 12. Jahrhundert. Erster Teil: Die Salierzeit. Berlin 1922.
143. H. J. STÜLLEIN, Das Itinerar Heinrichs V. in Deutschland. Diss. phil. München 1971.
144. H. THIMME, Forestis. Königsgut und Königsrecht nach den Forsturkunden vom 6.–12. Jahrhundert, in: AUF 2 (1909) 101–154.
145. E. WADLE, Reichsgut und Königsherrschaft unter Lothar III. (1125–1137). Berlin 1969.
146. TH. ZOTZ, Königspfalz und Herrschaftspraxis im 10. und frühen 11. Jahrhundert, in: Bll. f. dt. LG 120 (1984) 19–46.
147. DERS., Vorbemerkungen zum Repertorium der deutschen Königspfalzen, in: Bll. f. dt. LG 118 (1982) 177–203.

2.2.3 Servitium regis der Reichskirchen

148. L. AUER, Der Kriegsdienst des Klerus unter den sächsischen Kaisern, in: MIÖG 79 (1971) 316–407; 80 (1972) 48–70.
149. C. BRÜHL, Fodrum, Gistum, Servitium regis. Studien zu den wirtschaftlichen Grundlagen des Königtums im Frankenreich und in den karolingischen Nachfolgestaaten Deutschland, Frankreich und Italien vom 6. bis zur Mitte des 14. Jahrhunderts. 2 Bde. Köln/Graz 1968.
150. E. EWIG, Der Gebetsdienst der Kirchen in den Urkunden der späteren Karolinger, in: Fs. f. B. Schwineköper. Hrsg. v. H. Maurer u. H. Patze. Sigmaringen 1982, 45–86.
151. B. HEUSINGER, Servitium regis in der deutschen Kaiserzeit. Untersuchungen über die wirtschaftlichen Verhältnisse des deutschen Königtums 900–1250, in: AUF 8 (1923) 26–159.
152. W. METZ, Das Servitium Regis. Zur Erforschung der wirtschaftlichen Grundlagen des hochmittelalterlichen deutschen Königtums. Darmstadt 1978.
153. DERS., Quellenstudien zum Servitium regis (900–1259), in: AfD 22 (1976) 187–271; 24 (1978) 203–291; 31 (1985) 273–326.

154. DERS., Tafelgut, Königsstraße und Servitium regis in Deutschland vornehmlich im 10. und 11. Jahrhundert, in: HJb. 91 (1971) 257–291.
155. F. PRINZ, Klerus und Krieg im früheren Mittelalter. Untersuchungen zur Rolle der Kirche beim Aufbau der Königsherrschaft. Stuttgart 1971.
156. A. SPRENGLER, Gebete für den Herrscher im frühmittelalterlichen Abendland und die verwandten Anschauungen im gleichzeitigen Schrifttum. Diss. theol. masch. Göttingen 1950.

2.2.4 Die Regalienfrage

157. J. FRIED, Der Regalienbegriff im 11. und 12. Jahrhundert, in: DA 29 (1973) 450–528.
158. B. KLUGE, Deutsche Münzgeschichte von der späten Karolingerzeit bis zum Ende der Salier. Sigmaringen 1991.
159. I. OTT, Der Regalienbegriff im 12. Jahrhundert, in: ZRG Kan. Abt. 35 (1948) 234–304.
160. H. THIEME, Die Funktion der Regalien im Mittelalter, in: ZRG Germ. Abt. 62 (1942) 57–88.
161. E. WADLE, Mittelalterliches Münzrecht im Spiegel der Confoederatio cum principibus ecclesiasticis, in: Jb. f. Numismatik und Geldgeschichte 21 (1971) 187–224.

2.2.5 Die Verwaltung des Reichsgutes: Ministerialität

162. K. BOSL, Die Reichsministerialität der Salier und Staufer. Stuttgart 1950/51.
163. J. B. FREED, The origins of the European nobility: The problem of the ministerials, in: Viator 7 (1976) 211–241.
164. Ministerialität im Pfälzer Raum. Hrsg. v. F. L. WAGNER. Speyer 1975.
165. Ministerialitäten im Mittelrheinraum. Hrsg. v. J. BÄRMAN, A. GERLICH, L. PETRY. Wiesbaden 1978.
166. M. PARISSE, Les ministériaux en Empire: ab omni jugo servili absoluti, in: Jb. f. westdt. LG 6 (1980) 1–24.
167. K. SCHMID, Salische Gedenkstiftungen für fideles, servientes und milites, in: Institutionen, Kultur und Gesellschaft im Mittelalter. Fs. f. J. Fleckenstein. Hrsg. v. L. Fenske, W. Rösener, Th. Zotz. Sigmaringen 1984, 245–264.

2.2.6 Allgemeine Probleme der Herrschaftspraxis: Königliche Gesetzgebung – Institutionen und Personenverband – Lehnswesen

168. H. HELBIG, Fideles Dei et regis. Zur Bedeutungsentwicklung von Glaube und Treue im hohen Mittelalter, in: AKG 33 (1951) 275–306.
169. H. KELLER, Reichsstruktur und Herrschaftsauffassung in ottonisch-frühsalischer Zeit, in: Frühmal. Stud. 16 (1982) 74–128.
170. DERS., Grundlagen ottonischer Königsherrschaft, in: K. Schmid (Hrsg.), Reich und Kirche vor dem Investiturstreit. Fs. G. Tellenbach. Sigmaringen 1985, 17–34.
171. DERS., Zum Charakter der „Staatlichkeit" zwischen karolingischer Reichsreform und hochmittelalterlichem Herrschaftsausbau, in: Frühmal. Stud. 23 (1989) 248–264.
172. H. KRAUSE, Königtum und Rechtsordnung in der Zeit der sächsischen und salischen Könige, in: ZRG Germ. Abt. 82 (1965) 1–98.
173. K. J. LEYSER, Medieval Germany and Its Neighbours 900–1250. London 1982.
174. M. LINTZEL, Die Beschlüsse der deutschen Hoftage von 911 bis 1056. Berlin 1924.
175. TH. MAYER, Die Ausbildung der Grundlagen des modernen deutschen Staates im hohen Mittelalter (1939), in: 4, 284–331.
176. H. MITTEIS, Lehnrecht und Staatsgewalt. Weimar 1933.
177. DERS., Der Staat des hohen Mittelalters. 5. Aufl. Weimar 1955.
178. P. MORAW, Versuch über die Entstehung des Reichstages, in: Politische Ordnungen und soziale Kräfte im Reich. Hrsg. v. H. Weber. Wiesbaden 1980, 1–36.
179. W. SCHLESINGER, Verfassungsgeschichte und Landesgeschichte (1953), in: 12, II, 9–41.
180. DERS., Herrschaft und Gefolgschaft in der germanisch-deutschen Verfassungsgeschichte (1953), in: 4, 135–190 und 12, I, 9–52.
181. G. TELLENBACH, Vom karolingischen Reichsadel zum deutschen Reichsfürstenstand (1943), in: 4, 191–242.
182. ST. WEINFURTER, Herrschaft und Reich der Salier. Grundlinien einer Umbruchzeit. Sigmaringen 1991.

2.2.7 Herrschaft und Konflikt

183. G. ALTHOFF, Zur Frage nach der Organisation sächsischer coniurationes in der Ottonenzeit, in: Frühmal. Stud. 16 (1982) 129–142.

184. DERS., Adels- und Königsfamilien im Spiegel ihrer Memorialüberlieferung. Studien zum Totengedenken der Billunger und Ottonen. München 1984.
185. DERS., Königsherrschaft und Konfliktbewältigung im 10. und 11. Jahrhundert, in: Frühmal. Stud. 23 (1989) 265–298.
186. F.-R. ERKENS, Fürstliche Opposition in ottonisch-salischer Zeit, in: AKG 64 (1982) 307–370.
187. W. GLOCKER, Die Verwandten der Ottonen und ihre Bedeutung in der Politik. Köln/Wien 1988.
188. A. KALCKHOFF, Historische Verhaltensforschung: Ethnologie unserer Vergangenheit. Die Konfiguration eines Aufstandes im 10. Jahrhundert, in: Unter dem Pflaster liegt der Strand. Zs. f. Kraut u. Rüben 11 (1982) 145–194.
189. K. J. LEYSER, Rule and Conflict in an Early Medieval Society. Ottonian Saxony. London 1979. – Dt. Übers.: DERS., Herrschaft und Konflikt. König und Adel im ottonischen Sachsen. Göttingen 1984.
190. H. NAUMANN, Rätsel des letzten Aufstandes gegen Otto I. (953–954) (1964), in: 6, 70–136.

2.2.8 Das ottonisch-salische Reichskirchensystem

191. A. Graf FINCK VON FINCKENSTEIN, Bischof und Reich. Untersuchungen zum Integrationsprozeß des ottonisch-frühsalischen Reiches (919–1056). Sigmaringen 1989.
192. J. FLECKENSTEIN, Problematik und Gestalt der ottonisch-salischen Reichskirche, in: K. Schmid (Hrsg.), Reich und Kirche vor dem Investiturstreit. Fs. G. Tellenbach. Sigmaringen 1985, 83–88.
193. T. REUTER, The „Imperial Church System" of the Ottonian and Salian Rulers: a Reconsideration, in: Journ. of Eccl. History 33 (1982) 347–374.
194. L. SANTIFALLER, Zur Geschichte des ottonisch-salischen Reichskirchensystems. 2. Aufl. Wien 1964.
195. R. SCHIEFFER, Die Entstehung des päpstlichen Investiturverbots für den deutschen König. Stuttgart 1981.
196. DERS., Der ottonische Reichsepiskopat zwischen Königtum und Adel, in: Frühmal. Stud. 23 (1989) 291–301.
197. P. SCHMID, Der Begriff der kanonischen Wahl in den Anfängen des Investiturstreits. Stuttgart 1926.
198. H. ZIELINSKI, Der Reichsepiskopat in spätottonischer und salischer Zeit (1002–1125), Teil I. Stuttgart 1984.

2.2.9 Königtum und Herzogsgewalt unter Heinrich II. und den Saliern

199. E. Boshof, Lothringen, Frankreich und das Reich in der Regierungszeit Heinrichs III., in: Rhein. Vjbll. 42 (1978) 63–127.
200. H. J. Diefenbach, Die „Renovatio regni Francorum" durch Kaiser Heinrich II. Diss. phil. masch. Köln 1952.
201. L. Fenske, Adelsopposition und kirchliche Reformbewegung im östlichen Sachsen. Göttingen 1977.
202. W. Giese, Der Stamm der Sachsen und das Reich in ottonischer und salischer Zeit. Wiesbaden 1979.
203. A. Krah, Absetzungsverfahren als Spiegelbild von Königsmacht. Untersuchungen zum Kräfteverhältnis zwischen Königtum und Adel im Karolingerreich und seinen Nachfolgestaaten. Aalen 1987.
204. Th. Schieffer, Heinrich II. und Konrad II. Die Umprägung des Geschichtsbildes durch die Kirchenreform des 11. Jahrhunderts, in: DA 8 (1951) 384–437; sep. Darmstadt 1969.
205. St. Weinfurter, Die Zentralisierung der Herrschaftsgewalt im Reich durch Kaiser Heinrich II., in: HJb. 106 (1986) 241–297.

2.2.10 Politischer Prozess und Friedenswahrung

206. E. Boshof, Staufer und Welfen in der Regierungszeit Konrads III.: Die ersten Welfenprozesse und die Opposition Welfs IV., in: AKG 70 (1988) 313–341.
207. J. Gernhuber, Die Landfriedensbewegung in Deutschland bis zum Mainzer Reichslandfrieden von 1235. Bonn 1952.
208. E. Kaufmann, Aequitatis iudicium. Königsgericht und Billigkeit in der Rechtsordnung des frühen Mittelalters. Frankfurt/M. 1959.
209. H. Mitteis, Politische Prozesse des früheren Mittelalters in Deutschland und Frankreich, in: Sbb. der Heidelberger Akad. der Wiss. Phil.-Hist. Kl. Jg. 1926/27, Abh. 3; sep. Darmstadt 1974.
210. K. Schmid, Die Sorge der Salier um ihre Memoria, in: Memoria. Hrsg. v. K. Schmid u. J. Wollasch. München 1984, 666–726.
211. K. Schnith, Recht und Friede. Zum Königsgedanken im Umkreis Heinrichs III., in: HJb. 81 (1962) 22–57.

2.2.11 Die Krise des salischen Herrschaftssystems

212. P. Classen, Das Wormser Konkordat in der deutschen Verfassungsgeschichte, in: 7, 411–460.

213. J. FLECKENSTEIN, Heinrich IV. und der deutsche Episkopat in den Anfängen des Investiturstreites, in: Adel und Kirche. Fs. G. Tellenbach. Hrsg. v. J. Fleckenstein u. K. Schmid, Freiburg/Basel/Wien 1968, 221–236.
214. M. GROTEN, Das Aufkommen der bischöflichen Thronsiegel im Deutschen Reich, in: HJb. 100 (1980) 163–197.
215. K. J. LEYSER, The Crisis of Medieval Germany, in: Proceedings of the British Academy 69 (1983) 409–443.
216. TH. MAYER, Der Staat der Herzoge von Zähringen (1935), in: DERS., Mittelalterliche Studien. Sigmaringen 1959, 350–364.
217. B. SCHWINEKÖPER, Königtum und Städte bis zum Ende des Investiturstreits. Sigmaringen 1977.
218. H. WERLE, Titelherzogtum und Herzogsherrschaft, in: ZRG Germ. Abt. 73 (1956) 225–299.

2.3 Minderjährigkeit des Königs und Herrschaft der Frau

219. P. CORBET, Les saints ottoniens. Sainteté dynastique, sainteté royale et sainteté féminine autour de l'an Mil. Sigmaringen 1986.
220. F.-R. ERKENS, Die Frau als Herrscherin in ottonisch-salischer Zeit, in: 22, 245–259.
221. R. HIESTAND, Eirene basileus – Die Frau als Herrscherin im Mittelalter, in: Der Herrscher. Leitbild und Abbild in Mittelalter und Renaissance. Düsseldorf 1990, 253–283.
222. K.-U. JÄSCHKE, Notwendige Gefährtinnen. Königinnen der Salierzeit als Herrscherinnen und Ehefrauen im römisch-deutschen Reich des 11. und beginnenden 12. Jahrhunderts. Saarbrücken-Scheidt 1991.
223. P. KETSCH, Aspekte der rechtlichen und politisch-gesellschaftlichen Situation von Frauen im frühen Mittelalter (500–1150), in: A. Kuhn/J. Rüsen (Hrsg.), Frauen in der Geschichte, II. Düsseldorf 1982, 11–71.
224. TH. KÖLZER, Das Königtum Minderjähriger im fränkisch-deutschen Mittelalter, in: HZ 251 (1990) 291–323.
225. P. KRULL, Die Salbung und Krönung der deutschen Königinnen und Kaiserinnen im Mittelalter. Diss. phil. Halle 1911.
226. J. LAUDAGE, Das Problem der Vormundschaft über Otto III., in: 22, 261–275.
227. S. MASLEV, Die staatsrechtliche Stellung der byzantinischen Kaiserinnen, in: Byzantinoslavica 27 (1966) 308–343.

228. W. OHNSORGE, Das Mitkaisertum in der abendländischen Geschichte des frühen Mittelalters (1950), in: DERS., Abendland und Byzanz. Darmstadt 1979, 261–287.
229. M. UHLIRZ, Zu dem Mitkaisertum der Ottonen. Theophanu coimperatrix, in: Byz. Zs. 50 (1957) 383–389.
230. A. SPRENGLER-RUPPENTHAL, Zur Theologie der consors-regni-Formel in der sächsischen Königs- und Kaiserzeit, in: Jb. d. Ges. f. niedersächsische KiG 83 (1985) 85–107.
231. T. VOGELSANG, Die Frau als Herrscherin im hohen Mittelalter. Studien zur „consors regni"-Formel. Göttingen 1954.
232. A. WINTERSIG, Zur Königinnenweihe, in: Jb. f. Liturgiewissenschaft 5 (1925) 150–153.

2.4 Imperiales Königtum und Titelfrage

233. H. BEUMANN, Der Deutsche König als „Romanorum Rex", in: Sbb. der Wiss. Ges. an der Johann-Wolfgang-Goethe-Univ. Frankfurt/M. XVIII, Nr. 2. Wiesbaden 1981, 37–84 (auch sep.).
234. DERS., Das imperiale Königtum im 10. Jahrhundert (1950), in: 9, 241–254.
235. R. BUCHNER, Der Titel rex Romanorum in den deutschen Königsurkunden des 11. Jahrhunderts, in: DA 19 (1963) 327–338.
236. J. FICKER, Neue Beiträge zur Urkundenlehre III. Das Aufkommen des Titels Romanorum Rex, in: MIÖG 6 (1885) 225–253.
237. A. GAWLIK, Ein neues Siegel Heinrichs V. aus seiner Königszeit, in: Geschichte und ihre Quellen. Fs. F. Hausmann. Hrsg. v. R. Härtel. Graz 1987, 529–536.
238. H. HOFFMANN, Zur Geschichte Ottos des Großen (1972), in: 6, 9–45.
239. K.-U. JÄSCHKE, Königskanzlei und imperiales Königtum im 10. Jahrhundert (1964), in: 6, 137–196.
240. G. KOCH, Auf dem Wege zum Sacrum Imperium. Studien zur ideologischen Herrschaftsbegründung der deutschen Zentralgewalt im 11. und 12. Jahrhundert. Wien/Köln/Graz 1972.
241. B. MERTA, Die Titel Heinrichs II. und der Salier, in: Intitulatio III. Hrsg. v. H. Wolfram u. A. Scharer. Köln/Graz 1988, 163–200.
242. W. OHNSORGE, Das Zweikaiserproblem im frühen Mittelalter. Hildesheim 1947.
243. W. CHR. SCHNEIDER, Heinrich II. als „Romanorum rex", in: QFIAB 67 (1987) 421–446.

244. E. E. STENGEL, Das imperiale Königtum und die Königskanzlei Ottos des Großen (1966), in: 6, 197–199.
245. H. WOLFRAM, Lateinische Herrschertitel im neunten und zehnten Jahrhundert, in: Intitulatio II. Hrsg. v. H. Wolfram. Wien/ Köln/ Graz 1973, 19–178 (mit Einleitung, 7–18).

2.5 Ideengeschichte des Königtums

2.5.1 Die Historiographie als Quelle für die Ideengeschichte des Königtums

246. H. H. ANTON, Fürstenspiegel und Herrscherethos in der Karolingerzeit. Bonn 1968.
247. W. BERGES, Die Fürstenspiegel des hohen und späten Mittelalters. Stuttgart 1938.
248. H. BEUMANN, Die Historiographie des Mittelalters als Quelle für die Ideengeschichte des Königtums, in: HZ 180 (1955) 449–478.
249. DERS., Widukind von Korvei. Untersuchungen zur Geschichtsschreibung und Ideengeschichte des 10. Jahrhunderts. Weimar 1950.
250. K. HAUCK, Haus- und sippengebundene Literatur mittelalterlicher Adelsgeschlechter (1954), in: Geschichtsdenken und Geschichtsbild im Mittelalter. Hrsg. v. W. Lammers. Darmstadt 1965, 165–199.
251. E. KARPF, Herrscherlegitimation und Reichsbegriff in der ottonischen Geschichtsschreibung des 10. Jahrhunderts. Stuttgart 1985.
252. W. v. STETTEN, Der Niederschlag liudolfingischer Hausüberlieferung in den ersten Werken der ottonischen Geschichtsschreibung. Diss. phil. masch. Erlangen 1954.

2.5.2 Sakralcharakter und christozentrisches Königtum

253. H. BEUMANN, Die sakrale Legitimierung des Herrschers im Denken der ottonischen Zeit (1948), in: 5, 148–198.
254. L. BORNSCHEUER, Miseriae regum. Untersuchungen zum Krisen- und Todesgedanken in den herrschaftstheologischen Vorstellungen der ottonisch-salischen Zeit. Berlin 1968.
255. E.-M. EDSMAN, Zum sakralen Königtum in der Forschung der letzten hundert Jahre, in: La regalità sacra. Contributi al tema dell'VIII Congr. intern. di storia delle religioni (Roma, aprile 1955). Leiden 1959, 3–17.

256. R. Folz, Les saints rois du Moyen Age en Occident (VIe–XIIIe siècles). Bruxelles 1984.
257. Ders., La légende liturgique de saint Henri II empereur et confesseur, in: Mélanges J. Stiennon, éd. par R. Lejeune et J. Dekkers. Liège 1982, 245–258.
258. F. Graus, La sanctification du souverain dans l'Europe centrale des Xe et XIe siècles, in: Hagiographie, cultures et sociétés: 4e–12e siècles. Paris 1981, 559–572.
259. K. Hauck, Erzbischof Adalbert von Magdeburg als Geschichtsschreiber, in: Fs. f. W. Schlesinger. Hrsg. v. H. Beumann. Bd. II. Köln/Wien 1974, 276–353.
260. E. Kantorowicz, The Kings's Two Bodies. A Study in Mediaeval Political Theology. 2. Aufl. Princeton N.J. 1966 (dt. Übersetzung 1990).
261. Ders., Deus per naturam, Deus per gratiam. A Note on Mediaeval Political Theory, in: Harvard Theological Review 45 (1952) 253–277.
262. H.-W. Klewitz, Germanisches Erbe im fränkischen und deutschen Königtum (1941), in: Ders., Ausgew. Aufsätze. Aalen 1971, 55–70.
263. M. Lintzel, Heinricus natus in aula regali, in: 11, 276–282.
264. H. K. Schulze, Königsherrschaft und Königsmythos, in: Fs. B. Schwineköper. Hrsg. v. H. Maurer und H. Patze. Sigmaringen 1982, 177–186.

2.5.3 Die Königsvorstellung in der Liturgie

265. K. J. Benz, Untersuchungen zur politischen Bedeutung der Kirchweihe unter Teilnahme der deutschen Herrscher im hohen Mittelalter. Kallmünz 1975.
266. L. Biehl, Das liturgische Gebet für Kaiser und Reich. Ein Beitrag zur Geschichte des Verhältnisses von Kirche und Staat. Paderborn 1937.
267. W. Dürig, Der theologische Ausgangspunkt der mittelalterlichen liturgischen Auffassung vom Herrscher als Vicarius Dei, in: HJb. 77 (1958) 174–187.
268. R. Elze (Hrsg.), Die Ordines für die Weihe und Krönung des Kaisers und der Kaiserin (MGH Fontes iuris Germ. antiqui IX). Hannover 1960.
269. Ders., Die Herrscherlaudes im Mittelalter (1954), in: 293, X 201–223.

270. E. Kantorowicz, Laudes Regiae. A Study in Liturgical Acclamations and Mediaeval Ruler Worship. Berkely 1946.
271. B. Opfermann, Die liturgischen Herrscherakklamationen im Sacrum Imperium des Mittelalters. Weimar 1953.
272. P. E. Schramm, Die Kaiser aus dem Sächsischen Hause im Lichte der Staatssymbolik, in: Fs. zur Jahrtausendfeier der Kaiserkrönung Ottos des Großen (1962), in: 14, III, 153–199.
273. Ders., Ordines-Studien II: Die Krönung bei den Westfranken und bei den Franzosen, in: AUF 15 (1938) 3–55.
274. C. Vogel/R. Elze, Le Pontifical romano-germanique du dixième siècle. Le texte I. Città del Vaticano 1963.
275. W. Ullmann, Der Souveränitätsgedanke in den mittelalterlichen Krönungsordines, in: Fs. P. E. Schramm. Hrsg. v. P. Classen u. P. Schubert, Bd. I. Wiesbaden 1964, 72–89.
276. G. Waitz, Die Formeln der Deutschen Königs- und Römischen Kaiser-Krönung vom 10. bis zum 12. Jahrhundert, in: Abh. der Hist.-Phil. Cl. der Kgl. Ges. d. Wiss. zu Göttingen 18. Bd. (1873) 3–92.
277. P. Willmes, Der Herrscher-„Adventus" im Kloster des Frühmittelalters. München 1976.

2.5.4 Das Königskanonikat

278. H. Boockmann, Eine Urkunde Konrads II. für das Damenstift Obermünster in Regensburg. Zu einem verschenkten Königszepter und zum Königskanonikat, in: Institutionen, Kultur u. Gesellschaft im Mittelalter (wie: 167), 207–219.
279. M. Borgolte, Über Typologie und Chronologie des Königskanonikats im europäischen Mittelalter, in: DA 47 (1991) 19–44.
280. J. Fleckenstein, Rex canonicus. Über Entstehung und Bedeutung des mittelalterlichen Königskanonikates. Fs. P. E. Schramm. Hrsg. v. P. Classen u. P. Scheibert. Bd. I. Wiesbaden 1964, 57–7 1.
281. H. Fuhrmann, Rex canonicus – Rex clericus?, in: 167, 321–326.
282. M. Groten, Von der Gebetsverbrüderung zum Königskanonikat. Zu Vorgeschichte und Entwicklung der Königskanonikate an den Dom- und Stiftskirchen des deutschen Reiches, in: HJb. 103 (1983) 1–34.
283. A. Schulte, Deutsche Könige, Kaiser und Päpste als Kanoniker an deutschen und römischen Kirchen, in: HJb. 54 (1934) 137–1 77; sep. Darmstadt 1960.

2.5.5 Herrschaftszeichen und Reichsinsignien

284. J. Bak, Medieval Symbology of the State: Percy E. Schramm's contribution, in: Viator 4 (1973) 33–63.
285. E. Boshof, Aachen und die Thronerhebung des deutschen Königs in salisch-staufischer Zeit, in: ZAGV 79 (1991) 5–32.
286. H. Büttner, Heinrichs I. Südwest- und Westpolitik. Konstanz/ Stuttgart 1964.
287. P. Classen, Corona imperii. Die Krone als Inbegriff des römisch-deutschen Reiches im 12. Jahrhundert (1964), in: Ausgew. Aufsätze. Hrsg. v. J. Fleckenstein. Sigmaringen 1983, 503–514.
288. Corona regni. Studien über die Krone als Symbol des Staates im späteren Mittelalter. Hrsg. v. M. Hellmann. Darmstadt 1961.
289. H. Decker-Hauff, Die „Reichskrone", angefertigt für Kaiser Otto I., in: 304, II, 560–635.
290. J. Deér, Byzanz und die Herrschaftszeichen des Abendlandes (1957), in: 10, 42–69.
291. Ders., Kaiser Otto der Große und die Reichskrone (1961), in: 10, 178–195.
292. Ders., Der Globus des spätrömischen und des byzantinischen Kaisers. Symbol oder Insigne? (1961), in: 10, 70–124.
293. R. Elze, Päpste – Kaiser – Könige und die mittelalterliche Herrschaftssymbolik. London 1982.
294. Ders., I segni del potere ed altre fonti dell'ideologia politica del medioevo recentemente utilizzate (1973), in: 293, XII, 283–300.
295. H. C. Faussner, Wibald von Stablo, der Trierer Dom- und Reliquienschatz und die Reichskrone, in: Fs. N. Grass. Hrsg. v. K. Ebert. Innsbruck 1986, 177–211.
296. H. Fillitz, Die Insignien und Kleinodien des Heiligen Römischen Reiches. Wien/München 1954.
297. Ders., Die Krone des Heiligen Römischen Reiches. Zur Rekonstruktion der ursprünglichen Form, in: Fs. K. H. Usener. Hrsg. v. F. Dettweiler u. a. Marburg 1967, 21–26.
298. Ders., Die Schatzkammer in Wien. Symbole abendländischen Kaisertums. Salzburg/Wien 1986, 162–178.
299. A. Grabar, L'archéologie des insignes médiévaux du pouvoir, in: Journal des Savants 1956, 5–19 u. 77–92; 1957, 25–31.
300. O. Höfler, Das germanische Kontinuitätsproblem, in: HZ 157 (1938) 1–26.
301. H. Hoffmann, Die Krone im hochmittelalterlichen Staatsdenken,

in: Fs. H. Keller. Hrsg. v. H. M. Frhrn. v. Erffa u. E. Herget. Darmstadt 1963, 71–85.
302. A. HOFMEISTER, Die heilige Lanze, ein Abzeichen des alten Reiches. Breslau 1908.
303. G. J. KUGLER, Die Reichskrone, 2. Aufl. München 1986.
304. P. E. SCHRAMM, Herrschaftszeichen und Staatssymbolik. Beiträge zu ihrer Geschichte vom 3. bis zum 16. Jahrhundert. Mit Beiträgen verschiedener Verfasser. 3 Bde. Stuttgart 1954–1956; Nachträge aus dem Nachlaß. München 1978. [Dazu K. S. BADER in: HZ 185 (1958) 114–125; F. VERCAUTEREN in: Le Moyen Age 65 (1959) 135–155].
305. DERS., Herrschaftszeichen: gestiftet, verschenkt, verkauft, verpfändet, in: Nachrichten d. Akad. d. Wiss. Göttingen. Phil.-Hist. Kl. 1957, H. 1, 161–226.
306. DERS., Sphaira, Globus, Reichsapfel. Wanderung und Wandlung eines Herrschaftszeichens von Caesar bis zu Elisabeth II. Stuttgart 1958.
307. DERS., Die Geschichte des mittelalterlichen Herrschertums im Lichte der Herrschaftszeichen, in: HZ 178 (1954) 1–24.
308. DERS., Zur Erforschung der mittelalterlichen „Symbole": Wege und Methoden (1938), in: 14, IV, 665–677.
309. M. SCHULZE–DÖRRLAMM, Die Kaiserkrone Konrads II. (1024–1039). Sigmaringen 1991.
310. B. SCHWINEKÖPER, Christus-Reliquien-Verehrung und Politik, in: Bll. f. dt. LG 117 (1981) 183–281.
311. R. STAATS, Theologie der Reichskrone. Ottonische „Renovatio imperii" im Spiegel einer Insignie. Stuttgart 1976.
312. Weltliche und Geistliche Schatzkammer. Bildführer. Hrsg. v. Kunsthist. Museum Wien. Wien 1987.
313. H. WOLFRAM, Überlegungen zur Datierung der Wiener Reichskrone, in: MIÖG 78 (1970) 84–93.

2.5.6 Das Herrscherbild

314. C. BAYER, Untersuchungen zum ottonischen Evangeliar der Aachener Domschatzkammer. Datierung – Empfänger – Stiftung, in: Aachener Kunstbll. 54/55 (1986/87) 33–46.
315. J. DEÉR, Das Kaiserbild im Kreuz (1955). in: 10, 125–177.
316. J. FRIED, Otto III. und Boleslaw Chrobry: Das Widmungsbild des Aachener Evangeliars, der „Akt von Gnesen" und das frühe

polnische und ungarische Königtum; eine Bildanalyse und ihre historischen Folgen. Stuttgart 1989.
317. W. GOEZ, Zur Entstehung des Thronsiegels, in: Fs. G. Bott. Hrsg. v. u. Schneider. Darmstadt 1987, 211–221.
318. H. HOFFMANN, Buchkunst und Königtum im ottonischen und frühsalischen Reich. Text- und Tafelbd. Stuttgart 1986.
319. K. HOFFMANN, Taufsymbolik im mittelalterlichen Herrscherbild. Düsseldorf 1968.
320. DERS., Das Herrscherbild im „Evangeliar Ottos III." (clm 4453), in: Frühmal. Stud. 7 (1973) 324–341 (mit Abb.).
321. TH. JÜLICH, Gemmenkreuze. Die Farbigkeit ihres Edelsteinbesatzes bis zum 12. Jahrhundert, in: Aachener Kunstbll. 54/55 (1986/87) 99–258.
322. H. KELLER, Herrscherbild und Herrschaftslegitimation. Zur Deutung der ottonischen Denkmäler, in: Frühmal. Stud. 19 (1985) 240–311.
323. M. KEMMERICH, Die Porträts deutscher Kaiser und Könige bis auf Rudolf von Habsburg, in: NA 33 (1908) 461–513.
324. A. NITSCHKE, Ottonische und karolingische Herrscherdarstellungen. Gestik und politisches Verhalten, in: Beiträge zur Kunst des Mittelalters. Fs. H. Wetzel. Hrsg. v. R. Beckmann. Berlin 1975, 157–172.
325. P. RÜCK, Die Urkunde als Kunstwerk, in: 22, 311–333.
326. W. CHR. SCHNEIDER, Imago Christi – Mirabilia Mundi. Kaiser Otto III. im Aachener Evangeliar, in: Castrum Peregrini 173/174 (1986) 98–153.
327. P. E. SCHRAMM, Das Herrscherbild in der Kunst des frühen Mittelalters, in: Vorträge der Bibliothek Warburg 2, Teil 1 (1922–23). Leipzig/Berlin 1924, 146–226.
328. J. WOLLASCH, Kaiser und Könige als Brüder der Mönche. Zum Herrscherbild in liturgischen Handschriften des 9.–11. Jahrhunderts, in: DA 40 (1984) 1–20.

2.5.7 Die königliche Gewalt in den Traktaten des Investiturstreits
329. H. H. ANTON, Beobachtungen zur heinrizianischen Publizistik. Die Defensio Heinrici IV regis, in: Historiographia mediaevalis. Fs. F.-J. Schmale. Hrsg. v. D. Berg u. H.-W. Goetz. Darmstadt 1988, 149–167.
330. DERS., Der sogenannte Traktat „De ordinando pontifice". Ein

Rechtsgutachten im Zusammenhang mit der Synode von Sutri (1046). Bonn 1982 (mit Ed.).
331. H. BEUMANN, Zur Entwicklung transpersonaler Staatsvorstellungen (1956), in: 9, 135–174.
332. M. BLOCH, Les rois thaumaturges. Etude sur le caractère surnaturel attribué à la puissance royale particulièrement en France et en Angleterre. Nouv. éd. Paris 1983.
333. C. ERDMANN, Die Anfänge der staatlichen Propaganda im Investiturstreit, in: HZ 154 (1936) 491–512.
334. C. ERDMANN/D. VON GLADISS, Gottschalk von Aachen im Dienste Heinrichs IV., in: DA 3 (1939) 115–174.
335. A. FAUSER, Die Publizisten des Investiturstreites, Diss. phil. München 1935.
336. H. FUHRMANN, „Volkssouveränität" und „Herrschaftsvertrag" bei Manegold von Lautenbach, in: Fs. H. Krause. Hrsg. v. St. Gagnér. Köln/Wien 1975, 21–42.
337. H.-W. GOETZ, Geschichte als Argument. Historische Beweisführung und Geschichtsbewußtsein in den Streitschriften des Investiturstreites, in: HZ 245 (1987) 31–69.
338. H. HOFFMANN, Die beiden Schwerter im hohen Mittelalter, in: DA 20 (1 964) 78–114.
339. J. LE GOFF, La genèse du miracle royal, in: Marc Bloch aujourd'hui. Paris 1950, 147–156.
340. C. MÄRTL (Hrsg.), Die falschen Investiturprivilegien. Hannover 1986.
341. P. MILLOTAT, Transpersonale Staatsvorstellungen in den Beziehungen zwischen Kirchen und Königtum der ausgehenden Salierzeit. Rheinfelden 1989.
342. M. MINNINGER, Von Clermont zum Wormser Konkordat. Köln/Wien 1978.
343. C. MIRBT, Die Publizistik im Zeitalter Gregors VII. Leipzig 1894.
344. I. S. ROBINSON, Authoritiy and Resistance in the Investiture Contest. The Polemical Literature of the Late Eleventh Century. New York 1978.
345. W. STÜRNER, Peccatum und Potestas. Der Sündenfall und die Entstehung der herrscherlichen Gewalt im mittelalterlichen Staatsdenken. Sigmaringen 1987.
346. T. STRUVE, Die Stellung des Königtums in der politischen Theorie der Salierzeit, in: 8, III, 217–244.
347. DERS., Kaisertum und Romgedanke in salischer Zeit, in: DA 44 (1988) 424–454.

348. G. Tellenbach, Libertas. Kirche und Weltordnung im Zeitalter des Investiturstreites. Stuttgart 1936.
349. B. Töpfer, Tendenzen zur Entsakralisierung der Herrscherwürde in der Zeit des Investiturstreits, in: Jb. f. Gesch. d. Feudalismus 6 (1982) 163–171.
350. J. Ziese, Historische Beweisführung in Streitschriften des Investiturstreites. München 1972.

3. Nachtrag 2010

3.1 Handbücher, Sammelbände, Herrscherbiographien

351. G. Althoff, Zur Bedeutung symbolischer Kommunikation für das Verständnis des Mittelalters, in: Frühmal. Stud. 31 (1997) 370–389.
352. Ders., Spielregeln der Politik im Mittelalter. Kommunikation in Frieden und Fehde. Darmstadt 1997.
353. Ders., Die Macht der Rituale. Symbolik und Herrschaft im Mittelalter. Darmstadt 2003.
354. Ders., Inszenierte Herrschaft. Geschichtsschreibung und politisches Handeln im Mittelalter. Darmstadt 2003.
355. Ders., Die Ottonen. Königsherrschaft ohne Staat. 2. Aufl. Stuttgart 2005.
356. Ders., Otto III. Darmstadt 1996.
357. Ders., Heinrich IV. Darmstadt 2006.
358. Canossa 1077. Erschütterung der Welt. Geschichte, Kunst und Kultur am Aufgang der Romanik. Hrsg. v. Chr. Stiegemann/M. Wemhoff. 2 Bde. München 2006.
359. Das frühmittelalterliche Königtum. Ideelle und religiöse Grundlagen. Hrsg. v. F.- R. Erkens. Berlin u. a. 2005.
360. Die Reichskleinodien. Herrschaftszeichen des Heiligen Römischen Reiches. Göppingen 1997.
361. Formen und Funktionen öffentlicher Kommunikation im Mittelalter. Hrsg. v. G. Althoff. Stuttgart 2001.
362. W. Giese, Heinrich I. Begründer der ottonischen Herrschaft. Darmstadt 2008.
363. K. Görich, Otto III., Romanus Saxonicus et Italicus. Kaiserliche Rompolitik und sächsische Historiographie. Sigmaringen 1993.
364. W. Goez, Kirchenreform und Investiturstreit. 910–1122. Stuttgart/Berlin/Köln 2000.

365. E. HLAWITSCHKA, Die Ahnen der hochmittelalterlichen deutschen Könige, Kaiser und ihrer Gemahlinnen. Ein kommentiertes Tafelwerk. Bd. I: 911–1137. 2 Teile. Hannover 2006.
366. H. KELLER, Ottonische Königsherrschaft. Organisation und Legitimation königlicher Macht. Darmstadt 2002.
367. Konrad I. Auf dem Weg zum „Deutschen Reich"? Hrsg. v. H.-W. Goetz unter Mitarbeit v. S. Elling. Bochum 2006.
368. J. LAUDAGE, Heinrich III. (1017–1056). Ein Lebensbild, in: Das Salische Kaiser-Evangeliar. Der Kommentar. Bd. I. Hrsg. v. J. Rathofer. Münster 1999, 85–145.
369. DERS., Otto der Große (912–973). Eine Biographie. Regensburg 2001.
370. DERS., Die Salier. Das erste deutsche Königshaus. München 2006.
371. Orte der Herrschaft. Mittelalterliche Königspfalzen. Hrsg. v. C. Ehlers. Göttingen 2002.
372. Otto III. – Heinrich II. Eine Wende? Hrsg. v. B. Schneidmüller/St. Weinfurter. Sigmaringen 1997.
373. Ottonische Neuanfänge. Symposion zur Ausstellung "Otto der Große, Magdeburg und Europa". Hrsg. v. B. Schneidmüller/St. Weinfurter. Mainz 2001.
374. T. STRUVE, Salierzeit im Wandel. Zur Geschichte Heinrichs IV. und des Investiturstreites. Köln/Weimar/Wien 2006.
375. Vom Umbruch zur Erneuerung? Das 11. und beginnende 12. Jahrhundert – Positionen der Forschung. Hrsg. v. J. Jarnut/M. Wemhoff. München 2006.
376. ST. WEINFURTER, Heinrich II. Herrscher am Ende der Zeiten. Regensburg 1999.
377. DERS., Das Jahrhundert der Salier (1024–1125). Ostfildern 2004.

3.2 Enzyklopädisches Stichwort

378. G. ALTHOFF, Amicitiae und Pacta. Bündnis, Einung, Politik und Gebetsgedenken im beginnenden 10. Jahrhundert. Hannover 1992.
379. DERS., Otto III. und Heinrich II. in Konflikten, in: 372: 77–94.
380. DERS., Die Veränderbarkeit von Ritualen, in: 361: 157–176.
381. DERS./J. WOLLASCH, Bleiben die Libri Memoriales stumm? Eine Erwiderung auf H. Hoffmann, in: DA 56 (2000) 33–53.
382. DERS., Geschichtsschreibung in einer oralen Gesellschaft. Das Beispiel des 10. Jahrhunderts, in: 373: 151–169.

383. M. BECHER, Die Auseinandersetzung Heinrichs IV. mit den Sachsen. Freiheitskampf oder Adelsrevolte, in: 375: 357–378.
384. PH. BUC, The Dangers of Ritual. Between early medieval texts and social scientific theory. Princeton N.J. u. a. 2001.
385. R. DEUTINGER, „Königswahl" und Herzogserhebung Arnulfs von Bayern. Das Zeugnis der älteren Salzburger Annalen zum Jahre 920, in: DA 58 (2002) 17–68.
386. DERS., Königsherrschaft im ostfränkischen Reich. Eine pragmatische Verfassungsgeschichte der späten Karolingerzeit. Ostfildern 2006.
387. F.-R. ERKENS, Mirabilia mundi. Ein kritischer Versuch über ein methodisches Problem und eine neue Deutung der Herrschaft Ottos III., in: AKG 79 (1997) 485–498.
388. DERS., ...more Grecorum conregnantem instituere vultis? Zur Legitimation der Regentschaft Heinrichs des Zänkers im Thronstreit von 984, in: Frümal. Stud. 27 (1993) 273–289.
389. J. FRIED, Die Königserhebung Heinrichs I. Erinnerung, Mündlichkeit und Traditionsbildung im 10. Jahrhundert, in: Mittelalterforschung nach der Wende 1989. Hrsg. v. M. Borgolte. München 1995, 267–318.
390. W. GEORGI, Bischof Keonwald von Worcester und die Heirat Ottos I. mit Edgitha im Jahre 929, in: HJb 115 (1995) 1–40.
391. E. GOEZ, Der Thronerbe als Rivale: König Konrad, Kaiser Heinrichs IV. älterer Sohn, in: HJb 116 (1996) 1–49.
392. W. GOEZ, Canossa als deditio?, in: Studien z. Gesch. des Mittelalters. J. Petersohn zum 65. Geburtstag, hrsg. v. M. Thumser/A. Wenz-Haubfleisch/P. Wiegand. Stuttgart 2002, 92–99.
393. H. HOFFMANN, Ottonische Fragen, in: DA 51 (1995) 53–82.
394. DERS., Anmerkungen zu den Libri Memoriales, in: DA 53 (1997) 415–459.
395. H. KAMP, Friedensstifter und Vermittler im Mittelalter. Darmstadt 2001.
396. H. KELLER, Widukinds Bericht über die Aachener Wahl und Krönung Ottos I., in: Frühmal. Stud. 29 (1995) 390–453.
397. L. KÖRNTGEN, In primis Herimanni ducis assensu. Zur Funktion von D H II. 34 im Konflikt zwischen Heinrich II. und Hermann von Schwaben, in: Frühmal. Stud. 34 (2000) 159–185.
398. K. LEYSER, Ritual, Zeremonie und Gestik: das ottonische Reich, in: Frühmal. Stud. 27 (1993) 1–26.
399. O. MÜNSCH, Fortschritt durch Propaganda? Die Publizistik des

Investiturstreits zwischen Tradition und Innovation, in: 375: 151–167.
400. St. Patzold, Königserhebungen zwischen Erbrecht und Wahlrecht? Thronfolge und Rechtsmentalität um das Jahr 1000, in: DA 58 (2002) 467–507.
401. R. Schieffer, Der Platz Ottos des Großen in der Geschichte, in: 373: 17–35.
402. B. Schilling, Guido von Vienne – Papst Calixt II. Hannover 1998.
403. Dies., Ist das Wormser Konkordat überhaupt nicht geschlossen worden? Ein Beitrag zur hochmittelalterlichen Vertragstechnik, in: DA 58 (2002) 123–191.
404. J. Schlick, König, Fürsten und Reich 1056–1159. Herrschaftsverständnis im Wandel. Sigmaringen 2001.
405. R. Schneider, Die Anfänge der deutschen Geschichte, in: ZRG Germ.Abt. 124 (2007) 1–81.
406. B. Schneidmüller, Konsensuale Herrschaft. Ein Essay über Formen und Konzepte politischer Ordnung im Mittelalter, in: Reich, Regionen und Europa in Mittelalter und Neuzeit. Fs. P. Moraw. Hrsg. v. J. Heinig u. a. Berlin 2000, 53–87.
407. E. Schubert, Königsabsetzung im deutschen Mittelalter. Eine Studie zum Werden der Reichsverfassung. Göttingen 2005.
408. H. Seibert, Eines großen Vaters glückloser Sohn?, in: 373: 293–320.
409. T. Struve, Die Salier und das römische Recht. Ansätze zur Entwicklung einer säkularen Herrschaftstheorie in der Zeit des Investiturstreites. Stuttgart 1999.
410. Ders., War Heinrich IV. ein Wüstling? Szenen einer Ehe am salischen Hofe, in: Scientia veritatis. Fs. H. Mordek. Hrsg. v. O. Münsch/Th. Zotz. Ostfildern 2004, 273–288.
411. Ders., Heinrich IV. – Herrscher im Konflikt, in: 375: 55–70.
412. M. Suchan, Königsherrschaft im Streit. Konfliktaustragung in der Regierungszeit Heinrichs IV. zwischen Gewalt, Gespräch und Schriftlichkeit. Stuttgart 1997.
413. Dies., Fürstliche Opposition gegenüber dem Königtum im 11. und 12. Jahrhundert als Gestalterin mittelalterlicher Staatlichkeit, in: Frühmal. Stud. 37 (2003) 141–165.
414. G. Tellenbach, Die Frage nach dem Charakter Kaiser Heinrichs V. Eine personengeschichtliche Studie, in: Ders., Ausgewählte Abhandlungen und Aufsätze 5. Stuttgart 1996, 135–155 (ital. Fassung 1994).

415. St. WEINFURTER, Otto III. und Heinrich II. im Vergleich. Ein Resümee, in: 372: 387–413.
416. DERS., Reformidee und Königtum im spätsalischen Reich. Überlegungen zu einer Neubewertung Kaiser Heinrichs V., (1992) Wiederabdruck in: DERS., Gelebte Ordnung – Gedachte Ordnung. Ausgew. Beitrr. zu König, Kirche und Reich. Hrsg. v. H. Kluger/ H. Seibert/W. Bomm. Ostfildern 2005, 289–333.
417. DERS., Ottonische „Neuanfänge" und ihre Perspektiven, in: 373: 1–16.
418. DERS., Canossa. Die Entzauberung der Welt. München 2006.
419. C. ZEY, Der Romzugsplan Heinrichs V. 1122/23. Neue Überlegungen zum Abschluß des Wormser Konkordats, in: DA 56 (2000) 447–504.

3.3 Herrschaftsstruktur und Herrschaftspraxis

420. D. ALVERMANN, Königsherrschaft und Reichsintegration. Eine Untersuchung zur politischen Struktur von *regna* und *imperium* zur Zeit Kaiser Ottos II. (967) 973–983. Berlin 1998.
421. M. BECHER, Die *subiectio principum*. Zum Charakter der Huldigung im Franken- und Ostfrankenreich bis zum Beginn des 11. Jahrhunderts, in: Staat im frühen Mittelalter. Hrsg. v. St. Airlie/W. Pohl/H. Reimitz. Wien 2006, 163–178.
422. J. W. BERNHARDT, Itinerant Kingship and Royal Monasteries in Early Medieval Germany, c. 936–1075. Cambridge 1993.
423. G. BINDING, Deutsche Königspfalzen von Karl dem Großen bis Friedrich II. (765–1240). Darmstadt 1996.
424. R. DEUTINGER, Seit wann gibt es die Mehrfachvasallität?, in: ZRG Germ. Abt. 119 (2002) 78–105.
425. Deutsche Königspfalzen. Beiträge zu ihrer historischen und archäologischen Erforschung. 4. Bd.: Pfalzen – Reichsgut – Königshöfe. Hrsg. v. L. Fenske. Göttingen 1996.
426. C. EHLERS, Königliche Pfalzen und Aufenthaltsorte im Rheinland bis 1250, in: Rhein. Vjbll. 68 (2004) 36–63.
427. St. HAARLÄNDER, Vitae episcoporum. Eine Quellengattung zwischen Hagiographie und Historiographie, untersucht an Lebensbeschreibungen von Bischöfen des Regnum Teutonicorum im Zeitalter der Ottonen und Salier. Stuttgart 2000.
428. H. HOFFMANN, Mönchskönig und *rex idiota*. Studien zur Kirchenpolitik Heinrichs II. und Konrads II. Hannover 1993.

429. DERS., Der König und seine Bischöfe in Frankreich und im Deutschen Reich. 936–1060, in: Bischof Burchard von Worms 1000–1025. Hrsg. v. W. Hartmann. Mainz 2000, 79–127.
430. A. KRÄNZLE, Der abwesende König. Überlegungen zur ottonischen Königsherrschaft, in: Frühmal. Stud. 31 (1997) 120–157.
431. E. KUPFER, Das Königsgut im mittelalterlichen Niederösterreich vom 9. bis zum 12. Jahrhundert. St. Pölten 2000.
432. Palais royaux et princiers au moyen âge. Actes du colloque international tenu au Mans le 6–7 et 8 octobre 1994 sous la direction d' ANNIE RENOUX. Le Mans 1996.
433. S. REYNOLDS, Fiefs and Vassals. The Medieval Evidence Reinterpreted. Oxford 1994.
434. DIES., Afterthoughts on Fiefs and Vassals, in: The Haskins Society Journal. Studies in Medieval History 9 (1997, ersch. 2001) 1–15.
435. R. SCHIEFFER, Der geschichtliche Ort der ottonisch-salischen Reichskirchenpolitik. Opladen/Wiesbaden 1998.
436. DERS., Burchard von Worms. Ein Reichsbischof und das Königtum, in: Bischof Burchard von Worms 1000–1025. Hrsg. v. W. Hartmann. Mainz 2000, 29–49.
437. H. K. SCHULZE, Der Raum um den Harz als Herrschafts- und Sakrallandschaft im Zeitalter der Ottonen, in: Sachsen und Anhalt 23 (2001) 83–139.
438. H. SEIBERT, Herrscher und Mönchtum im spätottonischen Reich. Vorstellung – Funktion – Intention, in: 372: 205–265.
439. K.-H. SPIESS, Das Lehnswesen in Deutschland im hohen und späten Mittelalter. Idstein 2002.
440. TH. VOGTHERR, Die Reichsabteien der Benediktiner und das Königtum im hohen Mittelalter (900–1125). Stuttgart 2000.
441. TH. ZOTZ, Die Gegenwart des Königs. Zur Herrschaftspraxis Ottos III. und Heinrichs II., in: 372: 349–386.

3.4 Die Frau als Herrscherin; Minderjährigkeit des Königs

442. M. BLACK-VELDTRUP, Kaiserin Agnes (1043–1077). Quellenkritische Studien. Köln/Weimar/Wien 1995.
443. F.-R. ERKENS, *Consortium regni – consecratio – sanctitas*. Aspekte des Königinnentums im ottonisch-salischen Reich, in: Kunigunde – *consors regni*. Hrsg. v. St. Dick/J. Jarnut/M. Wemhoff. München 2004, 71–82.

444. A. Fössel, Die Königin im mittelalterlichen Reich. Herrschaftsausübung, Herrschaftsrechte, Handlungsspielräume. Stuttgart 2000.
445. T. Offergeld, Reges pueri. Das Königtum Minderjähriger im frühen Mittelalter. Hannover 2001.

3.5 Ideengeschichte des Königtums

446. St. Beulertz, Ansichten vom handelnden Herrscher. Wendepunkte salischer Geschichte in Bild und Text, in: Bilder erzählen Geschichte. Hrsg. v. H. Altrichter. Freiburg 1995, 105–131.
447. E. Boshof, Karl der Kahle – novus Karolus magnus?, in: Karl der Große und das Erbe der Kulturen. Hrsg. v. F.-R. Erkens. Berlin 2001, 135–152.
448. Ders., Die Vorstellung vom sakralen Königtum in karolingisch-ottonischer Zeit, in: 359: 331–358.
449. K. Corsepius, Der Aachener „Karlsthron" zwischen Zeremoniell und Herrschermemoria, in: Investitur und Krönungsrituale. Herrschaftseinsetzungen im kulturellen Vergleich. Hrsg. v. M. Steinecke/St. Weinfurter. Köln/Weimar/Wien 2005, 359–375.
450. J. I. Engels, Das „Wesen der Monarchie"? Kritische Anmerkungen zum Sakralkönigtum in der Geschichtswissenschaft, in: Majestas 7 (1999) 3–39.
451. F.-R. Erkens, Der Herrscher als gotes drút. Zur Sakralität des ungesalbten ostfränkischen Königs, in: HJb 118 (1998) 1–39.
452. Ders., Herrschersakralität im Mittelalter. Von den Anfängen bis zum Investiturstreit. Stuttgart 2006.
453. Ders., Der *pia Dei ordinatione rex* und die Krise sakral legitimierter Königsherrschaft in spätsalisch-frühstaufischer Zeit, in: 375: 71–101.
454. H. Fillitz, Die Reichskleinodien – Ein Versuch zur Erklärung ihrer Entstehung und Entwicklung, in: Heilig – Römisch – Deutsch. Das Reich im mittelalterlichen Europa. Hrsg. v. B. Schneidmüller/St. Weinfurter. Dresden 2004, 133–161 (16 Abb.).
455. L. Körntgen, Königsherrschaft und Gottes Gnade. Zu Kontext und Funktion sakraler Vorstellungen in Historiographie und Bildzeugnissen der ottonisch-frühsalischen Zeit. Berlin 2001.
456. A. Mentzel-Reuters, Die goldene Krone. Entwicklungslinien mittelalterlicher Herrschaftssymbolik, in: DA 60 (2004) 135–182.

457. J. OTT, Krone und Krönung. Die Verheißung und Verleihung von Kronen in der Kunst von der Spätantike bis um 1200 und die geistige Auslegung der Krone. Mainz 1998.
458. ST. PATZOLD, *Omnis anima potestatibus sublimioribus subdita sit*. Zum Herrscherbild im Aachener Otto-Evangeliar, in: Frühmal. Stud. 35 (2001) 243–272.
459. J. PETERSOHN, „Echte" und „falsche" Insignien im deutschen Krönungsbrauch des Mittelalters? Kritik eines Forschungsstereotyps. Stuttgart 1993.
460. DERS., Die Reichsinsignien im Herrscherzeremoniell und Herrschaftsdenken des Mittelalters, in: 360: 162–185.
461. DERS., Über monarchische Insignien und ihre Funktion im mittelalterlichen Reich, in: HZ 266 (1998) 47–96.
462. H. M. SCHALLER, Die Wiener Reichskrone – entstanden unter König Konrad III., in: 360: 58–105.
463. R. SCHIEFFER, Mediator cleri et plebis. Zum geistlichen Einfluß auf Verständnis und Darstellung des ottonischen Königtums, in: Herrschaftsrepräsentation im ottonischen Sachsen. Hrsg. v. G. Althoff/E. Schubert. Sigmaringen 1998, 345–361.
464. K. SCHMID, Ein verlorenes Stemma *Regum Franciae*. Zugleich ein Beitrag zur Entstehung und Funktion karolingischer (Bild-)Genealogie in salisch-staufischer Zeit, in: Frühmal. Stud. 28 (1994) 196–225.
465. S. SCHOLZ, Die Wiener Reichskrone. Eine Krone aus der Zeit Konrads III.?, in: Grafen, Herzöge, Könige. Der Aufstieg der frühen Staufer und das Reich (1079–1152). Hrsg. v. H. Seibert/J. Dendorfer. Ostfildern 2005, 341–361.
466. S. SCHÜTTE, Der Aachener Thron, in: Krönungen. Könige in Aachen – Geschichte und Mythos. Hrsg. v. M. Krauß. 2 Bde. Mainz 2000, 213–222.
467. M. SCHULZE-DÖRRLAMM, Das Reichsschwert. Ein Herrschaftszeichen des Saliers Heinrich IV. und des Welfen Otto IV. Mit Exkurs: Der verschollene Gürtel Kaiser Ottos IV. Sigmaringen 1995.
468. ST. WEINFURTER, Sakralkönigtum und Herrschaftsbegründung um die Jahrtausendwende. Die Kaiser Otto III. und Heinrich II. in ihren Bildern, in: Bilder erzählen Geschichte. Hrsg. v. H. Altrichter. Freiburg 1995, 47–103.
469. P. WORM, Die Heilige Lanze. Bedeutungswandel und Verehrung eines Herrschaftszeichens, in: E. EISENLOHR/P. WORM, Arbeiten aus dem Marburger hilfswiss. Institut. Marburg 2000, 179–216.

Register

1. Personen- und Autorenregister

Abodriten 15, 19
Adalbero, Ebf. v. Reims 20
Adalbero, Ebf. v. Trier 24
Adalbero, Hg. v. Kärnten 26, 31, 93
Adalbert v. Saarbrücken, Ebf. v. Mainz 50, 96
Adalbert, Continuator Reginonis 61, 104
Adalbert, Ebf. v. Hamburg-Bremen 36, 42f.
Adalbert, Gf., Hg. v. Oberlothringen 37
Adalbert, Sohn Berengars 14
Adelheid v. Turin 42
Adelheid, Kaiserin 14f., 19f., 27f., 97
Ademar v. Chabannes 113
Aethelstan, Kg. v. Wessex 9
Agnes, Kaiserin 39–42, 94, 99, 133
Agnes, Tochter Heinrichs IV. 46
Agobard, Ebf. v. Lyon 97
Alberich, Stadtherr v. Rom 14
Alemannen 4
Alexander II., Papst 42, 44
ALTHOFF, G. 63, 66, 71, 88f., 92f., 99f., 103, 118–122, 125f.
ALVERMANN, D. 130
Andreas, Kg. v. Ungarn 40f.
ANGENENDT, A. 73
Anno II., Ebf. v. Köln 42
ANTON, H. H. 101, 116f.
Ardennergrafenhaus
– Linie Bar 32
– Linie Verdun 32, 36f.
Arduin v. Ivrea, Kg. v. Italien 22
Aribert, Ebf. v. Mailand 28f., 32
Aribo, Ebf. v. Mainz 25, 28, 59, 75

Arnulf, Ebf. v. Mailand 23
Arnulf, Hg. v. Bayern 5, 8, 11, 62, 71
Arnulf, Kaiser 3
Askanier 49
AUER, L. 83

Babenberger 17, 35
BADER, K. S. 110
BAK, J. 110
Balderich, Bf. v. Utrecht 9
Balduin IV., Gf. v. Flandern 23
Balduin V., Gf. v. Flandern 37
BAYER, C. 115
Beatrix v. Canossa-Tuszien 32, 37, 39
Beatrix, Gemahlin Adalberos v. Kärnten 26
BECHER, M. 127, 129
BECKER, J. 112
Benedikt VII., Papst 75
Benedikt VIII., Papst 24, 111
Benedikt IX., Papst 38
BENZ, K. J. 108
Berengar, Mgf. v. Ivrea 14
BERGES, W. 68, 78f., 99, 101
Bern v. Reichenau 67
Bernhard, Hg. v. Sachsen 19
BERNHARDT, J. W. 132
Bertha, Kaiserin 42, 47
Bertha, Tochter Konrads v. Burgund 26
Berthold I. v. Zähringen, Hg. v. Kärnten 41
Berthold II. v. Zähringen, Hg. v. Schwaben 48
Berthold v. Rheinfelden, Hg. v. Schwaben 46, 48

Berthold, Annalist 60
Berthold, Hg. v. Bayern 11f., 17
BEULERTZ, ST. 135
BEUMANN, H. 55, 61, 64–67, 70–72, 82, 99–101, 103, 118
BIEHL, L. 108
Billunger 35f., 39, 49
BINDING, G. 130
BLACK-VELDTRUP, M. 133
BLOCH, H. 52
BLOCH, M. 118
BÖCKENFÖRDE, E. W. 1
Böhmen 7
Bolesław Chrobry, Polenhg. 21, 23
Bolesław II., Hg. v. Böhmen 16, 19
Bonifaz, Mgf. v. Canossa-Tuszien 29, 32, 39
BOOCKMANN, H. 109
BORGOLTE, M. 109
BORNSCHEUER, L. 67, 101, 104, 112
BOSHOF, E. 54, 67, 72, 74–76, 92–96, 103, 111, 115f., 125, 134f.
BOSL, K. 79, 84
BOUMAN, C. A. 69, 73, 97, 106
BRÜHL, C. 62, 69, 71, 78, 80f., 83, 99f., 105, 108
Brun v. Querfurt 110
Brun, Ebf. v. Köln 9, 11, 15, 17, 75, 90, 112
Brun, Ekkehardinger 65
Brun, Papst Gregor V. 21, 27
BRUNNER, O. 54
Bruno, Autor 80
BRUNS, H. 68
BUCHNER, R. 100
BÜTTNER, H. 71, 94, 96, 110
BULST-THIELE, M. L. 99, 133
Burchard II., Hg. v. Schwaben 5
Burchard III., Hg. v. Schwaben 15f.

Cadalus-Honorius II., Gegenpapst 42, 95
Calixt II., Papst 128
Chlodwig, Frankenkg. 28
CLASSEN, P. 83, 96, 112
Clemens III.= Wibert 47f.
CORBET, P. 97, 101, 104

CORSEPIUS, K. 137

Dänen 8
David, Kg. 105
DECKER-HAUFF, H. M. 112
Dedo, sächs. Pfalzgf. 36
DEÉR, J. 110–112, 115
DEUTINGER, R. 122f., 129
DIEFENBACH, H. J. 91
Dietrich II., Bf. v. Metz 25
Dietrich III., Gf. v. Holland 24
Dietrich IV., Gf. v. Holland 37
Dubrava, Přemyslidin 23
DÜRIG, W. 105
DUNGERN, O. VON 52

Eberhard, Hg. v. Bayern 8, 11
Eberhard, Hg. v. Franken 4, 11f., 61, 71
Edgitha, Kg.in 9, 16, 27, 62
EDSMAN, E.-M. 102
EGGERS, A. 78
EHLERS, C. 130
EHLERS, J. 89
Eike von Repgow 58
Eilika, Billungerin 49
Eirene, Kaiserin 98
Ekkehard, Mgf. v. Meißen 22f., 65f.
Elbslawen 7
ELZE, R. 70, 80, 100, 105–108
ENGELS, J. I. 134
ENGELS, O. 94, 100
Eppensteiner 31
ERDMANN, C. 70f., 73, 100, 105f., 116
ERKENS, F.-R. 88f., 97–99, 121, 124f., 132, 134
Ernst I., Hg. v. Schwaben 26, 31
Ernst II., Hg. v. Schwaben 26, 31, 92
Eugen III., Papst 104
EWIG, E. 83
Ezzonen 35, 37

FALKENSTEIN, L. 114
FAUSER, A. 116
FAUSSNER, H. C. 62, 66, 83f., 112, 136

1. Personen- und Autorenregister

FENSKE, L.   92
FICKER, J.   76f., 83, 100
FILLITZ, H.   112, 136
FINCK V. FINCKENSTEIN, A.   65, 91
FLECKENSTEIN, J.   72, 75, 90, 95, 100, 108
Flodoard v. Reims, Chronist   6
FÖSSEL, A.   132
Folkmar, Bf. v. Utrecht   19
FOLZ, R.   104
Franken   4, 8
FREED, J. B.   84
FRIED, J.   84, 87, 115, 120f., 129
Friedrich I. Barbarossa, Kaiser   59, 72
Friedrich I., Hg. v. Schwaben   46, 48
Friedrich II., sächs. Pfalzgf.   36
Friedrich III. Hg. v. Oberlothringen   32
Friedrich v. Büren   46
Friedrich, Ebf. v. Köln   50, 96
Friedrich, Ebf. v. Mainz   12, 14
Friedrich, Hg. in Lothringen   17
Friedrich, Hg. v. Niederlothringen   35, 37
FUHRMANN, H.   71, 109, 116

GANSHOF, F. L.   129
GAUERT, A.   80
GAWLIK, A.   101
Gebhard, Bf. v. Regensburg   39
Gebhard, Hg. v. Lothringen   3
GEORGI, W.   121
Gerberga, Tochter Heinrichs I.   7, 9, 12
Gerberga, Tochter Konrads v. Burgund   26
Gerbert v. Aurillac   21
Gerhard, Gf. v. Châtenois, Hg. v. Oberlothringen   37
Gerhard, Augsburger Kleriker   70
Gerhoch von Reichersberg   83
GERICKE, H.   68
GERNHUBER, J.   93
Gero, Mgf.   11
GIESE, W.   63, 92, 120, 122f.
Gisela, Kaiserin   25f., 28, 31f., 34, 75

Gisela, Tochter Konrads v. Burgund   25f.
Giselbert, Hg. v. Lothringen   5f., 9, 11f.
GLADISS, D. v.   83, 116
GLOCKER, W.   88
GÖRICH, K.   125
GOETZ, H.-W.   117
GOEZ, E.   127
GOEZ, W.   114, 126f.
Gottfried d. Bärtige, Hg. v. Lothringen (Ober-, Nieder-), Mgf. v. Canossa-Tuszien   36f., 39, 42, 46, 92f.
Gottfried d.Bucklige, Hg. v. Niederlothringen   46
Gottfried v. Bouillon, Hg. v. Niederlothringen   46
Gottfried v. Löwen, Hg. v. Niederlothringen   49
Gottfried, Gf. (Hg. in Lothringen)   17
Gottschalk v. Aachen   116
Gozelo I., Hg. v. Lothringen   32, 36
Gozelo II., Hg. v. Niederlothringen   36
GRABAR, A.   110
GRAUS, F.   1, 103f.
Gregor V., Papst   21
Gregor VI., Papst   38, 40
Gregor VII., Papst   44f., 47, 68, 95, 100, 115f., 118, 126, 134
GRIMM, J.   109
GROTEN, M.   109
GRUNDMANN, H.   104
Gunhild, Kg.in   33

HAARLÄNDER, ST.   131
Hadrian I., Papst   117
Hadrian IV., Papst   59
Hadwig, Tochter Heinrichs I.   12
HAIDER, S.   67
HARTMANN, W.   116
Hatheburg, Gemahlin Heinrichs I.   11
HAUCK, K.   76, 101, 104, 110
HEIMPEL, H.   61, 79
Heinrich d. Schwarze, Hg. v. Bayern   49

Heinrich I., Hg. v. Bayern 11f., 14, 16, 27, 63, 103
Heinrich I., Kg. 4–8, 10f., 24, 27, 53, 61–63, 66, 69–71, 74, 85, 88f., 99, 103, 110, 120f., 124
Heinrich I., Kg. v. Frankreich 36f.
Heinrich II., d. Zänker, Hg. v. Bayern 16f., 19f., 22, 26f., 38, 89, 98, 124
Heinrich II., Kaiser 21–27, 29, 32f., 57, 59f., 65–67, 72, 77, 82f., 88, 90f., 100, 104, 108, 111, 113, 124, 130–132
Heinrich III., Kaiser 26, 30–41, 44, 46f., 68, 75, 85, 90, 92–94, 99, 113, 115f., 133f.
Heinrich IV., Kaiser 40, 42–48, 68, 75, 77, 80, 82f., 85, 95f., 103, 115–117, 125f., 134, 136
Heinrich v. Limburg, Hg. v. Niederlothringen 49
Heinrich V., Hg. v. Bayern 23–25, 31, 35
Heinrich V., Kaiser 48–50, 82, 95f., 101, 125, 127f.
Heinrich VI., Kaiser 54f.
Heinrich VII., Hg. v. Bayern 34
Heinrich, Bf. von Augsburg 16
Heinrich, Liutpoldinger, Hg. v. Bayern, Hg. v. Kärnten 16f., 19
Heinrich, Mgf. v. Schweinfurt 23
Heinrich, Pfalzgf. 35, 41
HELBIG, H. 88
Heriger, Ebf. v. Mainz 4, 69–71
Hermann I., Hg. v. Schwaben 5, 13
Hermann II., Hg. v. Schwaben 22, 26, 65f.
Hermann III., Hg. v. Schwaben 26
Hermann IV., Hg. v. Schwaben 26, 31
Hermann v. Reichenau 68
Hermann v. Salm, Gegenkönig 46f., 59
Hermann, Billunger 11
Hermann, Ebf. v. Köln 75
Hermann, Gf. v. Hennegau 37
HEUSINGER, B. 81, 83
Hezeliniden 35
Hieronymus 104

HIESTAND, R. 98
Hildebald, Bf. v. Worms 20
Hildebert, Ebf. v. Mainz 59, 74
Hinkmar, Ebf. v. Reims 73
HLAWITSCHKA, E. 55, 58, 62–68, 86f., 90, 124f.
HÖFLER, O. 110
HOFFMANN, H. 63f., 83, 99, 112, 114–116, 120–122, 131
HOFFMANN, K. 112, 114
HOFMEISTER, A. 110
Honorius II., Papst = Cadalus 42, 95
Hrotsvith v. Gandersheim 120
HUGELMANN, K. G. 52
Hugo Capet, Kg. v. Frankreich 20, 58
Hugo, Hg. v. Franzien 10, 12, 18
Hugo, Kg. v. Italien 14
Humbert, Kardinalbf. v. Silva Candida 116, 118

Ida, Tochter Hermanns I. v. Schwaben 13
Imiza, Lützelburgerin 35

JÄSCHKE, K.-U. 69, 94, 97, 99f.
JAKOBS, H. 64
Johannes Chrysostomus 117
Johannes I. Tzimiskes, Kaiser 16
Johannes XII., Papst 15
Johannes XIII., Papst 15
Johannes, Ebf. v. Ravenna 19, 65
Judith, Kg. v. Ungarn 41
Judith, Liutpoldingerin 12
JÜLICH, TH. 115

KALCKHOFF, A. 88
KAMP, H. 119
KANTOROWICZ, E. 104f., 108, 115
Kapetinger 2, 12, 40, 131
Karl d. Einfältige, westfränk. Kg. 3–6, 10
Karl d. Große, Kaiser 14, 21, 52, 72, 112, 117
Karl III. Kaiser 3
Karl, Hg. v. Niederlothringen 17f., 20, 23
Karolinger 2f., 6, 9, 20, 123

1. Personen- und Autorenregister

KARPF, E.   71, 102, 104
KASPERS, H.   79
KASTEN, B.   129
Katlenburger   49
KAUFMANN, E.   55, 93, 115
KELLER, H.   63–68, 71, 85f., 88f., 91, 99f., 103, 121
KEMMERICH, M.   114
KERN, F.   68, 73, 86, 102
KETSCH, P.   97
KILIAN, E.   80
KLEWITZ, H. W.   69, 103, 108
KLUGE, B.   84
Knuba, dän. Kg.   8
Knut , Kg. v. Dänemark-England   29, 33
KOCH, G.   101, 108, 117
KÖLZER, TH.   98, 133
KÖRNTGEN, L.   123f., 134f.
Konrad d. Jüngere, Hg. v. Kärnten   26–28, 31f., 34, 59
Konrad d. Rote, Hg. v. Lothringen   13–15, 17, 27
Konrad I., Hg. v. Kärnten   26f.
Konrad I., Hg. v. Schwaben   19
Konrad I., Kg.   3f., 7, 53, 61, 71, 103, 123
Konrad II., Kaiser   8, 28–34, 67, 72, 75–77, 82, 85, 92, 99, 111–113, 131, 136
Konrad III., Hg. v. Kärnten   41
Konrad Kurzbold   12
Konrad, Hg. v. Bayern   35, 39f., 93
Konrad, Kg. v. Burgund   14, 26
Konrad, Sohn Heinrichs IV., Kg.   44, 47f., 95
Konradiner   3, 6, 19, 31, 92
Konstantin d. Große, Kaiser   21, 110
Konstantin VIII., Kaiser   30
KOTTJE, R.   73
KRABUSCH, H.   78
KRÄNZLE, A.   130
KRAH, A.   93
KRAUSE, H.   85
KRIEGER, K.-F.   129
KROESCHELL, K.   1
KRÜGER, J.   52
KUGLER, G. J.   112f.

KUHN, H.   56
Kunigunde, Kaiserin   24f., 28
KUPFER, E.   130
Lambert, Sohn Reginars III.   17f.
Lampert von Hersfeld   59
LAUDAGE, J.   98, 125
LE GOFF, J.   118
Leo VIII., Papst   117
Leo IX., Papst   37, 41, 75, 92
LEWALD, U.   94
LEYSER, K. J.   85, 87, 89, 94, 102f.
LINTZEL, M.   60–65, 67, 70f., 76, 86, 103
Liudgard   13, 17, 27f.
Liudolf, Hg. v. Schwaben, Sohn Ottos I.   13–16, 27, 64, 88
Liudolfinger   6, 9, 20, 27, 64, 79, 85f., 123
Liudprand v. Cremona   61f., 104, 110, 112, 120, 122
Liutold, Hg. v. Kärnten   46
Liutpold, Graf   17
Liutpoldinger   19
Longinus   136
Lothar III. v. Supplinburg, Hg. v. Sachsen, Kaiser   49f., 60, 82f., 96
Lothar, Kg. v. Italien   14
Lothar, westfränk. Kg.   17f., 20
Lotharingier   6
Ludwig (Transmarinus) IV., westfränk. Kg.   10, 12f.
Ludwig d. Deutsche, ostfränk. Kg.   82
Ludwig d. Fromme, Kaiser   22
Ludwig IV., d. Kind, ostfränk. Kg.   3, 69
Ludwig V., westfränk. Kg.   20
LUDWIG, F.   80
Lützelburger   23, 35, 46
Lutizen   19f., 23, 41

MÄRTL, C.   117
Magnus, Hg. v. Sachsen   43, 49
Manegold v. Lautenbach   116
MASLEV, S.   98
Matfridinger   6, 17
Mathilde, Gemahlin Konrads v. Burgund   26

Mathilde, Kg.in 9, 11
Mathilde, Mgf. v.Tuszien 45, 47
Mathilde, Tochter Heinrichs IV. 42
MAURER, H. 94
Mauritius, Märtyrer 110, 136
MAYER, TH. 78, 80–82, 86f., 95
MENTZEL-REUTERS, A. 136
Merowinger 72, 77
MERTA, B. 101
METZ, W. 81
Mieszko I., Hg. v. Polen 16, 19f.
Mieszko II., Kg./Hg. v. Polen 33
MILLOTAT, P. 118
MINNINGER, M. 84, 116
MIRBT, C. 116
Mistui, Abodritenfürst 19
MITTEIS, H. 51–58, 60f., 63, 67, 77, 87f., 93, 109, 124, 129
MORAW, P. 86
MÜLLER, E. 73f., 80
MÜLLER-MERTENS, E. 2, 62, 81, 100, 130
MÜNSCH, O. 127

NAUMANN, H. 88
NELSON, J. 69, 73, 106
Nikolaus II., Papst 42
NITSCHKE, A. 57, 115
Normannischer Anonymus 104
Northeimer 42, 49

Odilo, Abt v. Cluny 29
Odin 110
Odo I., Gf. v. Blois-Champagne 26
Odo II., Gf. v. Blois-Champagne 26, 29, 33
OFFERGELD, T. 133
OHNSORGE, W. 63f., 98
Olga, Großfürstin v. Kiew 13
OPFERMANN, B. 108
OPPENHEIM, P. 73
OPPERMANN, O. 72
Ordulf, Hg. v. Sachsen 43
OTT, I. 84
OTT, J. 136
Otto d. Große, Kaiser 9f., 12–19, 21, 27f., 30, 57, 62–64, 69, 74, 81, 86, 88f., 97, 99, 103–105, 112, 117, 121–124

Otto II., Kaiser 15–18, 20, 27, 30, 64f., 74, 89, 100, 107, 130
Otto III., Kaiser 11f., 15, 18f., 21f., 24, 27f., 30, 40, 64f., 72, 91, 99f., 109, 111, 115, 124f., 130, 134, 137
Otto v. Ballenstedt 49
Otto v. Northeim, Hg. v. Bayern 41–43, 45, 93
Otto v. Schweinfurt, Hg. v. Schwaben 35, 41
Otto v. Worms, Hg. v. Kärnten 17, 20, 27, 65
Otto, Bf. v. Freising 54
Otto, Hg. v. Bayern und Schwaben 16f., 19
Otto, Hg. v. Niederlothringen 23
Otto, Pfalzgf., Hg. v. Schwaben 35, 37
Ottonen 24, 35, 64, 67, 80, 83, 86, 90, 104, 115, 123, 131–133

Pandulf Eisenkopf, Fürst 18
PARISSE, M. 85
Paschalis II., Papst 49, 127
PATZOLD, ST. 124, 134
Peter, Kg. v. Ungarn 40
PETERSOHN, J. 137
Petrus Crassus 117
Philipp I., Kg. v. Frankreich 58
Philipp, Hg. v. Schwaben, Kg. 136
Piasten 20, 40
Pilgrim, Ebf. v. Köln 28, 30, 75
Pippin I., Kg. 69, 102
PLASSMANN, J. O. 56, 76
PRELOG, J. 73, 107
Přemysliden 20
PRINZ, F. 83

RANZI, F. 78
Reginar III. 17
Reginar IV. 17f.
Reginar, Gf. im Henne- u. Haspengau 3, 5
Reginare 6, 17
Reginlind, Hg.in v. Schwaben 5
REINDEL, K. 62
REINHARDT, U. 60, 76
REINKE, M. 80

1. Personen- und Autorenregister

Remigius, Bf. v. Reims 28
REULING, U. 57–59
REUTER, T. 90, 93, 131
REYNOLDS, S. 129
Rheinfeldener 42
RIECKENBERG, H.-J. 80
Robert Guiskard 47
Robert I., westfränk. König 6
Robert II., Kg. v. Frankreich 24, 26, 29
Robert, Gf. v. Flandern 49
Robertiner(-Kapetinger) 12f.
ROBINSON, I. S. 117
RÖRIG, F. 51, 53f., 64, 67f.
ROSENSTOCK, E. 52
Rudolf II., Kg. v. Hochburgund 5, 8, 110
Rudolf III., Kg. v. Burgund 25f., 29, 31, 33
Rudolf v. Rheinfelden, Gegenkg. 41, 43, 45f., 53, 68
Rudolf, westfränk. Kg. 6, 8, 10
RÜCK, P. 114
Ruotbert, Ebf. v. Trier 74
Ruotger, Biograph Bruns v. Köln 17, 74, 104
Ruotger, Ebf. v. Trier 6
Ruthard, Ebf. v. Mainz 48

Sachsen 4, 8, 25, 43f.
Salier 13, 27, 79f., 82f., 85, 90, 92, 115, 131f.
Salomon, bibl. Kg. 105, 111
Salomon, Kg. v. Ungarn 41
Samson, it. Graf 110
SANTIFALLER, L. 90
Sarazenen 18
SCHALLER, H. M. 136
SCHALLES-FISCHER, M. 79
SCHEIBELREITER, G. 77
SCHIEFFER, R. 90, 123, 130f., 133
SCHIEFFER, TH. 91
SCHILLING, B. 128
SCHLESINGER, W. 55–62, 64–66, 68, 79f., 87, 103
SCHLICK, J. 127
SCHMALE, F.-J. 67
SCHMID, K. 62–64, 89, 94, 136
SCHMID, P. 90

SCHMIDT, R. 57f., 77
SCHMIDT, U. 55, 59
SCHNEIDER, CHR. 115
SCHNEIDER, R. 65, 77, 123
SCHNEIDER, W. CHR. 101
SCHNEIDMÜLLER, B. 120, 126
SCHNITH, K. 93
SCHOLZ, S. 136
SCHRAMM, P. E. 57, 60, 69–74, 76, 100, 105–115, 118, 125
SCHREUER, H. 52
SCHREYER, B. 56
SCHUBERT, E. 127
SCHÜTTE, S. 137
SCHULTE, A. 78, 108
SCHULZE, H. K. 103, 111, 118, 130
SCHULZE-DÖRRLAMM, M. 113, 136
SCHWINEKÖPER, B. 94, 111
SEELIGER, G. 52
SEIBERT, H. 124, 132
SERVATIUS, C. 96
Siegfried, Ebf. v. Mainz 46, 75
Silvester II., Papst 21
Silvester III., Papst 38
Slawen 8
Sophie, Nichte d. Kaiserin Gisela 32
SPIESS, K.-H. 129
SPRENGLER, A. 83
SPRENGLER-RUPPENTHAL, A. 97
STAAB, F. 75
STAATS, R. 112
Staufer 46, 54, 82, 95
STENGEL, E. E. 99
STETTEN, W. VON 101
STIMMING, M. 78, 82, 84
STÖRMER, W. 92
STRUVE, T. 101, 117, 126, 134
STÜLLEIN, H. J. 80
STÜRNER, W. 116
STUTZ, U. 58f., 72, 74f.
SUCHAN, M. 126f.

TELLENBACH, G. 55, 57, 86f., 117, 127
Thangmar, Historiograph 22
Thankmar, Sohn Heinrichs I. 11

Theobald III., Gf. v. Blois u. Chartres 40
Theophano, Kaiserin 16, 20f., 97–99
THIEME, H. 84
Thietmar, Bf. v. Merseburg 19, 55, 65f., 113
THIMME, H. 79
THOMAS, H. 59, 74
TÖPFER, B. 116, 118
TRNEK, H. 110f., 136
Tuskulaner, Grafen 24, 29

Udo, Konradiner 12
UHLIRZ, M. 98
ULLMANN, W. 107
Ungarn 7f., 15
UNVERHAU, D. 69
Urban II., Papst 47

VERCAUTEREN, F. 110
Viktor II., Papst 41, 68, 99
VOGEL, C. 70, 106f.
VOGELSANG, TH. 97
VOGTHERR, TH. 132
VOLLRATH, H. 119

WAAS, A. 96
WADLE, E. 78, 82, 84, 93
WAITZ, G. 71, 106
Walther von der Vogelweide 136
Warin, Ebf. v. Köln 19
Wazo, Bf. v. Lüttich 116
WEINFURTER, ST. 88, 91f., 94, 96, 124–127, 134
Welf II., Gf. 31
Welf III., Hg. v. Kärnten 35, 39
Welf IV., Hg. v. Bayern 43, 48
Welf V., Hg. v. Bayern 47
Welfen 35, 48f., 95
WERLE, H. 95

Werner v. Kyburg, Gf. 31
WERNER, M. 92, 95
WESTERMANN-ANGERHAUSEN, H. 113
Westfranken 6
Westgoten 73
Wibald v. Stablo 112
Wibert, Ebf. v. Ravenna = Clemens III., Gegenpapst 47f.
Wichfrid, Ebf. v. Köln 74
Wichmann d. Ältere, Billunger 11
Widukind v. Korvey 6, 8, 15, 57, 61–63, 69f., 74, 76, 99, 103, 105, 109f., 120f.
Wilhelm V., Hg. v. Aquitanien 29
Wilhelm, Ebf. v. Mainz 15
Willigis, Ebf. v. Mainz 19f., 22, 59, 75, 77
WILLMES, P. 108
WINTERSIG, A. 97
Wipo 25, 28, 33, 58f., 65, 67, 72f., 76f., 82, 101, 109
WOLF, A. 66, 124
WOLF, G. 56, 62
WOLFRAM, H. 100f., 112
WOLLASCH, J. 109, 114, 122
WOLTER, H. 75
WOLTER-VON DEM KNESEBECK, H. 135
WORM, P. 136
Wulfhild, Billungerin 49

Zähringer 42, 48, 95
ZEUMER, K. 52
ZEY, C. 128
ZIELINSKI, H. 91
ZIESE, J. 117
ZIMMERMANN, H. 15
ZOTZ, TH. 79, 84, 96, 130
Zwentibold, Kg. v. Lotharingien 71

2. Ortsregister

Aachen 10, 15, 18f., 21f., 30, 47, 63, 65, 69, 72, 75f., 79, 81, 104f., 111, 113, 115, 121, 137

Aarhus, Bistum 13
Andernach 12

2. Ortsregister

Antwerpen 46
Aquileja, Mark 14
Ardennen 79
Arnstadt 15
Augsburg, Hoftag 1026 30

Bamberg 24f.
– Bistum 91
Basel 8, 25, 35, 110
Bautzen 23
Bayerische Ostmark/Ostarrichi 17
Bayern 4, 11f., 16f., 19f., 23, 31, 34f., 39–41, 43, 46, 48, 62, 81, 92
Birten (südl.v. Xanten) 12
Böhmen 17, 20, 23, 33, 40f.
Bonn, Vertrag 921 6, 100
Brabant, Löwen-Brabant 23, 49
Brandenburg, Bistum 13
Brixen, Synode 1080 47
Bruchsal 22
Burgund (s.a. Sachregister) 8, 24–26, 33f., 41, 110
Byzanz (s.a. Sachregister) 16, 18, 41, 98

Canossa 45, 126, 134
Champagne 36
Civitate 41
Cluny 113
Cordoba 86
Cotrone 18

Duderstadt 9
Duisburg 35

Eichstätt, Bistum 41
Elsass 22
Elten 24
England 10
Erfurt 62

Fermo 42
Flandern 23f., 37
Forchheim 3, 45, 53f., 59f., 68
Francia 5
Franken 4, 12, 21
Frankfurt 79
Frankreich 33f., 40, 65, 118, 131
Fritzlar 4, 61

Gnesen, Erzbistum 21
Goslar 36, 39, 44
Grona 9, 25

Haithabu/Schleswig 8
Halberstadt, Bistum 13, 36
Hamburg-Bremen, Erzbistum 13, 36, 92
Hammerstein 24
Harzburg 44, 80
Harzraum 43, 82
Havelberg, Bistum 13
Hennegau 23
Hersfeld 113
Hessen 132
Hildesheim, Bistum 36
Hohenaltheim, Synode 916 5, 71
Hohenstaufen 46

Ingelheim 48
– Synode 948 14
Istrien 14
Italien (s.a. Sachregister) 14–16, 19–21, 24, 28f., 34, 42, 65, 84, 99, 124, 130

Jerusalem 113

Kärnten 16f., 31, 35, 41, 46
Kaiserswerth 35, 42, 95
Kamba 25, 58, 76
Köln
– Erzbistum 10
– Stadt 28, 75f.

Langenzenn 15
Langobardische Fürstentümer 16, 18, 24, 29
Laon 10
Lausitzen 23
Lechfeld/Augsburg 15
Lesum 36
Limburg (Niederlothringen) 49
Limburg an der Hardt 30
Lombardei 29
Lotharingien, Lothringen 3, 5–10, 12f., 15, 18, 20f., 23, 32, 35–37, 40, 92, 94, 100, 116, 122
Lüttich 103

Mähren 17

Magdeburg
- Erzbistum 13, 15f.
- Moritzkloster 13
Mailand
- Erzbistum 29, 44
- Stadt 47
Mainz
- Erzbistum 10, 13, 38, 50, 57, 59, 73–75
- Reichstag 1098 48
- St. Alban 105f.
- Stadt 22, 28, 46, 70, 76, 113
- Synode 1085 47
Marbach 76
Margut-sur-Chiers 18
Meißen 7
Memleben 10, 16, 63
Merseburg
- Bistum 15, 21
- Stadt 66
Minden 28
Mittelrheinraum 82

Niederlothringen 17, 23f., 36f., 39, 41, 49, 84
Nordhausen 9
Nordthüringen 81

Oberitalienische Marken 17
Oberlothringen 24, 37
Ochsenfurt 46
Oldenburg/Wagrien, Bistum 13
Oppenheim 25
Ostfrankenreich 2–4, 6, 10, 18, 62, 71f.
Ostsachsen 81

Paris 18
Pavia 14, 20, 23, 82
Peterlingen 33f.
Pöhlde 9
Polen 21, 40f.
Prag, Bistum 17

Quedlinburg 9f., 19, 63f.

Ravensburg 48, 95
Regensburg 81f.
- Hoftag 1027 31

- St. Emmeram 135
Reichenau 62f., 115
Reims, Erzbistum 13, 58
Rhein-Main-Gebiet 81
Riade an der Unstrut 7
Ripen, Bistum 13
Rohr b. Meiningen 20
Rom (s.a. Sachregister) 14f., 21, 23f., 30, 47, 112f.
- Synode 1046 38

Saalfeld 88
Sachsen 4, 11, 16, 21–23, 35f., 39, 43, 45f., 49, 89, 92, 94, 97, 132
Salzburg 62
Schleswig, Bistum 13
Schwaben 4f., 8, 13, 15, 19, 28, 31, 34f., 37, 41, 46–48, 82, 92, 110
Schweinfurt 92
Sizilien 18
Skandinavien 43
Solothurn 33
Speyer 30
Spier 44
Spoleto 42
Straßburg 22, 65, 125
Süditalien 18, 20, 24, 41
Sutri
- Synode 1046 38, 40
- Vertrag 1111 84

Thüringen 22, 92, 132
Tribur 68
Trier, Erzbistum 7, 76
Tuszien 29

Ulm 35
Ungarn (s.a. Sachregister) 21, 33, 35, 40

Verdun 20
Verona 14
- Reichstag 983 19, 65
Ville 79

Walcheren 24
Weingarten 48, 95
Welfesholz 50, 96
Werla 25, 36, 39

Westfalen 132
Westfrankenreich 2, 6, 8, 10, 13, 18, 20, 23, 105
Worms 13, 44, 92
- Reichstag 926 7f.
- Reichstag 961 15
- Synode 1076 44, 95
Würzburg 50, 96

Zähringen 48

3. Sachregister

Adel, Adelsherrschaft, Stammesadel 2, 5f., 9, 11f., 18, 23f., 31, 35f., 39, 42f., 45, 48, 57, 81, 86–92, 94, 98, 120, 124f.
agnatisch 52, 64
Akklamation 34, 57, 68, 70, 74, 108
Amtsgedanke, theokratisch 107
Amtsrecht, amtsrechtlich 5, 9, 11, 13, 22, 32, 34–36, 76, 86, 88, 91–93
Approbationsanspruch, päpstlicher 68
Arenga 134
Armspangen (*armillae*) 109

Bildgenealogie 135
Bischofsweihe 73, 106
Bürgertum 94
Burgenbauordnung 7
Burgund, Königreich 8, 24f., 29, 31–34, 36, 41
Byzanz, byzantinische Tradition 15, 30, 64, 98, 110–113, 124, 129

cognatio 64
consors regni 97f., 132
Coronator 75, 137

deditio 122, 126
Designation 4, 9, 41, 46, 51, 53f., 56–59, 61–64, 68, 74, 77, 99, 103
- *designatio de futuro* 30, 53
- *designatio de praesenti* 53

Eigenkirchenrecht 84, 90
Episkopalismus 95
Erbbier 76

Erbcharisma 57, 103
Erbprinzip, Erbrecht 22, 46, 52–56, 64–68, 89, 124
Erststimmrecht, Vorstimmrecht 58f., 74
Erzamt, Erzämter 75f.
Erzkanzleramt 38, 75
- Erzkanzler, lothringischer 7
Erzkapellanat 38, 75

Familienpolitik 13, 17, 89, 102
Festkrönung 69, 108
Folgepflicht, Folgezwang 53, 56
Forst 38, 78f.
Frau als Herrscherin 97–99, 106, 132
Freundschaftsbund (*amicitia*) 4, 6, 8, 24, 71, 88, 121f.
Friedenswahrung 39, 47, 77, 93, 95, 121
Fürsten 63–68, 70f., 74f., 86, 95f., 99, 127
Fürstenspiegel, karolingische 101, 133
Fürstentümer, langobardische 16, 18, 24, 29, 41
Fürstenwahl 46, 52

Gebetsgedenken 88
Gebetsverbrüderung 62f., 109, 122
Geblütsrecht 28, 52–55, 60, 65, 103
Gefolgschaft 56–60, 76, 87
generatio 64
Geschichtsbild 135
Gesetzgebung, königliche 85
Gewaltendualismus 38, 45, 94, 101, 104f., 107, 116f.

Gewohnheitsrecht 85, 117
Gottesfriedensbewegung 39, 47, 93
Gottesgnadentum 100, 102f., 115, 118, 134f.
Grafschaft, Grafschaftsverfassung 21, 38, 86, 92, 94

Handgang 57
Hauptstadtproblem 21, 78, 111
Hausämter, germanische 11, 76
Hausgemeinschaft 55
Hausgut 3, 82f.
Hausherrschaft 98, 111, 133
Hausordnung 9, 62, 121
Hausüberlieferung, liudolfingische 102
Heerkönigtum 70
Hegemonialstellung des Reiches 8f., 15, 34, 40, 99f.
Heilige Lanze 8, 12, 66, 109–111, 136
Herrschaft 1f.
– imperiale 123
– inszenierte 118
– konsensuale 87, 118, 120, 123, 126, 135
Herrschaftsrechte, autogene 2, 87
Herrschaftsrechte, verliehene 2
Herrschaftssystem, salisches 40, 43, 94, 116, 126
Herrschaftstheologie 67, 102, 104–106, 134
Herrschaftszeichen, Insignien (s. Reichsinsignien) 70, 79, 102, 109–111, 136
Herrscherbild 97, 102, 104, 114–116, 134f.
Herrscherkult, antiker 110
Herrscher-Laudes (*laudes regiae*) 108
Herrscherweihe 10, 28, 46, 70–76, 105, 117, 121
Herzogtum, Herzogsgewalt (s. Stammes-, Titularherzogtum) 4f., 9–13, 15, 22, 25, 32, 34, 60, 82, 86, 88f., 91f., 95
– Amtsherzogtum 48, 95
– Herzogtümer, süddeutsche 19, 32, 35–45, 92

Hochsitz 76, 111
Hof, königlicher 80f., 83, 85f., 89, 95, 97, 121, 129
Hofkapelle 9, 16, 21, 36, 38, 72, 75, 90, 122
Hoftag, Reichstag 80, 86
Huldigung 5, 11, 22, 28, 48, 57f., 61, 63, 66, 70, 76f., 129

Idoneität, Idoneitätsprinzip 19, 53, 66–68, 104
Immunität 38, 131
Individualsukzession 9, 62, 89
Indulgenzen 39, 93
Investitur 38, 45, 84, 90, 95f., 111, 117, 128
– *investitura per anulum et baculum* 38, 50, 90
Investiturstreit 44, 49, 83, 96f., 102, 108, 118, 128
Italien, regnum Italiae 14–16, 24, 28f., 41, 47, 65, 84, 110
– Italienpolitik, Italienzug 8, 14f., 18–23, 33, 43, 46f., 50, 124
Itinerar, Itinerarforschung 69, 80f., 83, 130, 132

Kaisertum 9, 14–16, 18, 23, 29, 34, 96, 99f., 117, 124f.
– Kaiserbulle 30
– Kaiserkrönung 13, 15, 29, 99, 106, 112f.
– Kaisertitel 18, 100
Kanzlei 38, 90, 99, 116
– karolingische 3
– lothringische 7
Kapitulariengesetzgebung 85, 122
Karolingische Nachfolgestaaten 2, 8, 100
Kernlandschaft 81
– Kernlandschaft, karolingische 3, 7, 10, 81
– Kernlandschaft, liudolfingische 21
Kirchenbuße 45, 126
Kirchenhoheit, königliche 5, 11, 38, 40, 90, 94, 116, 131
Kirchenreform 33, 38, 42, 53, 68, 95, 125, 127f., 133

3. Sachregister

Königtum (s. Sakralcharakter, Heerkönigtum)
- Abwesenheit des Königs 130f.
- Gegenkönigtum 45–47, 53f., 62
- König, Minderjährigkeit 19, 98f., 133
- König/Königin, Heiligkeit 9, 97, 104
- Königsdienst 83
- Königsethik 101
- Königsferne 130f.
- Königsheil 4, 55, 64, 70, 103, 110, 118
- Königshof 79f., 130
- Königshort 4, 61
- Königskanonikat 108f.
- Königsland, Königslandschaft 43, 82, 91f.
- Königsmythos 103
- Königsnähe 24, 46, 130f.
- Königspriestertum 73
- Königsschutz 131
- Königssippe, *stirps regia* 52–56, 89, 102
- Königsstraße 81
- Königstitel 100
- Königtum, altorientalisches 134
- Königtum, alttestamentliches 105
- Königtum, christozentrisches 104, 111, 113, 115, 134
- Königtum, imperiales 4, 9, 13, 15, 22, 99
- Königtum, liturgisches 105
- Königtum, Rechtsbindung 127
- Königtum, theokratisches 107, 117

Kommunikation, nonverbale, symbolische 118, 122
Konfliktregelung 119
Konradinerfrage 125
Kontumazialverfahren 93
Krönung, Königskrönung 28, 51, 65, 69–76, 105, 108, 121, 137
Krönungsmahl 11, 51, 76, 111
Krönungsordo 64, 97, 102, 105–107, 109, 115
- angelsächsischer 69, 106
- frühdeutscher 106
- Mainzer 70, 73, 105–107, 109
- westfränkischer 69, 106
Krönungsort 75, 137
Krönungsrecht 28, 59, 74–76
Krone, Reichskrone 69, 105, 109, 111–113, 115, 136
- Unter-Krone-Gehen 69
Krongut 78, 81
Kur 58f.
- Kurbedingung 46, 68
- Kurfürsten 76
- Kurkolleg 52, 60

Landleihe 129
Legitimismus, karolingischer 3
Lehnsrecht, Lehnswesen (s. Vasallität) 9, 31, 33, 57, 76, 83, 87f., 96, 122, 129
Lex-Regia-Lehre 117
Lutizenbund 13, 23, 41

Mantel, Krönungsmantel 109
Markt 84
Memorialüberlieferung 87f., 122, 133, 135
Ministerialität, Ministerialen, *servientes* 33, 43, 48, 50, 84f., 94, 96
miseriae regum 104
Mission 13, 15, 19, 25
Mitkaisertum 15, 30, 64
Mitkönigtum 15, 30, 64f., 77, 124, 127
Moselfehde 24
Münze, Münzbild 84

Normannen 8, 23, 41f., 47

Oralität, orale Gesellschaft 118–120

Papsttum 4, 38, 42, 44f., 48f., 71, 84, 95f., 100f., 108, 117, 125, 128
Personenverband, Personenverbandsstaat 1, 87
Pfalz, Königspfalz 36, 69, 79–83, 111, 129, 137
Pfalzgrafschaft 37
Politik, Spielregeln 118, 124, 126

Pontificale Romano-Germanicum 105–107
Porphyrogennetos, Porphyrogenneta 16, 64
Priesterkönigtum 70
Primat, Mainzer 59, 74
Primat, Trierer 74
Prozess, politischer 31, 93

Recht, römisches 84, 117, 126, 134
Reform, gregorianische 38
Reform, monastische 9, 33, 38, 43, 132, 135
Regalien, *ius regale* 38, 84
Regentschaft 15, 19–21, 41f., 94, 98f., 133
Regierung, autokratische 94, 126
Regierungsweise, ambulante 78, 80, 130
regnum Hlotharii 7, 32, 36, 92
regnum Teutonicum 84, 91, 100
Reich, deutsches 2, 7, 60, 62, 65, 84, 118, 123
Reichsabtei 31, 83, 132
Reichsapfel *(pomum, sphaira, globus)* 109, 111
Reichsburg 80
Reichsdienst 35, 90f.
Reichseinheit 4, 91
Reichsgut 3, 7, 31, 36, 42f., 50, 78–84, 94
Reichsinsignien 4, 28, 48, 70, 72, 102, 109, 111f., 136f.
Reichskirche 4f., 9, 13, 16, 21f., 24, 29, 32, 36–40, 43, 45, 78f., 81, 83, 90f., 95, 100, 124, 131
– Reichskirchengut 78, 84
– Reichskirchensystem, ottonisch-salisches 16, 90, 131f.
Reichskloster 81, 135
Reichskreuz 111f., 136
Reichsland 39, 80, 94, 96
Reichslehnsgut 78
Reichsmönchtum 43
Reichsschwert 109, 136
Reichsteilung 89
Reiseherrschaft 130, 132
religion royale 118

Renovatio imperii Romanorum 21, 30, 111, 125
Renovatio regni Francorum 22, 91
Revindikationspolitik 43f.
rex Romanorum 100
Ring 90, 109
Ritual 73f., 88, 105f., 118f., 124
Rom-Ideologie 117
Rompolitik 21
Romzug 8f., 21, 23f., 29, 70, 128

Sachsenaufstand 43–45, 92
Sachsenspiegel 10, 58
Sakralcharakter des Königtums 4, 32, 40, 44f., 53, 72, 88, 90f., 94f., 97, 100, 102, 106–108, 115–118, 121, 126f., 131, 133, 135, 137
Salbung 4f., 38, 51, 61, 69–74, 102–105, 108, 121
Schisma des Cadalus 42, 95
Schisma, wibertinisches 47f.
Schwertmage 19, 98
Sclavinia 19, 23
servitium regis 32, 38, 81, 90, 131f.
Sippe, Sippenverfassung 52–55, 64, 133
Slawenpolitik 8
Spiritualien 49
Staat
– karolingischer 122
– mittelalterlicher 1, 51, 78, 110, 122
– moderner 1
– ottonischer 56f., 122
Staatsauffassung, transpersonale 10, 82, 99, 118
Staatsidee, fränkische 72
Staatssymbolik 10f., 76, 110f., 135
Stab 90, 109
Städtebund, lombardischer 47
Stämme, elbslawische (s. Lutizenbund) 7, 13, 19f., 33, 43
Stämme, ostfränkisch-deutsche, deutsche 3, 5, 60–68, 86, 100, 123
Stammesherzogtum (s. Herzogtum) 3, 5, 12, 35, 77, 86
Stammesrecht, sächsisches 28
Streitschriften 116, 127

3. Sachregister

Sühneverträge 39, 93
Szepter 109

Tafelgüter 78, 83
Teilhabe am Reich, an der Herrschaft 10, 42, 46, 86, 89, 91, 94, 97–99
Teilungstradition, karolingische 9
Temporalien 49
Thron 72, 111
- Thron Karls des Großen 22, 72, 111
Thronerhebung 10, 30, 51–54, 56–60, 69–77, 105, 112, 120–122, 124, 137
- Verkirchlichung 69–72, 105, 107
Thronfolge, Thronfolgerecht 9, 30, 48, 51–53, 61, 68, 77, 89, 95, 124
Thronsetzung 69–74, 76f., 105, 111
Thronstreit, staufisch-welfischer 51
Thronstreit, westfränkischer 20
Thronvakanz 99
Titel-, Titularherzogtum (s. Herzogtum) 48, 95
Tradition
- antike 8, 97, 102, 111
- fränkische, karolingische 3, 10, 14–16, 21, 62, 64, 70f., 85f., 88, 90, 99, 123, 131, 133
- germanische 102f., 110f.
- lotharingisch-westfränkische 71–73
- mündliche 120

Treuga Dei 93
Trojasage, fränkische 28

Umritt 22, 28, 51, 58, 62, 66, 76f.
Ungarnpolitik 7f., 31, 35, 39, 41
Unteilbarkeit des Reiches, Unteilbarkeitsprinzip 9, 62, 89

Vasallität 5, 56, 78, 88, 90, 96, 129
- Untervasallen 33, 92
Vikariat, Mainzer 74
Vollbort 57, 74
Vormundschaft 19, 98, 133

Wahl, Königswahl 25–28, 51–60, 74, 76f., 121, 124
- freie Fürstenwahl 52, 54, 59, 66–68
- Wahlversprechungen 66f.
Wahlhandlung 61–68
Wende, konstantinische 131
Widerstandsrecht 89
Wormser Konkordat (1122) 50, 96, 128

Zentralgewalt 1, 6, 24, 35–37, 47, 85, 87–90, 92f., 95f.
Zeremoniell 119
Zoll 84
Zweikaiserproblem 16
Zwei-Schwerter-Theorie 116f.

Enzyklopädie deutscher Geschichte
Themen und Autoren

Mittelalter

Agrarwirtschaft, Agrarverfassung und ländliche Gesellschaft im Mittelalter (Werner Rösener) 1992. EdG 13 Adel, Rittertum und Ministerialität im Mittelalter (Werner Hechberger) 2. Aufl. 2010. EdG 72 Die Stadt im Mittelalter (Frank G. Hirschmann) 2009. EdG 84 Die Armen im Mittelalter (Otto Gerhard Oexle) Frauen- und Geschlechtergeschichte des Mittelalters (Hedwig Röckelein) **Die Juden im mittelalterlichen Reich (Michael Toch) 2. Aufl. 2003. EdG 44**	Gesellschaft
Wirtschaftlicher Wandel und Wirtschaftspolitik im Mittelalter (Michael Rothmann)	Wirtschaft
Wissen als soziales System im Frühen und Hochmittelalter (Johannes Fried) Die geistige Kultur im späteren Mittelalter (Johannes Helmrath) **Die ritterlich-höfische Kultur des Mittelalters (Werner Paravicini) 2. Aufl. 1999. EdG 32**	Kultur, Alltag, Mentalitäten
Die mittelalterliche Kirche (Michael Borgolte) 2. Aufl. 2004. EdG 17 Mönchtum und religiöse Bewegungen im Mittelalter (Gert Melville) **Grundformen der Frömmigkeit im Mittelalter (Arnold Angenendt) 2. Aufl. 2004. EdG 68**	Religion und Kirche
Die Germanen (Walter Pohl) 2. Aufl. 2004. EdG 57 **Das römische Erbe und das Merowingerreich (Reinhold Kaiser) 3., überarb. u. erw. Aufl. 2004. EdG 26** Das Karolingerreich (Jörg W. Busch) **Die Entstehung des Deutschen Reiches (Joachim Ehlers) 3., um einen Nachtrag erw. Aufl. 2010. EdG 31** **Königtum und Königsherrschaft im 10. und 11. Jahrhundert (Egon Boshof) 3., aktual. und um einen Nachtrag erw. Aufl. 2010. EdG 27** **Der Investiturstreit (Wilfried Hartmann) 3., überarb. u. erw. Aufl. 2007. EdG 21** **Könige und Fürsten, Kaiser und Papst im 12. Jahrhundert (Bernhard Schimmelpfennig) 2. Aufl. 2010. EdG 37** **Deutschland und seine Nachbarn 1200–1500 (Dieter Berg) 1996. EdG 40** Die kirchliche Krise des Spätmittelalters (Heribert Müller) **König, Reich und Reichsreform im Spätmittelalter (Karl-Friedrich Krieger) 2., durchges. Aufl. 2005. EdG 14** **Fürstliche Herrschaft und Territorien im späten Mittelalter (Ernst Schubert) 2. Aufl. 2006. EdG 35**	Politik, Staat, Verfassung

Frühe Neuzeit

Bevölkerungsgeschichte und historische Demographie 1500–1800 (Christian Pfister) 2. Aufl. 2007. EdG 28 Umweltgeschichte der Frühen Neuzeit (Reinhold Reith)	Gesellschaft

Bauern zwischen Bauernkrieg und Dreißigjährigem Krieg (André Holenstein) 1996. EdG 38
Bauern 1648–1806 (Werner Troßbach) 1992. EdG 19
Adel in der Frühen Neuzeit (Rudolf Endres) 1993. EdG 18
Der Fürstenhof in der Frühen Neuzeit (Rainer A. Müller) 2. Aufl. 2004. EdG 33
Die Stadt in der Frühen Neuzeit (Heinz Schilling) 2. Aufl. 2004. EdG 24
Armut, Unterschichten, Randgruppen in der Frühen Neuzeit (Wolfgang von Hippel) 1995. EdG 34
Unruhen in der ständischen Gesellschaft 1300–1800 (Peter Blickle) 2., stark erw. Aufl. 2010. EdG 1
Frauen- und Geschlechtergeschichte 1500–1800 (N. N.)
Die deutschen Juden vom 16. bis zum Ende des 18. Jahrhunderts (J. Friedrich Battenberg) 2001. EdG 60

Wirtschaft
Die deutsche Wirtschaft im 16. Jahrhundert (Franz Mathis) 1992. EdG 11
Die Entwicklung der Wirtschaft im Zeitalter des Merkantilismus 1620–1800 (Rainer Gömmel) 1998. EdG 46
Landwirtschaft in der Frühen Neuzeit (Walter Achilles) 1991. EdG 10
Gewerbe in der Frühen Neuzeit (Wilfried Reininghaus) 1990. EdG 3
Kommunikation, Handel, Geld und Banken in der Frühen Neuzeit (Michael North) 2000. EdG 59

Kultur, Alltag, Mentalitäten
Renaissance und Humanismus (Ulrich Muhlack)
Medien in der Frühen Neuzeit (Andreas Würgler) 2009. EdG 85
Bildung und Wissenschaft vom 15. bis zum 17. Jahrhundert (Notker Hammerstein) 2003. EdG 64
Bildung und Wissenschaft in der Frühen Neuzeit 1650–1800 (Anton Schindling) 2. Aufl. 1999. EdG 30
Die Aufklärung (Winfried Müller) 2002. EdG 61
Lebenswelt und Kultur des Bürgertums in der Frühen Neuzeit (Bernd Roeck) 1991. EdG 9
Lebenswelt und Kultur der unterständischen Schichten in der Frühen Neuzeit (Robert von Friedeburg) 2002. EdG 62

Religion und Kirche
Die Reformation. Voraussetzungen und Durchsetzung (Olaf Mörke) 2005. EdG 74
Konfessionalisierung im 16. Jahrhundert (Heinrich Richard Schmidt) 1992. EdG 12
Kirche, Staat und Gesellschaft im 17. und 18. Jahrhundert (Michael Maurer) 1999. EdG 51
Religiöse Bewegungen in der Frühen Neuzeit (Hans-Jürgen Goertz) 1993. EdG 20

Politik, Staat, Verfassung
Das Reich in der Frühen Neuzeit (Helmut Neuhaus) 2. Aufl. 2003. EdG 42
Landesherrschaft, Territorien und Staat in der Frühen Neuzeit (Joachim Bahlcke)
Die Landständische Verfassung (Kersten Krüger) 2003. EdG 67
Vom aufgeklärten Reformstaat zum bürokratischen Staatsabsolutismus (Walter Demel) 2., um einen Nachtrag erw. Aufl. 2010. EdG 23
Militärgeschichte des späten Mittelalters und der Frühen Neuzeit (Bernhard R. Kroener)

Das Reich im Kampf um die Hegemonie in Europa 1521–1648 (Alfred Kohler)   Staatensystem,
2., um einen Nachtrag erw. Aufl. 2010. EdG 6   internationale
Altes Reich und europäische Staatenwelt 1648–1806 (Heinz Duchhardt)   Beziehungen
1990. EdG 4

19. und 20. Jahrhundert

Bevölkerungsgeschichte und Historische Demographie 1800–2000   Gesellschaft
(Josef Ehmer) 2004. EdG 71
Migration im 19. und 20. Jahrhundert (Jochen Oltmer) 2010. EdG 86
Umweltgeschichte im 19. und 20. Jahrhundert (Frank Uekötter) 2007. EdG 81
Adel im 19. und 20. Jahrhundert (Heinz Reif) 1999. EdG 55
Geschichte der Familie im 19. und 20. Jahrhundert (Andreas Gestrich) 2.
   Aufl. 2010. EdG 50
Urbanisierung im 19. und 20. Jahrhundert (Klaus Tenfelde)
**Von der ständischen zur bürgerlichen Gesellschaft (Lothar Gall) 1993. EdG
   25**
Die Angestellten seit dem 19. Jahrhundert (Günter Schulz) 2000. EdG 54
**Die Arbeiterschaft im 19. und 20. Jahrhundert (Gerhard Schildt)
   1996. EdG 36**
Frauen- und Geschlechtergeschichte im 19. und 20. Jahrhundert (N. N.)
Die Juden in Deutschland 1780–1918 (Shulamit Volkov) 2. Aufl. 2000. EdG 16
Die deutschen Juden 1914–1945 (Moshe Zimmermann) 1997. EdG 43

Die Industrielle Revolution in Deutschland (Hans-Werner Hahn)   Wirtschaft
2., durchges. Aufl. 2005. EdG 49
**Die deutsche Wirtschaft im 20. Jahrhundert (Wilfried Feldenkirchen) 1998.
EdG 47**
Agrarwirtschaft und ländliche Gesellschaft im 19. Jahrhundert (N. N.)
**Agrarwirtschaft und ländliche Gesellschaft im 20. Jahrhundert (Ulrich Kluge)
2005. EdG 73**
**Gewerbe und Industrie im 19. und 20. Jahrhundert (Toni Pierenkemper)
2., um einen Nachtrag erw. Aufl. 2007. EdG 29**
Handel und Verkehr im 19. Jahrhundert (Karl Heinrich Kaufhold)
Handel und Verkehr im 20. Jahrhundert (Christopher Kopper) 2002. EdG 63
**Banken und Versicherungen im 19. und 20. Jahrhundert (Eckhard Wandel)
1998. EdG 45**
**Technik und Wirtschaft im 19. und 20. Jahrhundert (Christian Kleinschmidt)
2007. EdG 79**
Unternehmensgeschichte im 19. und 20. Jahrhundert (Werner Plumpe)
Staat und Wirtschaft im 19. Jahrhundert (Rudolf Boch) 2004. EdG 70
Staat und Wirtschaft im 20. Jahrhundert (Gerold Ambrosius) 1990. EdG 7

Kultur, Bildung und Wissenschaft im 19. Jahrhundert (Hans-Christof Kraus)   Kultur, Alltag,
2008. EdG 82   Mentalitäten
**Kultur, Bildung und Wissenschaft im 20. Jahrhundert (Frank-Lothar Kroll)
2003. EdG 65**
**Lebenswelt und Kultur des Bürgertums im 19. und 20. Jahrhundert
(Andreas Schulz) 2005. EdG 75**
**Lebenswelt und Kultur der unterbürgerlichen Schichten im 19. und
20. Jahrhundert (Wolfgang Kaschuba) 1990. EdG 5**

Religion und Kirche	Kirche, Politik und Gesellschaft im 19. Jahrhundert (Gerhard Besier) 1998. EdG 48 Kirche, Politik und Gesellschaft im 20. Jahrhundert (Gerhard Besier) 2000. EdG 56
Politik, Staat, Verfassung	Der Deutsche Bund 1815–1866 (Jürgen Müller) 2006. EdG 78 **Verfassungsstaat und Nationsbildung 1815–1871 (Elisabeth Fehrenbach) 2., um einen Nachtrag erw. Aufl. 2007. EdG 22** **Politik im deutschen Kaiserreich (Hans-Peter Ullmann) 2., durchges. Aufl. 2005. EdG 52** **Die Weimarer Republik. Politik und Gesellschaft (Andreas Wirsching) 2., um einen Nachtrag erw. Aufl. 2008. EdG 58** **Nationalsozialistische Herrschaft (Ulrich von Hehl) 2. Aufl. 2001. EdG 39** **Die Bundesrepublik Deutschland. Verfassung, Parlament und Parteien (Adolf M. Birke) 2. Aufl. 2010 mit Ergänzungen von Udo Wengst. EdG 41** Militär, Staat und Gesellschaft im 19. Jahrhundert (Ralf Pröve) 2006. EdG 77 Militär, Staat und Gesellschaft im 20. Jahrhundert (Bernhard R. Kroener) 2010. EdG 87 **Die Sozialgeschichte der Bundesrepublik Deutschland bis 1989/90 (Axel Schildt) 2007. EdG 80** **Die Sozialgeschichte der DDR (Arnd Bauerkämper) 2005. EdG 76** **Die Innenpolitik der DDR (Günther Heydemann) 2003. EdG 66**
Staatensystem, internationale Beziehungen	**Die deutsche Frage und das europäische Staatensystem 1815–1871 (Anselm Doering-Manteuffel) 3., um einen Nachtrag erw. Aufl. 2010. EdG 15** **Deutsche Außenpolitik 1871–1918 (Klaus Hildebrand) 3., überarb. und um einen Nachtrag erw. Aufl. 2008. EdG 2** **Die Außenpolitik der Weimarer Republik (Gottfried Niedhart) 2., aktualisierte Aufl. 2006. EdG 53** **Die Außenpolitik des Dritten Reiches (Marie-Luise Recker) 2., um einen Nachtrag erw. Aufl. 2009. EdG 8** **Die Außenpolitik der Bundesrepublik Deutschland 1949 bis 1990 (Ulrich Lappenküper) 2008. EdG 83** **Die Außenpolitik der DDR (Joachim Scholtyseck) 2003. EDG 69**

Hervorgehobene Titel sind bereits erschienen.

Stand: Mai 2010

www.ingramcontent.com/pod-product-compliance
Lightning Source LLC
Chambersburg PA
CBHW020412230426
43664CB00009B/1258